HÜSEYİN HAKKI KAHVECİ

ALTINCI NESLİN SON SAVAŞI

UYANIŞ

III. DÜNYA SAVAŞI VE TÜRKİYE ÜZERİNE SENARYOLAR

DESTEK yayınları

DESTEK MEDYA GRUBU

DESTEK YAYINLARI: 1448
ARAŞTIRMA: 329

HÜSEYİN HAKKI KAHVECİ / UYANIŞ

İmtiyaz Sahibi: Destek Yapım Prodüksiyon Dış Tic. A.Ş.
Genel Yayın Yönetmeni: Ertürk Akşun
Yayın Koordinatörü: Özlem Esmergül
Editör: Cansu Poyraz Karadeniz
Son Okuma: Devrim Yalkut
Kapak Tasarım: Işıl Ilgıt Şimşek
Sayfa Düzeni: Işıl Ilgıt Şimşek
Sosyal Medya-Grafik: Tuğçe Budak - Mesud Topal

Destek Yayınları: Nisan 2021
3. Baskı: Ekim 2021
4. Baskı: Mart 2022
5. Baskı: Mayıs 2022
6. Baskı: Haziran 2022
7. Baskı: Eylül 2022
Yayıncı Sertifika No. 13226

ISBN 978-625-441-234-9

Abdi İpekçi Caddesi No. 31/5 Nişantaşı/İstanbul
Tel. (0) 212 252 22 42
Faks: (0) 212 252 22 43
www.destekdukkan.com
info@destekyayinlari.com
facebook.com/DestekYayinevi
twitter.com/destekyayinlari
instagram.com/destekyayinlari
www.destekmedyagrubu.com

Destek Dukkan

Deniz Matbaa Mücellit - Çetin Koçak
Maltepe Mahallesi Hastane Yolu Sok No. 1/6
Zeytinburnu / İstanbul
Sertifika No. 48625

DESTEK yayınları · KARAKARGA · BEYAZ BAYKUŞ · genç DESTEK

HÜSEYİN HAKKI KAHVECİ

ALTINCI NESLİN SON SAVAŞI

UYANIŞ

III. DÜNYA SAVAŞI VE TÜRKİYE ÜZERİNE SENARYOLAR

DESTEK yayınları

İÇİNDEKİLER

Önsöz

1756'dan bu yana modern devletler sistemi, toplam dört küresel savaş gördü: Yedi Yıl Savaşı, Fransız Devrim Savaşları, Birinci Dünya Savaşı ve İkinci Dünya Savaşı. Bugün geldiğimiz noktada III. Dünya Savaşı'nın ise beş bölgede birden çıkma ihtimali yüksek. En büyük risk alanı ise şimdilik Suriye (Ortadoğu) gibi görünüyor.

Aklıma Mustafa Kemal Atatürk geldi. Hatay meselesi ve Hatay ismini HAT-AY yani AY HATTI olarak kayda geçiren büyük stratejist... Bugün için ise üzerinden geçen seksen yıla rağmen o günkü gibi taze bir paylaşım, ancak savaşı gözümüzün önünde görürsek cereyan ediyor.

Her küresel savaş bir kıvılcıma gereksinim duyar. Herhangi bir yerde yaşanan bir uzlaşmazlık birden fazla büyük gücün çıkarını ateşler. Birinci Dünya Savaşı, Franz Ferdinand suikastıyla; Yedi Yıl Savaşı Fransızların ve İngilizlerin Mississipi Nehri boyunca gelişigüzel çatışmalarıyla başladı. Savaşan taraflar, kıvılcımların büyük yangınlara yol açabileceğini her zaman öngöremezler. Ancak bir noktadan sonra işler ciddiye biner. İşin içine başka ülkeler girer ve en başta savaşı başlatan neden, büyük güçlerin rekabetine dahil olur.

Savaşın hedefi bir anda yeni bir küresel düzen kurmak olur ve bahiste el yükseltildikçe savaşan taraflarının aktardığı kaynak ve vatandaşlarının fedakârlıkları da artar. Bu bağlamda başlayabileceği muhtemel bir "III. Dünya Savaşı", modern devlet sistemi tarihinde görülen beşinci Dünya Savaşı olacak.

Peki, böyle bir savaşın kıvılcımı nerden çakılır ve bu kıvılcım küresel bir çatışmaya nasıl döner?

Amerika Birleşik Devletleri, bugüne kadar Güney Çin Denizi'nde Çin donanması ve hava unsurlarıyla birkaç kez tatsız biçimde karşı karşıya geldi. Halihazırda IŞİD, Fransa, Birleşik Devletler ve Rusya dahil olmak üzere, dünyanın en güçlü ülkelerinin dikkatini cezp etmiş durumda. Hindistan ve Pakistan herhangi bir sebepten ötürü yeniden savaşa tutuşabilirler. Daha onlarca kriz bölgesi mevcut!

Bana göre ise kilit Anadolu,
her şeyin başladığı
ve bittiği yer olarak yine tarihe geçecek.

En uzun küresel barış 1815 ile 1914 yılları arasında oldu. Bugün son savaştan bu yana yetmiş yıl geçti. Yazmış olduğum bu kitapta tüm yönleriyle devam etmekte olan III. Dünya Savaşı'nın önümüzdeki yıllarda nasıl küresel boyutta büyük bir savaşa dönüşeceğini tüm şifreleri ile ele aldım.

Mustafa Kemal Atatürk, Maya Tapınakları'ndaki tabletlerden bizlere bu bilgiyi bıraktı:

"Üç bin yıl sonra, üç tarafı denizlerle çevrili Anakara'da (Anka-Ra, Anakara, Ankara) olacak güneşin çocukları. Onlara hiç durmadan saldıracak kara elbiseli adamlar. Ta ki bir tepenin üzerinde, koyu gümüş renkli iki yıldız görünene kadar."

Atam bizi olacak olanlarla ilgili olarak uyarmıştı. Fakat bu mesajı, henüz toplumsal olarak anlama kabiliyetinden çok çok uzaktayız...

1. Bölüm

İnsan Soyu Tehlikede

Bilim insanları uyarıyor: Dünya 6. Büyük Kitlesel Yok Oluş evresinde. Bu kitlesel yok oluşun temel nedeni ise insanoğlunun dünya üzerindeki faaliyetleri. Altıncı Büyük Kitlesel Yok Oluş adlı evre, insanoğlunun soyunun tükenmesine sebep olabilir.

Dünya bugüne kadar beş büyük kitlesel yok oluş evresinden geçti. Bu evrelerin her biri dünya üzerindeki canlı türlerinin büyük bir bölümünün (yaklaşık yüzde 80 ile yüzde 96'sının) soyunun tükenmesine neden oldu. "Örneğin Dinozorların Soyu, Beşinci Büyük Kitlesel Yok Oluş Evresi'nde tükendi."

Bitkiler, yanardağlar ve asteroitler gibi oldukça çeşitli nedenlerle gerçekleşen bu kitlesel yok oluşlardan en çok bilineni *Palaojen Yok Olması*. Beşinci Büyük Kitlesel Yok Oluş olan Palaojen'e, 65 milyon yıl önce 11 kilometre çapında dev bir asteroidin dünyaya çarpması neden oldu. Çarpmanın etkisiyle volkanlar patladı, yanardağlardan çıkan yoğun duman güneşi engelledi. Atmosferdeki karbondioksit ve denizlerdeki asit oranının önemli ölçüde artmasına sebebiyet veren bu hızlı değişimler, dinozorlar da dahil olmak üzere dünya üzerindeki canlıların yüzde 80'inin soyunun tükenmesiyle sonuçlandı.

Altıncı Büyük Kitlesel Yok Oluş Çoktan Başladı

Endüstri devriminden bu yana insan faaliyetlerinin, yerkürenin iklimini çok hızlı bir şekilde değiştirdiğine, canlıların yaşam alanlarının da buna paralel olarak yok olduğuna vurgu yapan bilim insanları Altıncı Büyük Kitlesel Yok Oluş'un çoktan başladığına dikkat çekiyor.

Dünya Doğayı Koruma Vakfı'nın (WWF) kısa süre önce yayımladığı "Yaşayan Gezegen" raporu, yaşam alanları hızla küçülen hayvanların karşı karşıya olduğu tehlikeyi gözler önüne seriyor. Rapora göre son 40 yılda dünya üzerindeki vahşi hayvan nüfusu yüzde 60 oranında azaldı. Hayvan ve bitki türleri hızla yok olurken insanoğlu bu kitlesel soy tükenmesinden muaf değil.

Amerikan Uzay Ajansı NASA'nın finanse ettiği ve 2014 yılında yayımlanan bir çalışma, küresel sanayi uygarlığının önümüzdeki birkaç on yıl içinde yok olabileceğine işaret ediyor. Bağımsız araştırma projesine göre, dünya üzerinde gelir dağılımındaki eşitsizlik her geçen gün artarken yerküre kaynaklarının kullanımı sürdürülebilir değil. Araştırma, gerekli önlemler alınmazsa bu iki koşulun sanayi medeniyetinin sonunu getireceğini açıklıyor.[1]

"Yetmiş üç araştırmanın sonucunu bir araya getiren bilim insanları, korkutucu bir tablo ortaya koydu. Buna göre arılar dahil böcek türlerinin yüzde 40'ı birkaç on yıl içerisinde, tamamı ise 100 yıl içerisinde yok olabilir. İnsanlığın faaliyetleri, canlıları dünya tarihindeki Altıncı Kitlesel Yok Oluş'a sürüklüyor. Özellikle tarım ilaçları bu yok oluşa önemli katkıda bulunuyor."[2]

1https://tr.euronews.com/2018/11/10/bilim-insanlari-uyariyor-dunya-6-buyuk-kitlesel-yok-olus-evresinde

2 DW Türkçe: https://www.youtube.com/watch?v=-4tUA2ZyH5E

Meksikalı bilim insanlarının yaptığı araştırma, "Altıncı Kitlesel Yok Oluş" olarak bilinen dönemin bugün beklenenden daha hızlı yaşanıyor olabileceğini ortaya koydu. Sonuçları *Proceedings of the National Academy of Sciences* (PNAS) dergisinde yayımlanan araştırma, Meksika Ulusal Özerk Üniversitesi'nde görevli ekoloji profesörü Gerardo Ceballos Gonzalez liderliğindeki bir ekip tarafından yürütüldü. Araştırma, 2001-2014 yıllarında 173 türün neslinin tükendiğini gösterdi.[1] Bu araştırmaya göre 7,6 milyar insan, yeryüzünde yaşayan bütün canlıların yüzde 0,01'ini oluşturuyor. Ancak buna rağmen ortaya çıktığı ilk günden beri insanlık, gezegendeki vahşi hayvanların yüzde 83'ünün, bitkilerin ise yarısının yok olmasına yol açtı.

Kısacası insanoğlu, yeryüzünün
çok küçük bir kısmını oluşturmasına rağmen,
çoğunluğu oluşturan canlıların
yok olmasına sebep oluyor.

Son savaşımızı ise yine insanın insanı, doğayı, mahlukatı yok etmek üzere planladığı bir savaş olarak görebilirsiniz. Muhtemelen Covid-19 salgını ile bu savaşı siz de ciddi ciddi fark etmeye başladınız. Küreselciler adı verilen karanlıklar prensleri, dünya ve insanlığı yok etmek üzere kurguladıkları senaryoları uygulamaya devam etmeye çalışıyorlar. Her salgının ardından kaos, iç çatışma, küresel ekonomik kriz ve paylaşım savaşları yaşandığı aşikâr. Elbet bu kez de aynı süreçler tek tek yaşanacak.

Altıncı nesil yok olacak ve yedinci nesil doğacak. Peki yedi rakamının bir önemi var mı yoksa bu sadece bir tesadüf mü? Unutmayın, sayılara yani matematiğe hükmeden her şeyin sırrına ulaşabilir.

1https://k2haber.com.tr/2020/06/02/6-kitlesel-yok-olus-2001-2014-arasi-173-turun-nesli-tukendi

Yedi (7) Sayısının Gizemi

Söz, insan icadıdır; ancak rakamlar tanrısaldır. Matematik her ne kadar insan yapımı gibi dursa da aslında hep vardı, tıpkı rakamlar gibi...

Bazı rakamlar diğerlerinden daha metafiziktir. Örneğin tüm dünyada şansın sembolü olarak bilinen 7 rakamı. 7 sayısının peşinden gittikçe birçok sırla karşılaşırsınız. 7, adeta bu dünyanın dışından gelmiş gibidir. Örneğin, ana rakamların hiçbiri 7'ye tam bölünemiyor, sonuç her zaman sonsuz tekrarlardan oluşan ondalık sayılar oluyor.

7'nin bölünememesi ve diğer rakamlarla herhangi bir işleme girememesi bakire halinin oluşumunu sağlayan nedenlerden sadece biri. 7 sayısı özellikle Yahudiler için çok önem taşıyor. Tam olarak Yahudi dininde olmasa da kabala dediğimiz Yahudi felsefesi için bu geçerli. 7 ile başlayan olaylar Yahudiler için çok önemlidir.

> 7 sayısının bir başka gizemi de
> Tanrı'nın tüm evreni 6 günde yaratıp
> 7. gün tatil yapmasıdır.

Tarihte 7 sayısı Hitler için de çok önemliydi. Hitler, 7 sayısının uğurlu olduğuna inanıyordu. Hitler için 7 sayısı, şans ve talihi simgeliyordu.[1]

Doğaya baktığımızda da 7 sayısını bolca görebiliriz. Bunlara birkaç örnek vermek gerekirse:

- Gökkuşağı yedi renktir.
- Doğada yedi ana renk vardır.

1https://www.sabah.com.tr/aktuel/2013/02/28/7-rakaminin-sirri

❖ Büyükayı yedi yıldızlıdır.

❖ Dünyada yedi kıta vardır.

❖ Bir haftada yedi gün vardır.

❖ Gökyüzü yedi kattır.

❖ En çok tanınan ve bilinen gül çeşidi "yediveren gülü"dür.

❖ Türkiye'nin yedi coğrafi bölgesi vardır.

❖ Rio, Roma ve İstanbul yedi tepe üzerine kurulmuştur.

❖ Kızılderililerde ve Avustralya'daki Aborijin ve Kulinler'de yedi mevsim vardır.

Kültürel ve sosyal hayata baktığımızda da yedi sayısının ne kadar sık karşımıza çıktığını fark edebiliriz. Örnek vermek gerekirse:

❖ Dünyanın yedi harikası vardır.

❖ İstanbul'da Topkapı Sarayı'nın 7 büyük kapısı vardır.

❖ Müzikte yedi nota vardır.

❖ James Bond 007'dir.

❖ Hürmüz yedi kocalıdır.

❖ Pamuk Prenses'in yedi cücesi vardır.

❖ Romalılar yedinin kutsal ve uğurlu olduğuna inanırlardı. Roma'da yedi, gizemi ve gücü temsil ediyordu.

❖ Konstantin, adını verdiği şehirde (İstanbul) yaptırdığı sarayındaki büyük salonun adını "Yedi Kandil" koymuştu ve imparatoru korumakla görevli "Yedi Muhafız Alayı" vardı.

❖ Yedi Âlimler Hikâyesi: "Yedi Âlimler Hikâyesi", kaynağını *Sindbadname*'den alan Türkçe masallar derlemesidir.

❖ Yedi Askı: Arap edebiyatında, İslam öncesinde yazılmış yedi kasideden oluşan derlemedir.

❖ Yedi ile ilgili deyişler: Yedi bela, yedi canlı, yedi iklim dört bucak, yedi kat el, yedi mahalle duydu, yediden yetmişe, yedi düvel, yedi göbek, yedi delikli tokmak.

- Çocuklar okula yedi yaşında başlar.
- İnsanın yüzünde yedi delik vardır.

Değişik Dinlerde Yedi Sayısının Geçtiği Yerler

Melek terapisinde yedi sayısı çok önemli bir yer tutar. Yedi tane baş melek vardır. Kuran-ı Kerim'de de bu melekler geçer. Kuran-ı Kerim'deki surelerin yedi ve katı okunması da önemlidir. Bu hem evrensel hem de ruhani duruma yakın olan bir sayı.

Yedi sayısı ruhani ve mistik bir sayı. Kuran-ı Kerim'de de yedi sayısı kutsaldır. Örneğin; büyü bozma ritüellerinde bazı sureler yedi kez ya da yedinin katları olarak tekrarlanır. Yedinin büyük bir enerjisi vardır. Bazı duaları yedinin katı olarak okursunuz ve bu duaların enerjileri daha yüksek olur. Esma'ül Hüsna'da da Allah'ın isimleri zikredilir ve onların birçoğu yedinin katıdır.

Dünyanın var oluşundan
günümüze kadar gelen zaman içinde
ve kutsal dinlerin ortak sembolleri arasında
yedi rakamının ayrı bir yeri ve önemi vardır.

Bir inanışa göre, dünyanın görünen ve görünmeyen âlemler arasındaki rakamı yedidir (7). Yedi, aynı zamanda tamamlanmışların, bütünlüğün, birliğin, göksel uyumun, mükemmel düzenin sembolü olarak bilinir.

- Yedi Ruh: Eski Mısır'da Güneş Tanrısı'nın yedi ruhlu olduğuna inanılıyordu.

❖ Yedi Bilge: Sümerlerde Ea, "Su Tanrısı"dır. Enki adıyla da bilinir. İnanışa göre Su Tanrısı Ea'nın yedi bilge öğrencisi vardı. Bunlar yeryüzüne çıkıp insanlara bilgelik ve bilim öğretirlerdi.

❖ Yedi Musalar: Müziği yaratan yedi müzik perisi (Anadolu-Helen mitolojisinde yer alan Musa denilen bu periler türkü çığırır, çalgı çalarlardı.)

❖ Yedi Kurban: MÖ 278 yıllarında Balkanlar üzerinden Anadolu'ya geçerek Ankara yöresine yerleşen Galatların kurban törenlerinde yedi tane hayvanı kurban olarak kesmeleri. (Anadolu'da bir işin, bir dileğin yerine gelmesi için yedi koç kurban etme geleneğini de buna bağlayan halk bilimciler var.) Örneğin, uzun zamandır bir çocuklarının olmasını arzu ediyordu. Bunun için yedi tane koç kurban edildi. Çocuk, yedinci ayın yedisinde doğdu ve yedi sene bir koç kurban edildi.

❖ Yedi Engel: Şaman inancına göre Tanrı Ülgen'in katına ulaşmak için geçilmesi gereken yedi engel vardır. Bu engelleri aşmak, insanın inanç bakımından değişik aşamalardan geçmesine, olgunlaşmasına bağlıdır.

❖ Yedi Kişi: Şaman inancına göre, Tanrı Ülgen'in yeryüzünde kemikleri kamıştan, etleri topraktan yedi kişi yarattığına inanılır.

❖ Yedi Oğul: Ülgen'in yedi tane oğlu vardır: Karşıt, Bura-Kan, Yaşıl-Kan, Burça-Kan, Karakuş, Baktı-Kan, Er-Kanım.

❖ Yedi Gün: Şamanist Türk boylarından Beltirler, ölüyü Müslümanlar gibi yıkarlardı. Ölü toprağa verildikten sonra, ölünün dul kalan karısının saç örgüleri çözülüp dağıtılır ve yarısından aşağısı kesilirdi. Dul kadın, ancak ölünün toprağa verilişinden 7 gün sonra saçlarını örebilirdi. Ölünün karısı ve çocukları, ölünün toprağa verişinden sonra yedi gün içinde, ölünün ciğerleri rahatsız olmaması için, ciğer yemezlerdi. Ölü toprağa verildikten yedi gün sonra, köy yahut oba halkı toplanıp mezarlığa giderler ve mezarın başında ateş yakarlardı.

❖ Yedi Kez Tekrar: Çin kaynakları, VI. yüzyılda Göktürklerin defin törenini şöyle anlatmaktadır: "Ölü bulunan çadırın etrafında at üzerinde yedi defa dolaşırlar. Kapının önünde bıçakla yüzlerini kesip ağlarlar. Yüzlerinden kan ve yaş karışık olarak akar. Bu töreni yedi defa tekrar ederler."

❖ Yedi Gün Yedi Gece: *Gılgamış Destanı*'nda Tanrı, Enkidu'yu alt etmek için yedi gün yedi gece oyalar. Aynı şekilde Buddha dininde "Çıtamani" denen mutluluk incisini bulmak ve insanları mutluluğa kavuşturmak için Buddha'nın gizli bir ülkede yedi gün, yedi gece yol gitmesi.

❖ Yedi Melek Yedi Gün: Yezidilerin inancına göre yedi imam (peygamber) ve bunların yaratıldığı yedi gün. Melek Taus (pazar), Derdail (pazartesi), İsrafail (salı), Mikail (çarşamba), Cevrail (perşembe), Şamnail (cuma), Turail (cumartesi)...

❖ Yedi Şans Tanrısı: (Şişi-fuku-cin) Japon mitolojisinde iyi talih ve mutlulukla ilişkilendirilen yedi tanrı vardır. Her biri farklı kökenlerden geldiği halde 16. yüzyıldan sonra aynı kümede toplanan bu tanrılar; Bişamon, Daikoku, Ebisu, Fukurokucu, Curocin ve Hotei ile tek tanrıça olan Benten'dir. Halk şarkılarına da konu olan Şişi-fuku cini, resim ve oyunlarda tek tek ya da topluca komik öğelerle betimlenir.

❖ Sümerlilerin kutsal sayısıdır. Güneş ve Ay ile beraber gezegenlerin sayısıdır. Haftanın günleri yedidir. Babil'in Ziggurat'ı 7 basamaklı ve 7 katlı idi.

❖ Mısır'da kader tanrıçaları olarak yedi Hathor vardır ve Hathor Rahibeleri'nin yedi kavanozu vardır. Bu sayı Osiris için kutsaldır. Bir geç dönem demotik metinde Osiris yeraltı dünyasının yedi salonunda babasını dolaştırır. Ra'nın kayığında yedi ilah vardır.

Yahudilikte Yedi Rakamı

❖ Tevrat'a göre Firavun, rüyasında yedi tane cılız ineğin, yedi tane semiz ineği yediğini görmüştü.

❖ İnanışa göre, Hz. Süleyman'ın tapınağına yedi basamakla çıkılıyordu.

❖ Büyük Tufan'ın hazırlıkları yedi gün sürmüştü.

❖ Nuh'un, gemiden uçurduğu güvercin yedi gün boyunca uçmuş ancak sekizinci gün gemiye dönebilmişti.

❖ Yedi Tur: Eskiden Yahudiler, Kamış Bayramı'nda tapınaklarında toplanır ve kutsal mihrabın etrafında yedi kez dönerlerdi.

❖ Musevilerde Hamursuz Bayramı'ndan yedi hafta sonra yapılan Gül Bayramı'nda günah adağı olarak yedi kuzuyu kurban etme geleneği vardır.

❖ Yedi Çoban: Musa Peygamber'in, Firavun'dan kaçarak gittiği Medyan Çölü'nde yardım ettiği söylenen yedi tane çoban kız vardır.

❖ Yedi Oğul: Tevrat'a göre Yafes'in yedi tane oğlu vardır. Bunlardan her biri bir ulusun atası sayılır.

❖ Musevilik'te 7'nci cennete "Araboth" denir ve şan, şeref, zafer tahtının evidir. Bu taht 7 tane baş meleğin gözetimindedir...

Hıristiyanlıkta Yedi Rakamı

❖ Hıristiyanlıkta manastır hareketinin başlangıcından bu yana yedi büyük günahtan söz edilir. Bu günahlar şöyle sıralanır: Kibir, açgözlülük, şehvet (aşırı cinsel istek), kıskançlık, oburluk, öfke ve tembellik.

❖ Yeni Ahit'te yedi numara, dünyanın dört köşesinin Kutsal Üçlü ile birliğini simgeliyor. Yedi rakamı Vahiy Kitabı'nda da (yedi kilise, yedi melek, yedi mühür, yedi trompet ve yedi yıldız) yer alıyor.

❖ Yedi Uyurlar: "Eshab-ı Kehf" olarak bilinir. Ölümden sonra dirilişe ilişkin ünlü efsanenin kahramanlarıdır. Ortaçağ boyunca Hıristiyan ve İslam dünyasında çok tutulan efsaneye göre, Roma İmparatoru Decius döneminde Hıristiyanlara yapılan baskılar sırasında (İS 250) yedi Hıristiyan asker, doğdukları kent olan Ephesos (Efes) yakınında bir mağarada gizlenirler. Daha sonra mağaranın kapısı kapanır. Böylece İmparator Decius'un çıkardığı ferman uyarınca pagan kurban törenlerine katılmaktan kurtulan yedi Hıristiyan, mucizevi bir uykuya dalarlar. Doğu Roma İmparatoru II. Thedosius döneminde (İS 408-450) mağaranın ağzı açılınca uyanırlar. Yedi asker, yaşadıkları deneyimin derin anlamını açıkladıktan sonra ölürler. Bunun üzerine onlar adına kutsal bir mezar yapılır.

❖ Batı'da yaygın olan anlatıda Eshab-ı Kehf; Maksimianos, Malkhos, Markianos, Ioannes, Denis, Serapion ve Konstantinos'tur. Doğu'daki anlatılarda ise bu adlar; Mekselina, Yemliha, Mernuş, Saznuş, Debernuş, Meslina ve Kefeştatayyuş olarak geçer.

❖ Hıristiyanlıkta İsa'nın son 7 sözünden bahsedilir.

❖ Katoliklerde de 7 sakrament (kutsal sır) esastır.

Müslümanlıkta Yedi Rakamı

❖ Mevlevilerde yedi selam vardır.

❖ Hac sırasında şeytan taşlamada yedi tane taş atarlar.

❖ Kuran'da 7 rakamı 15 defa, "7 gök ve 7 deniz" ifadesi ise tam 7 defa geçiyor.

❖ Kelime-i Tevhit, 7 sözcükten oluşur.

❖ Fatiha Suresi 7 ayettir.

❖ İslam dinine göre kâinat 7 safhada yaratılmıştır.

❖ Hac ibadeti sırasında Kâbe'nin etrafı 7 defa tavaf edilir.

- Müslümanlıkta 7 kat cennetten bahsedilir.
- Hz. Muhammed (sav), her önemli toplantı için 7 ulema çağırmıştır.
- İranlılarda İslam inançlarına göre kıyamet günü, Medine ilinin 7 ayrı kapısı olacaktır.

Kısacası yedi rakamı, dünyanın ve insanın oluşum tarihinde önemli bir yer işgal etmektedir.

Yedi Akbaba Başlı Levhalar

Osmanlı padişahı Fatih Sultan Mehmet'in isteğiyle Akşemseddin'e hazırlattırılan ve Hz. Âdem'den kıyamete kadar olacak olayların yazılı bulunduğu akbaba başlı levhalar, şu an İstanbul'da bir sarayın arazisinde gömülü bir oda içerisinde bulunmaktadır. Levhalar üzerinde, en başta Besmele-i Şerif, en sonda ise "Şüphesiz Allah her şeyi en doğru bilendir, her şeyin mutlak hâkimidir" yazmaktadır. Ayrıca Osmanlı İmparatorluğu'nun, İslam'ın ve diğer dinlerin ne olacağı; Osmanlı İmparatorluğu'nun yıkılması sonrasında Kurtuluş Savaşı ile Türkiye Cumhuriyeti Devleti'nin kurulacağı, zamanla TÜRKİYE'NİN hem MANEVİ hem de TEKNOLOJİK GÜCE sahip olacağı, BİLİM-TEKNOLOJİ ve DİN adına en ÖNEMLİ KİŞİLERİN TÜRKİYE'DEN ÇIKACAĞI yazılmıştır.

Ancak insanlık için en önemli şey, bu gömülü oda içerisinde Hz. Muhammed'e (sav) ait emanetlerin olmasıdır. Bu kutsal emanetlerden ilki havada boşlukta asılı duran siyah bir tespih iken, ikincisi yine havada asılı duran ve üzerinde Allah ve Muhammed isimleri yazılı bulunan iki küredir.

Bu küreler farklı boyutlarla ilgili olup, peygamberlerin mucize gerçekleştirirken söylediği Allah'ın 100. ve 101. isimleri ile

Cebrail adlı meleğin altı parmağının izi bulunan bir takke (başlık) bulunmaktadır.

> Bu emanetler, Fatih'e verilen ve
> ahir zaman geldiğinde ortaya çıkacak olan
> kutlu kişiye iletilmek için
> buraya konulan kutsal emanetlerdir.
> Kutlu kişi ise seçilmiş olan kişidir.

Burada ahir zaman ile kastedilen, insanlığın boyutsal yükselişi ve insanlığın uyanışıdır. Yani KIYAM, yani ayağa kalkmaktır. Çünkü altıncı nesil ve insanlık, tükenmek ve tüketilmek istenmektedir. Yedinci nesil insanlığa doğru geçiş başlamıştır.

Yedi Akbaba: Kıyametin Habercileri

Oruç Bey'in (Fatih Sultan Mehmet'in resmi tarihçisi) yedi akbabayı gördüğünü ancak Fatih öldükten sonra 1485'te yazmaya cesaret edebildiğini, orijinal yazının Alman tarihçi Franz Babinger ve Stefanos Yerasimos'un kitaplarında da aynen yer aldığı biliniyor. Kitapta ayrıca, Bizans İmparatoru Büyük Konstantin'in annesi Helena tarafından Kudüs'ten getirilen kutsal emanetlerin (Hz. İsa'nın cüppesi, çarmıh parçaları, Hz. Nuh'un baltası, Hz. Musa'nın asası ve Barnabas İncili) Çemberlitaş'ın altında gizlendiğini, Atatürk'ün bunları araştırdığını ama sonradan bu araştırmayı durdurduğunu dile getiriyor.

Bu gerçeklik 2008 yılına kadar kimse tarafından bilinmiyordu. Fatih'in resmi tarihçisi Oruç Bey'in elyazması eserinde yer alan bu bilgi, Osmanlı arşivlerinden kaçırılmış, çoktan Almanya-Berlin Kütüphanesi'nde yerini almıştı. 1491'de, *Oruç Bey* adlı elyazmasının kütüphanede iki çevirisi varmış. Lukas Koch tarafından Almancaya 1887 yılında çevrilmiş ve basılmış.

Rumelihisarı'nda kazılan toprağın içinden bir kubbe çıkmıştı. Sıradan bir kubbeden farklıydı. Tuğla, kiremit veya taş değildi. Ayrıca harabe de değildi. Sapasağlam kubbe metaldi. "Kurşun değil. Sert bir maden, çelik gibi, ama çelik değil. Başka bir şey. Kazmayı küreği çekiyor. Nasıl bir metaldir anlayamadım, daha önce görmedim böylesini." (Zağanos Paşa diyor. Zağanos Paşa sultanın hem hocası hem de eniştesiydi. İyi bir asker oluşundan başka önemli bir bilimadamıydı.)

Boğazkesen (Rumeli) Hisarı'nın inşası için başlayan kazılar gömük bir binanın "tuhaf" kubbesini ortaya çıkarmıştı. Boğaz'ın bu en dar yeri, Anadoluhisarı'nın tam karşısında denize dik bir araziydi. Yerleşim bölgesi değildi. Konstantiniye'ye uzaktı.

Toprağın içinde bir iskelet belirmişti. Toplandılar iskeletin başına... Parçalanmamıştı, kafatası dahil bütün kemikleri yerindeydi. Kubbeyi çepeçevre açtıklarında dört iskelet daha ortaya çıktı. İskeletlerin giysileri, toprakta hırpalanıp parçalanmış olsa da üstlerinde duruyordu. "Bunlar nasıl ölmüş? Buraya kim, neden gömmüş? Araştırın..." diyen sultan, iskeletlerin kaldırılmasını ve kazıya devam edilmesini emretti.

Bina yedi köşeliydi. Duvarları ile kubbesini işlemeli kabartma sütunlarla süslenmiş metal bir çember birleştiriyordu. İşlemeler bilmedikleri üsluptaydı. Ne Romanesk ne de İslami. Binanın duvarları tuhaf bir taştan yapılmıştı. Siyah taş kaygandı, ama mermer değildi. Şaşırtıcı yönü, duvar tek parça gözüküyordu.

Sultan Mehmet, Akşemseddin, Oruç Bey ve Zağanos Paşa iskelenin üstündeydiler. Saruhan Paşa ile Sadrazam Çandarlı Halil Paşa ise hisarın yapımıyla ilgileniyorlardı. Açılmış toprağın içinde metal bir tabaka görülüyordu. Metal tabakanın üstündeki toprağı, kazıcılar elleriyle dağıttılar. Tabuta benzer bir sandık çıktı ortaya. Sandığın her yanını kazdılar. Yüksekliği bir arşın kadardı. Tabuta benzeyen metal sandık, kubbeli binanın yapıldığı siyah taştan kaidenin üstündeydi. Biraz daha kazınca sert bir zemine ulaştılar. Sandığın iki arşın yüksekliğindeki kaidesi bu zemine oturtulmuştu.

Kaideyi ortaya çıkarmak için açtıkları çukurun bir tarafındaki toprak kayıverdi. O zaman bir başka kaide daha olduğunu gördüler. Üstünde bir başka metal sandık vardı. İkinci kaideden itibaren yanlara doğru yapılan heyecanlı kazı sonunda 14 kaide ve onların üstünde 14 metal sandık buldular. Aynı zamanda kubbeli binanın oturduğu zemin de ortaya çıkmıştı.

14 metal sandık, kubbeye diklemesine konularak, yan yana düzenle yerleştirilmişti. Sandıkların hepsinin kapağında insan başı büyüklüğünde kabartma daire vardı. Dairenin içine ayrıca üç tane üçgen çizilmişti ve üçgenlerin uçları birbirine değmekte olup yonca yaprağına benzemekteydiler. Sandıklardan yedi tanesinin kapağındaki yuvarlak işaret, kubbe tarafındaki uçlardaydı. Geri kalan yedisinin kapağındaki yuvarlak işaret ise ters yöndeydi.

Zemine varılmasıyla birlikte binanın girişi de görülmüştü. Üstü yuvarlak, yaklaşık iki arşın yüksekliğinde ancak bir kişinin geçebileceği kadar dar, çok düzgün kubbeli bir oyuktu. İçini dolduran topraklar temizlenince oyuğun dibinde bir kapı görüldü. Kapı, kubbeyi kaplayan metaldendi. Kapı dümdüzdü, tutacak kolu yoktu. Zağanos Paşa güçlü kollarıyla kapıyı itti, fakat Zağanos Paşa'nın nam salmış gücüne rağmen kapı kımıldamadı.

O anda hiç beklemedikleri bir şey oldu, "tırak" diye bir ses duyuldu, kapı aniden açıldı. Sanki içeriden biri kapıyı hızla çekip ardına kadar açmıştı. Onca zaman yeraltında kalmış dört beş parmak kalınlığındaki kapının böylesine kolay açılması şaşırtıcı olduğu kadar ürkütücüydü. Hepsi tek söz söyleyemeden büyük bir sessizlikle kapının ardındaki karanlığa bakıyordu.

Kapıdaki karanlık birden açılmaya başladı, kara boşluk yerini beyaz yoğun bir ışığa bıraktı. Işık değil dışarıya akan, sütun biçiminde sıvı mermerdi sanki.

Zağanos Paşa: "Padişahım, içeriye siz, Akşemseddin Hocam, Oruç Bey ve benden başkası girmesin" der. Gece yarısına yakın binaya girmiş olan padişah, Akşemseddin, Zağanos Paşa ve Oruç Bey, sabah ezanında dışarı çıktılar. Genç Sultan Mehmet ve yanındakiler hareketsizdiler, suskundular. Meşalelerin aydınlattığı yüzleri ter içindeydi. Bir şeyi gizlemenin gayreti içindeydiler. Padişah ve maiyetinin ağzından çıkan ilk söz "su" oldu.

Fatih Sultan Mehmet: "Şu andan itibaren yapacaklarınızı, gördüklerinizi hiç kimseye anlatmayacağınıza, sırrı saklayacağınıza, hak vaki olunca da mezara götüreceğinize yemin edin. Sessizce edin." Sekbanbaşı bir adım öne çıktı, yemine önderlik etti. Sekbanlar hep bir ağızdan padişahın isteğini yerine getirdiler: "Vallahi, billahi, tallahi sırrı saklayacağız!..."

Padişahın emrini Zağanos Paşa yukarıda bekleyen Sadrazam Çandarlı Halil Paşa'ya ve Saruhan Paşa'ya aktardı. "Sekbanlardan başkası çukura inmeyecek, çevresinde bile dolanmayacak. Soru sorulmayacak."

Kubbenin bulunduğu çukurun üstü o andan itibaren hasırlarla yapılmış yüksek duvarla çevrildi. Hisarın yapımı geçici olarak durduruldu, tüm kazıcılar gönderildi. Avcı sekbanlardan yeminli 120'si kazı işine verildi. Kısa süre sonra onlar da gönderildi. Sadece 18 Sekbanlar kaldı. 18 Sekbanlar'ın çukurda ne yaptıklarını, kubbeli binanın içinde ne olduğunu ve 18 Sekbanlar'ın 18 öküz arabasıyla ne taşıdıklarını kimse öğrenemedi. Tarih yazıcı Oruç Bey ise metal kubbeli binayı resmi tarih kayıtlarına geçirmedi.

İşe dönmelerine izin verilen kazıcılar, inşaat arazisine geldiklerinde hayretler içinde kaldılar. Metal kubbeli bina yoktu ve çukur kapanmıştı. Hepsi tembihliydi, kubbeli binayla ilgili tek sual soranın, kubbeli binadan söz edenin kellesi gidecekti. Kubbeli binanın bulunduğu alana, Konstantiniye topraklarındaki ilk caminin temeli atılıyordu. Cami üstte gözükecek, kubbeli bina unutulacaktı.

Boğazkesen Hisarı dört ay 16 gün sonra tamamlanmıştı. 21 yaşındaki padişah İstanbul'u 53 günde fethetti. Fatih Sultan Mehmet olarak anılır oldu. Metal kubbeli bina ve çevresindeki 14 metal sandık ise sır olarak kaldı.

Padişah ve üç maiyetinden başka, sırrı sadece 18 Sekbanlar biliyordu. Fatih Sultan Mehmet'in sadık muhafızlarından 18 Sekbanlar, İstanbul'un fethindeki sokak savaşlarında şehit düştü. Mezarları Saraçhanebaşı ile Şehzadebaşı arasında İstanbul Belediye Sarayı'nın yanında 18 Sekbanlar Sokağı'nın başında, caminin yanındadır. Mezarlığın biraz ilerisinde Üryani Baba Türbesi de yer alır. 18 Sekbanlar'ın şehadetinden sonra Fatih Sultan Mehmet ile Akşemseddin, Zağanos Paşa, Çandarlı Halil Paşa, Saruhan Paşa ve Oruç Bey'in ölümleriyle metal kubbeli binanın sırrı da toprağa gömüldü.

Aradan yüzlerce yıl geçti. Boğazkesen'in adı Rumelihisarı olarak değiştirildi. Müze yapıldı, yaz aylarında konserlere, tiyatro oyunlarına mekân oldu. Kimse hisarın inşaatı sırasında bulunan metal kubbeli binayı bilmedi.

Atatürk'ün, ordusuyla İstanbul üzerine yürürken yorgun orduyu MUSUL-KERKÜK yerine İstanbul'a yürütmesinin sırrı burada yatıyordu. Nedeni çok basit, yaşamsal öneme haiz bilgiler burada saklıydı.

Fatih Sultan Mehmet`i, Atatürk'ü ve Osmanlı padişahlarını suikastlara kurban eden de bu bilgi olmalı demeden edemiyorum.

Yedi Akbaba ile İlgili Bir Başka Anlatış

Yedi akbaba çoktanrılı efsanelerin Anka Kuşu'na (Phoenix) denktir ve sonsuzluğu simgeler. Akbabalı kubbe teması, dünyanın başlangıcından beri akıp giden zamanı ölçen evrensel bir saatin, İstanbul'un derinliklerinde bir yerde olduğunu öne sürer.

İstanbul fethedildiğinde, Fatih'in emri üzere İstanbul'un tarihini araştırmak için toplanan belgelerden, eski Helen dilinde yazılmış bir parşömenden çevrilen bir yazı:

"Konstantiniyye ilk değildir. Sen ne sanmaktasın mağrur Sezar Constantinus? Sen ne ilksin ne de son. Sen Konstantiniyye'yi kurmadan önce buraya iki kent kuruldu. İsa'dan çok önceydi. Bir zorba hükümdar Trakya üstündeki soğuk diyardan geldi, adı Yanko bin Medyan. Trakya üstü topraklar Yanko bin Medyan zamanından önce buzluktu. Onun halkı, her canlıyı öldürmüş buzlar gittikten sonra doğdu, çoğaldı. O halka yüksek akıl verildi. Toprağı işlediler. Keskin taştan baltalar, kargılar, bıçaklar yaptılar. Yanko güçlenince halkını toplayarak Trakya'ya indi. Trakya'dan bugün Konstantiniyye'nin olduğu toprağa geldi. 'Burası vatanımız olacak!' dedi. Bizans diye kent yoktu, Bizans dediğin Yanko bin Medyan'ın oğluydu, tam adı Bizantin idi, kendi adına kenti sonradan olacaktı.

Konstantiniyye o zaman yoktu, sonra doğacaktı. İki yanlı arazisi insan görmeyen toprakları bulmuşlardı. Ortadaki boğazdan deniz akar giderdi. Öyle boğaz ki, eskiden yokmuş, oralar topraktmış. Dünya ters döndüğünde aşağıdan gelen deniz orayı yarmış, şelale yapmış, su akmış alçak topraklara geçmiş, bir deniz daha yapmış. Boğaz iki deniz arasında suları alır verirmiş. Zorba Bin Medyan, boğazın yanına kent kurmaya karar verdi, 200 000 ırgat getirdi. Binalar için hendekler kazmaya başladılar. Topraktan 40 arşın çapında bir kubbe çıktı ki hepsi şaştılar. Kubbe ki, kazmayı, küreği kendine çeker, bir acayip. Binasını bulup acayibi anlamak için 20 arşın daha kazdılar. 14 demir mezar çevresindeydi. Acayip binanın kapısını bulup girdiler ki, içeride canlı yoktur. Kubbenin içinde ne gördüler, dört yerde dört akbaba var. Dördünün de başı yok. Bir de baktılar beşinci bölüm var. Beşinci bölümde bir akbaba daha var ki, kafası tamdır. Altıncı bölümde bir akbaba daha var ki siyahtır, kafası tamdır. Yedinci bölüm vardır ki, o bölüm boştur.

Akbabalar, elmasla örülmüş kubbenin altında, demiri çeken tabanın üstünde dururlar. Mücevherle kaplanmıştır akbabaların üzerleri. Bir mücevher almak istesen alamazsın, acayip binada elin tutulur. Her akbabanın önünde bir levha vardır. Levhalar ne söyler anlayamadılar. Her şeyi bilen bilgeler de baktı işaretleri sökemediler.

Dediler ki: 'Dünya var olduğundan beri bilinen işaretlerden olsa anlardık. Değilse bunlar bizim bildiğimiz zamandan değildir. Çünkü biz her işareti biliriz.'

Dediler ki: 'Bu acayip bina, öncesi ve de sonrası olmayan zamanlardandır. O zamanı ve işaretini biz bilemeyiz. Taifelerin işidir.'

Bir de üstünde resimler olan levha vardı. Birinci resimde kubbenin üstüne bir kent oturtulmuştu. İkinci resimde kent ters dönmüş kubbenin altına düşmüştü. Üçüncü resimde kent suya batmıştı. Bir de başka levha vardı, üstündeki yazılar çok küçüktü. Onun yazısını da sökemediler. Bilgeler, Bin Medyan'a, 'Bu kubbenin üstüne kent yapma, uğursuzluk olmasın' dediler.

Bin Medyan dinlemedi. Bilgeler, 'Bak resme tepe üstü gözüken kent var. Yapacağın kent yıkılacaktır, emeğini başka yere ver' dediler. Bin Medyan dinlemedi. 'Yıkarım kubbeyi kafanıza!' dedi ama el sürmeye korktu. Bir tek mücevheri bile koparıp alamadı.

Akbabalara hep uzak durdu. Biz dahi uzak durduk. Bilge sözü dinlemedi Bin Medyan. O zamana kadar yapılanların hepsinden büyük kent yaptı. Kentin dairesini duvarla çevirdi. 40 burgaz yaptı, 60 tane kapı yaptı, her kapıdan giriş çıkışta haraç aldı. 1000 mabet, 60.000 ev, 100 hamam yaptılar. Çevredeki köylerden insanları tarlasından evinden kopmaya mecbur ettiler, topladılar zorla duvarların içine sokup evlere yerleştirdiler. Onlar o evlerin sahibi olamadı. Bin Medyan evleri maiyetine dağıttı. Maiyet evlerden topladığı vergiyle zengin oldu. Zenginler halka zulmetti, halk onlara beddua etti. Halkın her biri Bin Medyan'a ve kente 'batsın' diye lanet okudu.

Bin Medyan kente kendi ismini verdi. Gökleri delen 500 arşın kule yaptırdı, üstüne ata binmiş kendi bakır heykelini koydurdu. Bir başka kule yaptırdı ki yüksekliği 50 arşındı. Kuleyi kentin merkezindeki meydana dikti. Yılda bir kere halkı zorla meydana toplardı. Kendisi kulenin üstüne çıkar secde ederek güneşe tapardı. Halk da kendisine tapsın isterdi. Tapmayan askerleri öldürdü.

Yanko bin Medyan, kenti bütün deniz boyunca genişletmek istedi. Her iki yakaya binalar yapmak, duvarlarla çevrelemek istiyordu. Akbabalı kubbeyi yok ederek üstüne bina koyacaktı. Bilgeler karşı çıktı. Dediler ki: 'Yapma. Denizin iki yakasından 92 temiz su deresi akar. Bina yaparak onların yolunu kesme. Toprağı, suyu yaratan en büyük güce karşı gelme. Yaradan suları getirmiştir ki, su hayattır, hayat vermiştir. Yaradan ağacı, otu, toprağı vermiştir, insanoğlu beslene. Suyun otun vardır hikmeti. Suya dokunma, ağacı otu yok edip taş duvar dikme. Dengeyi bozma. İnsanları zorla topladın, toprağı, suyu kirlettin, yasak yere kent kurdun. Artık onu genişletme. Akbabalı kubbeye dokunma, bilemezsin vardır kubbenin bir hikmeti.'

Bin Medyan onlarla yine alay etti. 'Büyük güç benim. Benden büyük güç yoktur. Benim işaretim gelince kazmalar vurulacak, inşaat başlayacak' dedi. Kentin her yerine binlerce çan astırdı. 'Benim saatim gelince çanlar hep birden kendiliğinden çalacaklar' dedi, mimarların, ırgatların hepsini tamam tuttu. Çanlar çaldı ama Bin Medyan'ın ilahi gücünden çalmadı. DEPREM BAŞLAMIŞTI. Kentle birlikte dağ tepe sallanmaya başladı. Yer yarıldı, derin uçurumlar açıldı, insanlarla binalar uçurumlara düştü. Yarıklar büyüdü, binaların hepsini içine aldı. Bin Medyan'ın 500 arşınlık kulesi yıkıldı, heykeli çukura düştü, kayboldu. Deprem, duvarları da yıkarak kenti düz etti. Bununla bitmedi, kabaran deniz kenti sildi süpürdü. Yedi tepenin üstüne kadar çıktı. Anafor kenti içine çekti, yuttu. Yanko bin Medyan ve binlerce insan öldü. Sular çekilince koskoca kent insanlarıyla birlikte yok olmuştu.

Kurtulan çok az insan deniz kıyısına kulübeler yaparak köy kurdular. Yer yarıldığında kubbenin ortaya çıkıp yükseldiğini, suların onu aşamadığını görmüşlerdi. Deniz kıyısındaki köye Bin Medyan'ın oğlu Bizantin geldi, hükümdarlığa kalktı. Kalan insanlar fakirdi, verecek hiçbir şeyleri yoktu. Bizantin kayboldu gitti. Köye kimileri onun adını anarak Bizans dedi. Konstantiniyye arazisi üstüne kurulan ilk kent budur ve batışı böyledir...

40 yıl geçti, Bin Medyan'ın oğlu Bizantin, Engürü'ye gitmişti. Oradan Bosna'ya, Roma'ya gitti. 40 yıl sonra Engürü'de krallık kurdu. Sonra babasının batan kenti üstüne kent kurdu. Halkı yine tarlasından, balıkçılığından koparıp zorla kentte oturttu, halk evlerinin, işlerinin sahibi olamadı. Halkı sadece kendisi için çalıştırdı, halkın ürettiğini elinden aldı, halktan çaldığıyla hazinesine altın dağlar dikti. Halk aç kaldı. Birleşip Bizantin'e başvurdular, 'Bize de ekmek ver, buğdayı ekip biçen biziz, ekmeği yapan biziz, hakkımızı ver' dediler. Bizantin çok kızdı, halka akıl verenleri, onlarla birlik olanları topladı, meydanlarda derilerini yüzdürdü. Başkaldıran halka ağır zulmetti. Onları ölesiye çalıştırdı. Saray yaptı. Babasının kulesinden yüksek kule diktirdi. Fil üstüne binmiş kendi bakır heykelini kulenin üstüne kondurdu. Halk kendisine tapsın istedi, tapmayanı öldürttü. HALK BİZANTİN'İ ve kenti LANETLEDİ. Sonra yine DEPREM OLDU, Bizans kenti yıkıldı, yerle bir oldu, sular altında kaldı kayboldu. Bizantin öldü, hazinesi toprağa karıştı, kimse bulamadı. İsa'dan çok önceydi. Konstantiniyye'den önce kurulan ikinci kentin hikâyesi de budur.

Hükümdarlar halkını düşünmez, imparator olmak ister ki, daha çok halkı zulümle çalıştırıp kendisine altın kazandırsınlar. Halkın hakkını çalar, hazinesine dizer. Kuleler, anıtlar diker, kendi adını koyar. Halkın laneti bitmez Bin Medyan'a, Bizantin'e, Konstantiniyye'ye.

Bilgeler, kâhinler dediler ki: 'Halkın ürettiği halka paylaştırılmayıp çalındıkça, oraya kurulacak bütün hükümdarlık kentleri lanetli olacaktır, hepsi bir gün batacaktır...' "[1]

Satırlarda saklanmış sözler bize bugünü aslında dünden anlatıyor. İyi okuyun, dün aynı zulümler yaşanmış ve sonuç hüsran olmuş. Altıncı nesil doğal felaket ve salgın hastalıklarla hızlıca yok olurken, kalanların altın çağı başlatacak olduğu zor ve engebeli yol, baş döndürücü bir hızla akıyor.

Bilimadamları her gün İstanbul depremi tahminlerini açıklarken, 20 milyonluk şehrin arka sokaklarında kuru ekmek bulamadıkları için yapılan bedduaları duymak istemesek ne yazar. Bugün, İstanbul bu sona doğru hızla yaklaşıyor. Ama deprem, ama salgın... Sonuç değişmeyecek...

---

1 Kaynak: Tevfik Yener, *7 Akbaba*, Doğan Kitap, 2009. Derleme: Hüseyin Hakkı Kahveci, 2021.

2. Bölüm

III. Dünya Savaşı Senaryoları

"Savaş için en güçlü olduğunuzda, kendinizi güçsüz göstermeli, kuvvetlerinizi harekete geçirirken hareketsizmiş gibi durmalı, düşmana yaklaştığınızda, uzakta olduğunuz izlenimi vermeli, uzakta olduğunuzdaysa düşmanın burnunun dibinde olduğunuza düşmanı inandırmalısınız."

– Sun Tzu

İnsanlık tarihi aynı zamanda savaşların tarihidir. Çünkü eski uygarlıklar döneminden itibaren savaşlar her daim yaşanmıştır ve yaşanmaya devam edeceklerdir. Her savaş sonunda yeni gelişmeler görülmüştür, ancak dünya savaşı niteliğinde kabul edilen iki büyük savaş neticesinde medeniyet yeni sistemlerle tanışmıştır.

Birinci Dünya Savaşı'yla birlikte ulus devletler kurulmuş ve siyasi-sosyal yapı bu doğrultuda şekillenmiştir. İkinci Dünya Savaşı'ndan sonra ise uluslar üstü yapılar tasarlanmış, icat edilen Soğuk Savaş kavramıyla ülkelerin iki blok halinde kontrol edilebilmeleri daha olanaklı hale getirilmiştir.

Peki yaklaşan bir III. Dünya Savaşı'ndan bahsedebilir miyiz? Muhtemel bir dünya savaşı hangi coğrafyada başlarken, nasıl sonuçlar doğurabilecektir?

Geleceğin üç büyük savaş senaryosu şu şekildedir:

- **İran Senaryosu:** İran'ın muhtemel savaş planı balistik ve seyir füzelerinin dağıtılmasını, Hürmüz Boğazı'nın mayınlanmasını ve denizaltılarının burada devriye gezmesini öngörecektir. Gemilere karşı füze bataryaları, yaklaşan ABD gemilerini hedef alacaktır. ABD liderliğinde bir koalisyon saldırısına karşı, İran kanlı ve uzun bir savaşa hazırlanmaktadır. İran stratejisi, Amerikalıların kendi ulusal çıkarları tehlikede olmadığında uzun süre savaşa angaje olamayacaklarını hesaplamasına dayanmaktadır. İran'ın amacı, ABD zayiatını artırmak ve koalisyonun dağılmasını sağlayacak kadar kan akıtmak olacaktır. Bu savaşta, nükleer, kimyasal veya biyolojik savaş başlıklı füzeler kullanılacaktır. ABD, savaşa İran'ın içindeki kilit hedefleri bombalayarak başlayacaktır. Füzeler ve hava saldırılarıyla desteklenen bir konvansiyonel taarruz da söz konusu olabilir.
- **Kuzey Kore Senaryosu:** Kuzey Kore'nin Güney'i işgali, ABD tarafından güçlü bir karşılık verilmedikçe son bulmayacak ve bu durum nükleer silah kullanımını zorunlu kılacaktır. Bu nedenle Kuzey Kore'nin nükleer silah edinme isteğinin temel nedeni Güney'i işgal etmesine karşılık olarak ABD'nin nükleer silah kullanmasına karşı koymaktır. Kuzey Kore, uzun yıllardır ABD'nin nükleer saldırısına hazırlanmakta ve yeraltında köstebek bir toplum yaratacak kadar yeraltı sığınağı geliştirmiştir. Askeri hedefler sıkı şekilde koruma altına alınmıştır. Üstelik Kuzey Kore'deki bir nükleer patlama, hava koşullarına bağlı olarak komşu ülkeleri de (özellikle Güney Kore ve Japonya) etkileyebilecektir. 5 kilotonluk küçük bir nükleer bombanın bile Japon Denizi'ne ulaşacağı hesaplanmaktadır. 2030'lardan sonra gerçekleşmesi beklenen bu savaş da füze savaşına sahne olacak ve füze savunma sistemine büyük iş düşecektir. Öte yandan ABD'nin uzun menzilli balistik stratejik silah kullanımı ise her ikisi de nükleer silah kullanımına karşı olan Japonya veya Rusya'nın iznine tabidir.

- **Çin Savaşı Senaryosu:** Savaşı tetikleyen, Çin'in Tayvan'ı işgali ve Güney Çin Denizi'nde ancak savaş yoluyla çözülebilecek egemenlik sorunları olacaktır. Çin, konvansiyonel gücünü özellikle Pasifik bölgesinde konuşlanacak şekilde modernize ederken, gelecekteki savaşın sahnesi olacak yeni bir güç projeksiyonu ağı kurmaktadır. Çin'in hayali Tayvan'la birleşerek Hong-Kong'a benzer bir ekonomik patlama daha yaşamaktır. Çin'in askeri planları Spratly Adaları'nı savunmak ve Tayvan'ı etkisizleştirmek üzerinedir. Bölgeyle ilgili bir gerginliğin başlamasıyla birlikte Çin, Tayvan ve Spratly Adaları'ndan itibaren 1000 km'lik bir bölgede deniz ve hava kontrol bölgesi deklare edecektir. Bu bölgeye giren herhangi bir gemi veya uçak (Çin denizaltıları, mayınlar, balistik ve Cruise füzeleriyle) imha edilecektir. Çin Kara Kuvvetleri, Tayvan sahillerine çıkacaktır. ABD, Güney Kore ve Japonya'daki üsleri kullanamayacağını bunun yerine Tayland, Singapur ve Filipinler'deki üslerden yararlanacağını hesaplamaktadır. Avustralya ve Yeni Zelanda da askeri nitelikte olmayan üs desteği sağlayabilir. Tayvan'daki üsler ise Çin'in güdümlü füze kuvvetlerinin menzili dahilindedir. 2040 sonrasını bekleyen bu savaş için Çin, öncelikle ekonomik olarak ABD'yi yakalamayı hedeflemekte, bu yüzden şimdilik "barışçı yükselme" stratejisi izlemektedir.[1]

Ağırlıklı üzerinde durulan bu senaryoların yanı sıra geçmiş yıllarda Karabağ meselesinin alevlenmesi üzerine Kafkasya üzerinden çıkabilecek bir dünya savaşı üzerinde durulmuştur. Ancak bu seçenek günümüz ve ilerisi için artık çok mümkün görülmemektedir. Çünkü Kafkasya'da çıkabilecek bir savaşı doğrudan Avrupa ve Amerika kıtalarına yaymak çok zor olacaktır. 1990'larda Balkanlarda görülen istikrarsızlık ve etnik çatışmalar

1 Sait Yılmaz, *Uluslararası Güvenlik Teori, Pratik ve Gelecek*, 1. baskı, Kaynak Yayınları, Şubat 2017, s. 825-826.

Balkan merkezli dünya savaşı senaryosunun da tartışılmasını gündeme getirmiştir. Bu seçenek, Kafkasya seçeneğine göre daha geçerli olabilir ancak yine de Balkan merkezli bir dünya savaşını bugünün şartlarında öne sürmemiz çok zor olacaktır.

Türk ordusunda Tümgeneral rütbesine kadar görev yapan ve emekli olduktan sonra akademik çalışmalarıyla öne çıkan Osman Pamukoğlu ise III. Dünya Savaşı'nın çıkacağını belirtmekle beraber tarih belirlemenin mümkün olmadığı görüşündedir. Ona göre konvansiyonel olacak bu savaş karada başlayacak ve karada bitecektir. Savaşın nerede başlayacağı hususunda ise, Baltık, Doğu Avrupa, Balkanlar, Ortadoğu, Doğu Asya, Hindiçin bölgesi ve Pasifik üzerinde durmuştur.[1] Merkezinin ise Doğu Asya, Hindiçin bölgesi ile Pasifik olduğu belirtilmiştir. Pamukoğlu'na göre III. Dünya Savaşı; ABD, Çin ve Rusya arasında olacaktır. Bunların nedenleri arasında ise enerji kaynaklarının kontrolü, su kaynaklarının kontrolü, okyanus üzerindeki deniz ticareti yollarının kontrolü gelmektedir.

Savaş süresince İngiltere, Fransa, Almanya, Japonya büyük oyunda başrol olacak durumda değillerdir. Fransa'nın Batı Afrika'daki sömürgeler dışında bir etkinliği yoktur. İngiltere'yi Amerika'nın yanından hiçbir sebep ayıramaz; Almanya ve Japonya mali kapital ve finans sistemlerini bir kenara atıp Amerika'nın karşısına geçemezler. Savaşın birer tarafında Amerika ve Rusya'nın olacağını sanmak büyük bir yanılgıdır. Rusya, her iki büyük savaşta da İngiltere ve Amerika'nın müttefikiydi. Bu anlamda bu senaryo tam olarak Doğu-Batı çatışması şeklindedir ve dünya savaşı konseptine uygundur.

1 Osman Pamukoğlu, *III. Dünya Savaşı Ne Zaman Çıkacak ve Kimler Arasında Olacak*, 1. baskı, İstanbul, İnkılâp Kitabevi, 2019, s. 55-59.

Son dönemde Doğu Akdeniz çevresinde başlayan silahlanma ve ülkelerin bu coğrafyaya ilgileri Doğu Akdeniz temelli bir savaş teorisinin de ortaya çıkmasına sebep olmuştur. Doğu Akdeniz'e komşu üç kıtaya birden savaşı yaymak olası görülebilir. Ancak bu durumda Çin'in tam anlamıyla bir harbe çekilmesi olanaklı hale gelmeyecektir. Bu durumda, Doğu Akdeniz merkezli çatışmalar, "Majör Savaş" olarak kabul edilemez.

Kıtalararası ve konvansiyonel savaş teorileri ile ilgili çalışmalar güçlü ülkelerin savunma birimlerince tartışılmaktadır. Bu doğrultuda Pentagon, 2035 yılında büyük bir yıkım savaşının olacağını belirlemiş ve bu duruma göre hazırlıklarını yapmaya başlamıştır. Sosyal bilimler disiplininde özellikle rakamlarla ilgili kesin mahiyetli hükümler belirlemek, bu disiplinin doğasına aykırıdır. Çünkü bu alanın öznesi insan faktörü, her daim matematiksel olarak ölçülemeyebilir. Fakat konvansiyonel savaş senaryoları 2025-2035 sürecinin önemine vurgu yapmaktadır. Bu dilim yeni bir harbin başlayacağı, olasılığı en yüksek tarihsel dönemi ifade etmektedir.

Ülkelerdeki artan siyasi ve ekonomik krizler, yolsuzluklar, yetişen yeni neslin beklentilerinin ve siyasi düzlemle ilgili taleplerinin olağan politikadan farklılık göstermesi gibi durumlar konvansiyonel savaş evresine gidişin taşlarını döşemektedir. Bu süreç içerisinde ülkelerin farklı değişimlerden geçmesi tasarlanmıştır:

- Yeni dünya savaşı öncesi Hazar-Mezopotamya hattının yeni dönemle uyumlu hale gelmesi düşünülmüştür.
- Azerbaycan'da Aliyev ailesine karşı hoşnutsuzluk artmıştır. Toplumsal taleplerin yükselmesiyle birlikte bu ülkede

yönetim değişikliğinin yaşanması muhtemel olacaktır. Bu durumda milliyetçi ve Rusya karşıtı yeni hükümet ile Rusya'nın ilgisi bu ülkeye çekilmek istenecektir.

- İran'ın kriz ve istikrarsızlık belirsizliklerinin artması ve darbe senaryoları gündeme gelecektir. Hürmüz'ün karışması ile birlikte Güney Çin Denizi'nden Çin'in kuşatılması daha kolay hale gelecektir.

- Denizlerdeki ablukalar ve çatışmaların kara sınırlarına taşınması oldukça kolay olacaktır. Libya'nın işgali sırasında NATO, bu ülkedeki elli bin civarındaki El-Kaide militanını desteklemiş, daha sonra bu grupları, ABD'nin Libya Büyükelçisi Chris Stevens'ın (2012 yılında Bingazi'de öldürülmüştür) organizasyonuyla Suriye'ye taşımıştı. Radikal terör örgütü mensupları günümüzde Orta Asya sınırlarına yerleştirilmiştir ve Libya'dan itibaren gayri nizami harp tecrübeleri bulunmaktadır. Alman ve İngiliz istihbaratlarının; İç Moğolistan ve Hong-Kong bölgelerinde de faaliyet göstermeleri bu bölgeler üzerinden de kara savaşının başlatılacağını göstermektedir.

- Orta Asya ülkelerinin milli kimliklerine sarılarak Rusya ve Çin için tehlike arz etmeleri için Türkiye devreye sokulmak istenecektir. 2020 ortalarında Türkçü bir iktidarın göreve getirilmesi planlanmıştı. Bu görev CUMHUR İTTİFAKI ile gerçekleştirildi. Mevcut siyasi partilerden farklı söylemleri ve kadroları kullanmak isteyecek bu iktidar zamanında bazı bölgeler Türkiye'den kopartılmak istenecektir. Bu dönemin yeni milliyetçiliği geleneksel milliyetçilik yerine, ultra seküler söylemlerden ve Şamanist prensiplerden beslenmek isteyecektir. İşte bu durum 19. yüzyıldan beri Türk siyasetinde var olan kutuplaşmayı devam ettirecek muhafazakâr-mütedeyyin kesim ile iktidar arasında ayrılıkları körükleyecektir. Yeni dünya savaşına gidilen atmosferde ülkelerin iç barıştan uzak mahiyeti ifade eden bir profil çizmeleri beklenmektedir.

Genel olarak ülkelerde yükselen milliyetçiliklerin, etnik bir vaziyete büründürülmeleri, III. Dünya Savaşı sonrasında ultra idealist rüzgârları estirmeye ve devletlerin yetkilerini oldukça sınırlandırarak ideolojilerden ve geleneksel değerlerden farklı medeniyeti tasarlamaya yönelik girişimlerin başlangıcıdır. Çünkü bu yeni dönemi inşa edecek olan "İ Nesli" (İOS işletim sistemine atıftır, akıllı cihazların kullanıma sürülme tarihlerinde doğan çocukları ifade etmektedir) bambaşka kavramları referans almak isteyecektir.

Savaş sonrası adeta türbülans dönemi yaşanacak,
2050'den itibaren
Beşinci Nesil toplum düzeniyle birlikte
2070 yılından itibaren her canlının
çiple yaşadığı dijital döneme geçilecektir.

Bu evrede ulus devlet, ulusal ordu ve ulusal para birimlerinin ortadan kaldırılması tasarlanmıştır. İnsanlar için yapay organlar ve nanoteknolojik çözümler oldukça sıradan uygulamalar olacaktır. İnsanların hafızaları bütün olarak hologramlarına aktarılabilecektir. Çiplerle yaşamaya alışan insanlar için kimi zaman düşünmek bile suç haline gelecek ve işlenmeyen suçlardan ötürü cezalandırılmalar olacaktır. Bu dönemde insanların en büyük korkuları beyin çiplerinin dijital saldırılara uğramaları olacaktır. Her yıkım yeni bir dönemi yeni alışkanlıklarıyla beraber getirdiğinden konvansiyonel savaşın yıkımından sonra gelecek yeni dönemin bir ütopya mı yoksa distopya mı olacağı tartışmaları devam etmektedir. Bütün bunların yanı sıra, siber bilimler, genetik, robotik üzerine yüksek eğitim almış bireyler yeni döneme en hazırlıklı olarak giren sınıfı oluşturacaktır.

Emperyalistler ilk küresel krizini yayılmacılıkla aştı. 1875 yılında Afrika'nın onda birinden az bir bölümü Avrupa ülkelerinin sömürgesiydi. 1895 yılında, Afrika'nın yalnızca onda biri sömürgeleştirilmemişti. 1880-1914 döneminde Avrupa ve Amerika kıtalarının dışındaki bölgeler, İngiltere, Fransa, Almanya, İtalya, Hollanda, Belçika, ABD ve Japonya'nın doğrudan yönetimi veya dolaylı siyasi hâkimiyeti altına sokularak paylaşıldı. Afrika'nın tümü İngiliz, Fransız, Alman, Belçika, Portekiz ve kısmen de İspanyol sömürgesine dönüştürüldü. 1876 ile 1915 yılları arasında dünya yüzölçümünün yaklaşık dörtte biri, yarım düzine devlet tarafından paylaşıldı.

İngiltere, tarihin en büyük sömürgeci imparatorluklarındandı. 1871 ile 1900 yılları arasında İngiliz emperyalistleri 12 milyon kilometrekare araziyi sömürgeleştirdi ve bu topraklardaki 66 milyon insanı köleleştirdi. 1914 yılında İngiltere'nin nüfusu 46,5 milyondu. İngiliz sömürgelerinde yaşayan nüfus ise 1876 yılında 251,9 milyon iken, 1914 yılında 393,5 milyona yükselmişti. 1924 yılında İngiltere'nin kendi toprakları 151 bin kilometrekare iken, sömürgeleri 34 milyon 910 bin kilometrekareydi. Aynı yıl, İngiltere nüfusu 45,5 milyon iken, sömürgelerinin nüfusu 403,6 milyondu.

Fransa'nın sömürgeleştirdiği alan 3,5 milyon mil kare ve 26 milyon kişiydi. 1914 yılında Fransa'nın nüfusu 39,6 milyondu. Fransız sömürgelerinde yaşayan nüfus 1876 yılında 6,0 milyon iken, 1914 yılında 55,5 milyona çıkmıştı.

Almanya'nın 1876 yılında sömürgesi yoktu. 1900'lü yılların başlarında Almanya'nın sömürgelerinin toplam alanı yaklaşık 2,5 milyon kilometrekareyi (Türkiye'nin 3 katı), bu bölgelerin toplam nüfusu ise 14,7 milyonu bulmuştu. Almanya, sömürgelerin arazisi ve nüfusu bakımından, İngiltere ve Fransa'dan sonra, üçüncülük için Belçika ile yarışıyordu. Kapitalizm, birinci küresel krizinde yıkılmadı. Kapitalizmin ikinci küresel krizi 1929 Büyük Buhranı ile başladı. İkinci Dünya Savaşı ve ardından yaşanan yeni sömürgecilikle aşıldı. Bugün yaşadığımız ise kapitalizmin üçüncü küresel krizi. Kapitalizm, bu krizi de aşmak için araçlar geliştirmeye çalışacak.[1]

Bugün yaşanan krizin sonucunda
yeni bir paylaşım savaşı yaşamaktayız.
Bu Üçüncü Paylaşım Savaşı'dır.

Bu savaşta görünürde ne uçakların attığı bombalar var ne tanklar ne de açık işgaller. Bu savaş adına Corona virüs denilen görünmez bir silahla yapılmaktadır. Biyolojik silahtır bu. Bir gerçeği hatırlatmama izin verin lütfen. Her kriz dönemi emperyalistler arası çelişmelerin de yükseldiği yıllardır. Kim daha iyi yırtacak diye aralarında kapışırlar.

21. yüzyıl için "Yeni Köleci Çağ" ifadesini kullanıyorum. Antikçağın köleleri köle olduklarını biliyorlardı. Çağımızın köleleri ise ne yazık ki bu durumun hiç de farkında değiller. İşte asıl trajedi de burada. Kendini bir virüse dönüştüren emperyalizme karşı yeni mücadele yöntemleri geliştirmek insanlığın olmak ya da olmamak meselesidir.

İngilizlere Göre III. Dünya Savaşı'nı Çıkaracak 4 Senaryo

Türkiye'nin Suriye sınırındaki gerginlik her geçen gün tırmanırken; İngiliz *Times* gazetesi, yayımladığı analizde III. Dünya Savaşı'nın nasıl çıkacağına dair 4 senaryo kaleme aldı. Suriye toprakları üzerinde satranç oynanırken İngiliz *Times* gazetesin-

1 *Aydınlık* gazetesi, 12 Kasım 2011.

de, III. Dünya Savaşı çıkabilir başlığıyla bir yazı yayımlandı. Yayımlanan yazıda Putin'in 5 bin Kürt'ü silahlandırdığı bilgisi de var. *Times* gazetesinde yer alan analizde, Suriye'nin küresel güçleri savaşın içine çekebileceği belirtilerek "III. Dünya Savaşı'nın bir ültimatom ritüeli olmadan gelebileceği" belirtiliyor.

Roger Boyes imzalı analizde özetle şöyle deniyor:

"Bunun yerine savaş yavaş yavaş, farklı güçlerin müttefiklerini korumak için krize dahil olmalarıyla başlayabilir. Suriye'nin kuzeyinde bu ana yaklaşılıyor. Halep Savaşı Esad'ın geleceğini belirleyecek. Bu yüzden Azez koridoruna bu kadar önem atfediliyor."

Bu durumun dört potansiyel parlama noktası var:

1. **Her fırsatta silah çeken Türkiye**

"Ankara Ortadoğu politikasının çöktüğünü görebiliyor. Türkiye, Azez'in Doğu Halep'i, Batı'nın bombardımanıyla zayıflayan IŞİD'den geri alacak grupların üssü olmasını umuyor. Ama Azez Kürtlerin eline geçerse, Türkiye'ye hasım bir devlet kurmak için güçlü bir konumda olacaklar. Bunun olmasını engellemek Türkler için o kadar önemli ki kara birliklerini gönderebilir ve NATO'yla Rus güçleri arasında bir savaş riski yaratabilirler. Peki, NATO, Türkiye'nin izinden gider mi? Hayır. Ama bir Rus savaş uçağı Türk hava sahasına girer ve bir hava savaşı başlarsa Ankara NATO'yu kolektif savunmaya çağırabilir. Ve büyük savaş daha yakınlaşır."

2. **Putin, Erdoğan'a karşı**

"Rusya, Türkiye'yi engellemeye odaklanmış durumda. 5000 Kürt savaşçısını silahlandırdı ve uçakları Türkiye'den Suriye'ye isyancılara malzeme götüren konvoyu vurdu. Eğer Azez koridoru kapanırsa Rusya Türkiye'den diğer geçişleri kapatması için Esad güçlerine yardım edecek. Bunu Rusya ve Suriye'nin Türkmenlere karşı etnik temizliğe girişmesi izlerse Türk kamuoyu, Ruslarla çatışma riskine rağmen harekete geçilmesini isteyecek."

3. **Putin'in kumarı**

"Türkiye'yi Kürtlere karşı askeri eyleme kışkırtmak Putin'in bir oyunu olabilir. Bu Kürtleri, Esad, İran ve Hizbullah'la birlikte Rusya ittifakına yönlendirecek. Bu durumda Batı, IŞİD'e karşı cephedeki tek etkili gücünden mahrum kalacak, denge Esad'ın lehine değişecek. Bu durum Batı'nın görüşünü değiştirmesine ve ABD'nin kara birlikleri göndermeye zorlanmasına neden olabilir. Bu durumda Türk-Kürt savaşı ABD-Rusya savaşına döner."

4. **Suudi, İran karşı karşıya**

"Sürpriz unsur, İncirlik'teki Suudi savaş uçağı gücü. Bu gücün, yaklaşmakta olan Halep savaşından ziyade Rakka için hazırlandığı anlaşılıyor. Kara birlikleri göndermekten söz eden Riyad'ın savaşa girişi bir dönüm noktası olabilir. Bu durumda –Ruslar bir Suudi savaş uçağını düşürür, İranlılar da pilotu ele geçirir– iki cephenin birleşmesi zor olmaz. Şiiler Sünnilere, Rusya NATO'ya karşı. Sonrasını kestirmek imkânsız."

III. Dünya Savaşı Nasıl Çıkacak?

III. Dünya Savaşı Avrupa'dan dünyaya mı yayılacak yoksa Ortadoğu'da mı patlayacak? Dünyayı yıkıma götürecek fitili Amerika ile Çin mi ateşleyecek yoksa Rusya mı ya da Türkiye mi tetikleyecek?

Olası senaryolara göre:

Wall Street'te başlayıp dünyaya yayılan hareket "Kapitalizm çöküyor mu?", "Yeni bir dünya savaşı mı başlayacak?" sorularını beraberinde getirmişti. Dünya son yılda çok ciddi ekonomik krizler yaşadı. Bu sorulara yanıt aranırken Almanya Başbakanı Angela Merkel "Kimse Avrupa'ya yarım yüzyıl daha barışın hâkim olacağına inanmamalı" demişti.

Bir senaryoya göre mali krizi çözmeye çalışan Avrupa ülkeleri yedi yıl içinde birbirleri ile savaşmaya başlayacak. Avrupa için çizilen bu karanlık tablo kadar korkutucu bir diğer senaryo da Ortadoğu için konuşuluyor. Hatta kimilerine göre İsrail-İran savaşı başladı bile...

Bu felaket senaryosuna göre ilk savaş Avrupa'da patlayacak. Avrupa ülkeleri sadece yedi yıl içinde birbirlerine girecek. Bu iddiayı ortaya atan İngiliz *Daily Mail* gazetesi. Gazeteye göre başta Yunanistan olmak üzere Euro Bölgesi'nde yaşanan mali krizi çözmeye çalışan Avrupa'yı ne yazık ki barış dolu bir gelecek beklemiyor. Almanya Başbakanı Angela Merkel'in şu sözleri de bu iddiaya dayanak olarak gösteriliyor: **"Kimse Avrupa'ya bir yarım yüzyıl daha barışın hâkim olacağına inanmamalı. Eğer euro çökerse, Avrupa da çöker. Bu olmamalı."**

Senaryoya göre Avrupa Birliği ülkelerinin "euroyu kurtarma" girişimleri 20 ay gibi bir süre içinde başarısız olacak. Yunan halkı, Yunanistan Parlamentosu'nu işgal edecek ve isyan tüm ülkeye yayılacak. Fransa ve Almanya, Yunanistan hükümetine yardım etmek için barış gücü gönderecek. Daha sonra İtalya'da, Almanya'da, İrlanda'da ve İngiltere'de benzer olaylar patlak verecek.

Bozulan ekonomiler, işsizliğin ve sosyal kargaşanın giderek yayılmasına yol açarken, kıta genelinde ırkçılık ve yabancı düşmanlığı da güç kazanacak. Göçmenlere yönelik saldırılar artacak. Ekonomik kriz en büyük darbeyi Letonya'ya vuracak. "İmparatorluk" günlerine dönmenin hayalini kuran Rusya, Letonya'daki Rusları korumak için önce Letonya'yı ardından da Estonya, Litvanya, Belarus ve Moldova'yı işgal edecek.

ABD'nin kendini izole etmesiyle yalnız kalan İngiltere, AB'den çekilme kararı alınca, Rusya'dan güç alan Fransa, askerlerini harekete geçirecek ve Avrupa'ya yayılacak. Merkel'in uyarısı da gerçekleşmiş olacak.

İngiliz gazetesi *Daily Telegraph*'a konuşan dönemin İsrail Savunma Bakanı Ehud Barak, "İran'ın tesislerini 500 sivil kayıpla yok ederiz" demişti. Zaten İsrail Cumhurbaşkanı Şimon Peres de İsrail'de yayın yapan Channel 2 televizyonuna çıkıp, uluslararası camianın İran'ın nükleer programıyla ilgili sorunu askeri harekât yoluyla çözme yoluna yakın olduğunu söylemişti.

Aynı günlerde Angela Merkel'den de çarpıcı bir açıklama gelmişti. Merkel, *Leipziger Volkszeitung* gazetesine verdiği demeçte, İran'a yönelik bir askeri operasyon üzerinde düşünen bazı ülkelerin olduğunu belirtmiş ve Tel Aviv'in İran'ın nükleer tesislerine saldıracağına işaret eden bu gelişmeler üzerine, İran Dışişleri Bakanı Ali Ekber Salihi, en kötü senaryoya karşı hazırlıklı olduklarını söylemişti. Dünya nefeslerini tutmuş tırmanan bu gerginliği izlerken, tam da bu günlerde İngiliz *Daily Telegraph* hiç de şaşırtıcı olmayan şu iddiayı ortaya attı: ***"İsrail gelecek yaz başında İran'a saldırabilir."***

Asıl korkutucu olan şu ki, bu kâbus senaryosu gerçek olursa, İsrail'in İran'a saldırısı bölgesel bir savaşa dönüşebilir... Zira MOSSAD'ın eski başkanı Meir Londra'da yayımlanan *Al-Quds Al Arabi* gazetesine, Türkiye'nin Suriye'ye saldırdığı bir çatışma senaryosu çizmiş ve buna göre İsrail'in İran'ı vurduğu gün, Türkiye de Suriye'yi vuracak demişti. Şu anda bunlar oluyor... Erdoğan hükümetinin, İsrail ile gizli işbirliği içerisinde olduğu su götürmez bir gerçek. Çok açık söyleyebiliriz, Hamas ve İsrail arasında varılan 30 Ağustos tarihli sulh, bunun açık ve aşikâr göstergesidir.

Suriye İçsavaşı'nda
Amerika yerine asıl rolü Türkiye üstlendi.

Zaten Suriye'ye göre Türkiye, Suriye'deki rejimi değiştirmek istiyor ve muhaliflerine kapılarına açarak içsavaşı açıkça teşvik ediyor. Bu senaryonun en can alıcı noktasına göre aslında amaçlanan Suriye-Türkiye savaşı çıkartmak. Tabii ardından Suriye'nin en büyük destekçisi İran da işe dahil olacaktı. Nitekim öyle de oldu. Eğer Türkiye, İran'ı durdurabilseydi, Suriye içsavaşı ve Esad rejimi bu kadar uzun sürmezdi.

Bir başka senaryoya göre de III. Dünya Savaşı'nı Kosova başlatacak. Bu iddianın sahibi Rusya'nın NATO daimi temsilcisi Dmitri Rogozine... Rogozine, Brüksel'de katıldığı bir televizyon programında bu iddiasının dayanağını şu sözlerle açıklamıştı: "Kosova'nın kuzeyindeki belirsizlik on iki yıldan buna yana sürmekte. Ne var ki son dönemde meydana gelen olaylar, Avrupa'nın güvenliğini tehdit ediyor. Bu durum dünya savaşına kadar gidebilir. Sırp halkının Kosova'daki gelişmelere tahammülsüzlüğü, bu savaşa neden olabilir. I. Dünya Savaşı da Balkanlar'da başlamıştı."

Stratfor, dünyanın en çok sözü dinlenen, dış politika konularında Pentagon dahil pek çok kuruluşa danışmanlık yapmış stratejik araştırma şirketlerinden biri. Analistlerinin çoğu eski CIA ajanı. Stratfor'un kurucusu, siyaset bilimci Dr. George Friedman'ın da bir senaryosu var:

Friedman'a göre,
gelecekte Rusya ve Çin gerileyip çökecek.
III. Dünya Savaşı,
Türkiye-Japonya ve ABD-Polonya
arasında gerçekleşecek.

Bu senaryoya göre Türkiye, 2020'den sonra dünyanın en büyük 10'uncu ekonomisine sahip olmuştur. (Şu anda bu öngörü çökmüştür. Zira ilk 20 arasında olmakta bile zorlanıyoruz.) Rusya ise çökmüştür. Hem Avrasya'nın hem de Arap dünyasının en güçlü aktörü haline gelen Türkiye, sınırlarını Avrasya ve Ortadoğu imparatorluğu haline gelene değin genişletir. 2050'ye gelindiğinde dünya güçleri büyük bir gerilim içindedir. Çünkü ABD, Türkiye'nin ve Japonya'nın Orta Asya ve Avrasya'daki hâkimiyetinden rahatsızdır. Amerika'nın doğal müttefiki haline gelen Polonya, Ukrayna'yı ele geçirmesine ve Akdeniz'e inmesine engel olan Türkiye ise buna karşılık Japonya'yı yanına alarak savaşa girer. ABD'nin uzay sistemini hedef alan saldırı, Kasım 2050'de Japonlardan gelir. Türkiye, Polonya'dan kurtulmak için Almanya'dan yardım ister. Bu senaryonun sonu kötü bitiyor. Buna göre savaş Japonya, Türkiye ve Almanya'yı harabeye çeviriyor.

Bir diğer senaryoya göre ise savaşı başlatan, yükselen güç Çin ile ABD arasında tırmanan gerilim olacak. Dünyanın en büyük güvenlik yazılımı şirketlerinden biri olan Symantec, ABD'de en az 48 kimyasal ve askeri tesise siber saldırı düzenlendiğini ve saldırıların kaynağının Çin olduğunu açıklamıştı. Symantec, saldırıların kaynağını takip ederek Çin'in Hebei kentindeki 20 yaşlarında bir hacker'ı tespit ettiklerini belirtmişti. Bu arada Amerikalı yetkililerden dikkat çekici bir açıklama gelmişti: **"ABD siber saldırıları savaş nedeni sayacak."**

ABD Temsilciler Meclisi İstihbarat Komitesi Başkanı Mike Rogers, "Çin'in internet üzerinden yaptığı saldırılarla ABD'den bilgi çalma çabalarının 'tahammül edilemez bir noktaya' geldiğini ve birçok devletin Pekin'i bu konuda durdurmak için harekete geçmesi gerektiğini" söylemişti. Bu arada Çin-ABD gerilimi ticaret alanında da tırmandı. Amerika Çin'e başlangıç olarak ticaret savaşı açtı.

Obama ile başlayan ABD-Çin savaşı Trump döneminde zirve noktasına ulaşmış durumda. Dünyada savaş olasılığını artıran onlarca kriz bölgesi var. Dünya 2020 yılına onlarca çatışma bölgesi ile girdi. Bu alanlar: İran, Libya, Suriye, İsrail ve Filistin, Keşmir, Afganistan, Irak, Yemen, ABD ile Kuzey Kore ve Rusya, Çin gerilimi; Ukrayna, Güney Amerika kıtasında Venezüella ve Ekvador, Etiyopya, Burkina Faso, Kongo Demokratik Cumhuriyeti önümüzde yer alan uluslararası çatışma alanları.

Bu alanlara Türkiye, Akdeniz ve Ege çatışma alanlarını eklediğimiz takdirde, pek parlak olmayan bir dönemin içinde olduğumuzu görebiliriz. Ve maalesef görünen o ki, bundan sonra yaşayacak olduğumuz yıllar da hiç parlak değil.

Tukidides Tuzağı ve III. Dünya Savaşı

Yaklaşık iki bin dört yüz yıl önce, Güney Yunanistan'ın önde gelen iki kenti (Atina ve Sparta) arasında meydana gelen Peloponez Savaşı'nın meşhur tarihçisi Tukidides'in (MÖ 460-395) sözleri, İsa'dan sonraki üçüncü milenyumun başında da yankı uyandırmakta.

Birinci Dünya Savaşı'nın bitişinden neredeyse yüz ve İkinci Dünya Savaşı'nın bitişinden neredeyse yetmiş yıl sonra, on dokuzuncu yüzyıldaki emperyal düzenin bile hayal edemediği bir küreselleşme içinde olan dünyamız, *çoğu analiste göre* üçüncü bir savaşa hazırlanıyor. Çoğu analiste göre bu III. Dünya Savaşı'nın çıkıp çıkmaması, bu önde gelen askeri ve sanayi güçlerinin, *Tukidides* tuzağına düşüp düşmemelerine bağlı gözüküyor.

Tukidides tuzağı, Graham Allison'ın tabiriyle, yükselmekte olan bir gücün egemen olan diğer bir gücü, onun yerine geçmekle tehdit etmesinden dolayı oluşan şiddetli yapısal gerilimdir.

Allison der ki, son beş yüzyıl boyunca toplam on altı kez yükselmekte olan bir güç, egemen gücü yerinden etme durumunda kaldı. Bu on altı durumun on ikisinde ise netice savaştı. Söz konusu Tukidides tuzağından kaynaklı iki risk doğmaktadır. Yükselmekte olan güç sendromu birdenbire yükselen gücün, artmakta olan öz bilinci, çıkarlarını savunma güdüsü, saygı ve tanınma hakkını talep etmesi demektir. Egemen güç sendromu ise bunun yansıması olarak kendini kanıtlamış olan gücün, "çöküş" imaları karşısında duyduğu yükselen korku ve güvensizlik hissini tanımlamaktadır. Kısacası gitgide kendine fazla önem vermeye başlayan ülke, kendisine saygı duyulmasını ve yeni gücünün tanınmasını beklerken, aynı zamanda da çevresinde daha fazla etki sahibi olmak ister. Buna karşılık olarak da kendini kanıtlamış olan ülke, yükselmekte olan ülkenin gösterdiği bu kendine aşırı güvenmeyi saygısız, nankör ve hatta kışkırtıcı ya da tehlikeli bir tavır olarak algılamaktadır.

Mübalağalı böbürlenme aşırı gurura,
manasız korku da kuşkuya dönüşür.

Finansal krizden önce Rusya'nın Japonya ile gelişmekte olan ilişkileri ve Çin'in Orta Asya'daki emelleri nedeniyle iki ülke arasındaki ilişkiler görece gergindi. Bugün ise Rusya jeopolitik düzlemde Çin'e doğru yöneliyor. Bunu, güvenlik ve savunma işbirliği, silah satışları, ticaret ve enerji pazarındaki ilişkilerinde görmekteyiz. Zira Rusya artık Çin'in en büyük petrol tedarikçisi. Ortaklaşa deniz tatbikatları, komşu Uzakdoğu Asya ülkelerinin şüpheli bakışları altında gerçekleştiriliyor.

Orta Asya'nın ekonomisinde ise Çin, büyük ölçüde Rusya'nın yerini almış durumda. Yeni petrol ve gaz borularının inşasıyla Çin, Orta Asya'nın enerji pazarına açıldı. Eskiden olsa küplere binecek olan Rusya, özellikle Kırım'ı ilhak ettikten sonra Avrupa ile girdiği krizden olsa gerek, kendi Avrasya Ekonomik Birliği projesini Çin'in İpek Yolu Ekonomik Kuşağı projesi ile bağdaştırdı.

Uzmanlar yükselmekte olan bu iki güç arasında savaş çıkmamasını, yani Çin'in Rusya'ya karşı *Tukidides tuzağına* düşmemesini, Pekin'in Moskova'yı Çin'in yükselişinin Rus oligarşisine bir tehdit teşkil etmediğine ikna etmekte başarılı ve Çin yetkililerinin ihtiraslarına hâkim olarak Rusya'nın da çıkarlarını hesaba katmış olmasına bağlamakta. Fakat dünyanın nüfus olarak en kalabalık ve yüzölçümü bakımından en büyük olan bu iki ülkesinin *Tukidides tuzağına* kapılmamaları, savaş halinde muhtemel bir ittifak yapacakları anlamına geliyor mu, orası tartışılır.

Dünyanın karşı karşıya olduğu en büyük Tukidides tuzağı Çin ve Rusya arasında değil, Amerika ve Çin arasında pusu kurmuş beklemekte. Bu konuda da Graham T. Allison'ın (Harvard Kennedy School - Belfer Center) 2017'de *The National Interest*'te yayımladığı makalesine başvuralım: Allison makalesine, uzun bir sivil savaşın ardından kendi ülkesini bile zar zor kontrol altında tutan Mao'nun, 1950'de General Douglas Mac Arthur'u şaşkına döndüren bir hareketle, birkaç sene evvel atomik ölüm bombalarıyla Hiroşima ve Nagazaki'yi yerle bir etmiş Amerikan güçlerini, Kore Yarımadası'nın otuz sekizinci paraleline geri püskürtmesini hatırlatarak başlıyor. Buna benzer başka bir olayın da 1969'da, küçük bir sınır anlaşmazlığı üzerine Çin'in nükleer güç olan Sovyetler Birliği'ne karşı yaptığı önleyici saldırıyla patlak veren, Çin-Sovyetler Birliği sınır çatışması esnasında yaşandığını hatırlatıyor. Bu iki tarihi vakanın dünyaya, Çin'in "Etkin Müdafaa" (*Active Defense*) öğretisini gösterdiğini belirtiyor.

Mao Zedong'un mesajı açık ve netti:
Çin, onu haritadan silebilecek güce sahip olan rakipleri karşısında bile asla yıldırılamayacaktır.

Bu bilgilerin ışığında Allison, Çin ve Amerika arasında muhtemel bir savaşın nasıl patlak vereceği üzerinde üç hipotez sunmakta. Tabii böyle bir savaş, akla uygun veya istenilen bir şey olmasa bile, imkânsızmış gibi gözükmemekte. Savaşlar bazen istenmemelerine rağmen patlak verebiliyor. Bunun nedeni ise, emir-komuta zincirinin başında bulunan askeri veya siyasi liderlerin seçeneklerinin bazı olaylar veya başkalarının eylemleri nedeniyle daralabilmesi ve bunun da onları ödün vermektense savaş riski vaat eden kararlar almaya zorlamasından kaynaklanıyor. Allison'ın tabiriyle Atina, Sparta ile savaşmak istemiyordu, Kayzer Wilhelm Britanya ile cenk arayışında değildi. 1950'de Mao, Kim Il-Sung'un Güney Kore'ye saldırmasına karşı çıkmıştı. Ancak liderler çoğu zaman kötü ile beterin arasında bir karar vermek zorunda kalırlar.

Allison'ın üzerinde durduğu üç alternatif Çin-Amerika savaş hipotezi, kendi icat ettiği bir şey değil. Washington ve Pekin de içinde bulundukları ince dengenin farkında, dolayısıyla iki ülke arasında oluşturulmuş farklı senaryolar, simülasyonlar ve harp oyunları mevcut. Bunların gösterdiği şey şu ki, büyük savaşlar, çoğunlukla kolayca meydana gelebilen küçük kıvılcımlardan kaynaklanıyor.

Çin-Amerikan ilişkilerini anlamak için bu iki ülkenin coğrafi, kültürel ve tarihi konumlarına bakmak gerekir. Çin dünyanın en eski ülkelerinden biri olmasına rağmen 1839-1949 yılları arasında yaşadığı "Utanç Yüzyılı"nı unutmamış durumda. Amerika Birleşik Devletleri ise dünyanın en yeni uluslarından biri, ama daha yeni milenyum başlamadan kibirli bir şekilde yirmi birinci yüzyılı Amerikan yüzyılı olarak tasarlamış bir üst akla sahip. Bunun yanında, yakın geçmişte meydana gelmiş askeri çarpışmalarını da kimse unutmuş değil. Çinli stratejistlerin, Kore Savaşı ve Çin-Sovyetler sınır çatışmasından çıkardıkları sonuç, kendilerinden daha güçlü rakipler önünde boyun eğmemekti. Daha da ötesi Amerika Birleşik Devletleri'nin, İkinci Dünya Savaşı'ndan bu yana katıldıkları beş büyük savaştan dördünü kaybettikleri ya da en azından kazanamadıkları da apaçık ortada.

Savaş belirsizliklerden doğar. Günümüz teknolojilerinin askeri sanayiye sunduğu araçlar ise belirsizlikleri hiç olmadığı kadar artırmıştır. Anti-uydu silahları ve siber savaş teknikleri çağımız savaşlarının en önemli stratejilerindendir. Özellikle *GPS* sistemini askeri sanayinin her bölümüne entegre etmiş olan Amerika, anti-uydu silahlarından tüm stratejisini ağır etkileyebilecek darbeler alabilir. Siber savaşların en akıl almaz yönü ise çoğu zaman meydana gelmiş bir siber saldırının kökeninin tam olarak belirlenememesidir. Yani siber-harekâtın nereden kaynaklandığı kolayca saklanabilmektedir.

ABD ve ÇHC (Çin Halk Cumhuriyeti), biri diğerinin nükleer saldırısı karşısında ayakta kalabilecek ve buna aynı şekilde cevap verebilecek teknolojiye sahiptir. Fakat ne birinin ne de öbürünün teknolojisi ciddi boyutta bir siber saldırıya karşı koyacak güçtedir. Bu da siber savaş konusunda çok tehlikeli bir "kullan ya da kaybet" dinamiği oluşturmaktadır.

Bu bakımdan Soğuk Savaş dönemi çocuklarının
korkulu rüyası olan MAD
(Karşılıklı Kesin İmha) senaryosu,
artık nükleer felaketle fiziksel âlemi değil,
siber saldırıyla dijital âlemi tehdit etmektedir.

Birinci Senaryo

Amerikalı ve müttefik savaş gemileri, Çinli muadillerine hiç olmadığından daha yakın sularda yüzmekteler. Amerikan donanmasının güdümlü roketli muhrip savaş gemileri, Güney Çin Denizi'ndeki tartışmalı sularda özgür navigasyon harekâtları (*freedom-of-navigation operations*) gerçekleştirmekteler. Diyelim ki muhriplerden biri Çin kontrolündeki yapay askeri adalardan birine fazla yaklaştı ve onu ikaz etmeye çalışan bir Çin Sahil Güvenlik gemisi Amerikan muhribiyle çarpıştı ve tüm mürettebat öldü...

İkinci Senaryo

Tayvan bağımsız olsa, dünyadaki en başarılı ülkeleri arasına katılır. Yirmi üç milyonluk nüfusuyla bölgenin en gelişmiş (Tayland, Filipinler ve Vietnam gibi ülkelerin iki katı büyüklüğündeki) piyasa ekonomilerinden birine sahiptir. Adada bulunan çoğu insan bağımsızlık istese de, Çin için burası sadece eyaletlerinden biridir. Bunun ötesinde Çin, adanın anakaradan ayrılmasını önlemek için her şeyi yapmaya hazırdır. Taipei'nin ise bu konuda arkasını yaslanabileceği hiçbir müttefiki yoktur. Ama diyelim ki geçen senelerde Hong-Kong'da patlak veren demokrasi protestoları bu sefer adadaki gençlerin kitlesel eylemleriyle yinelendi, ama anakaradan gelen kuvvetler protestocuları kanlı bir şekilde bastırdı. Bunun üzerine Amerika, geçmişte yüzüstü bıraktığı Tayvan'ı, bu sefer sahiplendi...

Üçüncü Senaryo

İkinci Dünya Savaşı'nın ardından Amerikan kontrolünde olan Senkaku (Diaoyu) Adaları, 1970'te Japonya'ya verilmişti. Fakat o zamandan beri Çin, bu stratejik adaların kendi toprağı olduğunu öne sürmekte. Ayrıca bilindiği gibi çağdaş Japonya, savaş sonrasında lağvedilen askeri gücünü yeniden kurmaya doğru gitmekte ve Japon ulusalcılığı yeniden yükselişte. Diyelim ki Japon ulusalcı bir grup, sivil gemilerle bu adalardan birine çıktı ve bayrak dikip burayı işgal etti. Bunun üzerine Çin Sahil Güvenliği söz konusu militanları adada tutuklayıp anakarada yargılanmak üzere ele geçirdi. Ardından vatandaşlarını kurtarmak için Japon Sahil Güvenliği harekete geçti. Amerika da yetmiş yıllık müttefikini yalnız bırakmadı...

Sonuç olarak ABD ve ÇHC arasında savaş çıkması kaçınılmaz değil, ancak kesinlikle muhtemel. Bu üç senaryo da, Çin'in kargaşa yaratan yükselişinin oluşturduğu gizli gerilimin, kazalar ya da başka türlü önemsiz olacak olayların geniş kapsamlı çatışmaları tetikleyebilecek koşullar yarattığını göstermektedir. Ne var ki savaş olacak diye bir kaide yok. Allison'ın hatırlattığı gibi son beş yüz yılda meydana gelen on altı Tukidides tuzağı durumlarından dördünde savaştan kaçınılmıştı.

Ancak savaştan sıyrılmak için kurnaz bir devlet idaresi gerekmektedir. Çin ve Amerikan liderlerinin böyle olası durumlarda ne kadar hünerli davranacaklarını ise bilemeyiz. Ama kesin olan bir şey varsa o da III. Dünya Savaşı'nın kaderinin bu tür ince ayarlara bağlı olduğudur. Gelin hep birlikte bir "Kıyamet Senaryosu" yazalım ve üzerinde düşünelim...

Birçok teorisyenin dediği gibi
"III. Dünya Savaşı" tam da tahmin edildiği gibi
Ortadoğu'dan ateşlenmiştir.
"Dünyanın Göbek Deliği"nde yani...

İran, SİHA'ları ateşliyor, ama bundan Rusya'nın çoktan haberi var. İran muhakkak Rusya'ya sormuştur, *"Ne yapalım?"* diye...

Rusya ne demiştir bilinmez, ama Rusya bu küçücük düğmeye basmanın sonrasında oluşacak krizi mutlaka "ideolojik ortağı" Çin'le de görüşmüştür. Çin eğer buna karşı çıksaydı, Rusya da buna muhakkak bir bahane bulur ve İran'a, *"Yapma"* derdi. *"Erken"* derdi. Ama demedi. Demek ki, ortada bir anlaşmazlık yok. İşte bir cephe böylelikle oluşmuş oldu. "Rusya-İran-Çin" ve bu denkleme, bu kararsız çözeltiye eklenecek başka hammaddeler, hatta katalizörler de şu an hazır: Küba gibi, Vietnam, hatta Kuzey Kore gibi... Yeter mi? Muhakkak yetmez. Birkaç Güney Amerika ülkesi de bu karışıma balıklama atlamaya hazır... Cephe oldu size kocaman bir dünya coğrafyası...

Peki, tüm bu patırtının, panayırın, hengâmenin içinde, bu topraklarda mağrur ve kendi halinde dolaşan bu halk için durum ne olacaktır? Bir tarafta komşun **İran** ve **Rusya**... Diğer tarafta müttefikin **ABD** ve **NATO**... Peki biz? Kırşehirli bir ozanın, Zonguldaklı bir kömür işçisinin, İzmirli bir boyozcunun, Manisalı bir domates çiftçisinin hatta Kütahyalı porselen işçisinin, Ankaralı bürokratın, Adıyamanlı çiğköftecinin, İstanbullu orta sınıf burjuvanın, Muşlu bir çobanın ve Trakyalı bir üzüm üreticisinin, bu kadar işçinin, memurun, çiftçinin ve patronun durumu ne olacaktır? Bu halk ne olacaktır Türk'üyle, Kürt'üyle, Çerkez'i, Ermeni'si ve Yahudi'siyle?

İkinci bir İnönü yok ki, tüm bu cehennemin içinde ülkeyi tek kurşun sıkmadan bu kaostan korusun! Açlıkla-yoklukla-olmayışla terbiye edip savaşa sokmasın... *Keza başımızdakiler sanki daha da hiddetle saldırıyor topa-tüfeğe-mavzere...* Kaybeden kim olacak? Testis kanseri yüzünden çürük raporu alan kendi çocukları gitmeyecek cepheye... Yine Anadolu insanına sarılacaklar... **"Aman"** diyecekler... **"Yetiş... Ülke elden gidiyor..."** diyecekler... **"İslam ayaklar altında kalacak"** diyecekler... Fakat doyduk çok şükürler olsun ki... Kazın ayağı hiç de öyle olmayacak... *"Yüksek* *lisans yapmıyor olsaydım belki ben de şu an Suriye'de şehittim"* edebiyatına tok bu millet! Artık, **"Görelim, ölelim"** diyecek...

Yaklaşan Tehlike: Rusya-Türkiye Savaşı

Rus silah sanayiinin görüşlerini yansıttığı bilinen Askeri-Uzay Savunması dergisi etnik çatışmalar, toprak iddiaları, enerji kaynaklarını ele geçirme mücadelesi ya da ayrılıkçı akımların Rusya'nın güneyinde çok sayıda ülkenin katılacağı savaşlara yol açabileceğini ileri sürdü.

Dergi Rusya ile Türkiye'yi karşı karşıya getirebilecek ve ağırlıklı olarak hava kuvvetlerinin yer alacağı üç savaş senaryosu kurguladı. Senaryolarını Türkiye, İran, Pakistan ve Afganistan gibi Müslüman ülkelerin Rusya'yı Kafkasya'dan dışlama niyetine dayandıran dergi, çatışmalara ABD ve NATO'nun da katılabileceğini, Moskova'ya ise sadece Ermenistan'ın destek vereceğini belirtti. Dergideki senaryolar şöyle:

Birinci Senaryo

Ayrılıkçılık, terörizm, etnik çatışmalar, Azeri-Ermeni sorunu ya da bölgedeki sivil Rusların öldürülmesi üzerine başlayacak savaşta bir cephede Türkiye, Azerbaycan ve Gürcistan, karşı cephede ise Rusya ile Ermenistan yer alacak. Üç ülkenin 500'den fazla savaş uçağı Rusya'yı Kafkasya'dan uzaklaştırmak, ekonomik gücüne zarar vermek ve bazı bölgelerini ele geçirmek amacıyla güney kesimlerini 7-10 gün boyunca aralıksız bombalayacak.

İkinci Senaryo

Bölgedeki etnik çatışmalar ya da İran'ın dini yayılmasından kaynaklanan savaşta Rusya; İran, Azerbaycan ve Gürcistan'la savaşmak zorunda kalacak. 250 civarında savaş uçağının katılacağı çatışmaların bir amacı da Hazar'daki petrol havzalarını ele geçirmek olacak.

Üçüncü Senaryo

Ayrılıkçılık, terörizm, kaybedilen toprakların yeniden ele geçirilmesi ya da Kafkasya'da etkinlik kazanma niyetinin yol açacağı savaşta Rusya'nın tek müttefiki Ermenistan olacak. Dergiye göre karşı cephede ise ABD desteğindeki Türkiye ve Gürcistan yer alacak. Savaşa büyük olasılıkla Azerbaycan, ayrıca kısmen Ukrayna, Bulgaristan ve Romanya katılacak. Rus topraklarını binden fazla Türk ve Türkiye'deki üslerden, Akdeniz'deki uçak gemilerinden havalanacak Amerikan ve NATO uçakları bombalayacak, Rus hava gücü birkaç saatte yok edilecek. Ardından kara harekâtı başlayacak, Rus enerji kaynaklarının taşındığı güzergâhtaki bazı Kuzey Kafkas cumhuriyetleri işgal edilecek, Ermenistan toprakları ele geçirilecek ve bazı ülkeler haritadan silinecek.

Bugün Ukrayna-Rusya sınırı barut fıçısı ve patlamaya hazır. Artık aşağılara inmesi gereken ve ÇARLIK RUSYASI aklıyla hareket eden Yeni Rusya ve Osmanlı akıl tutulmasına uğramış olan Türkiye Cumhuriyeti yöneticileri, kendi kendilerine 170 yıl önce gerçekleşen OSMANLI-RUS savaşı 1856 metaforunu oynuyorlar. Osmanlı bu savaştan sonra KIRIM savaşı son kazandığı savaş olduğu halde bitmişti. Aynı yer, yani KIRIM meselesi ile yine aynı olayların yaşanacak olduğu süreçler yaşanıyor.

Irak, Suriye ve bugün etrafı tam kuşatılmış olan Anadolu! Bu ülkelerin hepsinde SÜMER tabletlerinin yer alması işgal için tek yeterli sebepti. Dünya, aslında bilgilere ulaşmak için savaşıyor. "Hangi bilgiler?" sorusunun cevabı ise o tabletlerde saklı.

Yaşananların yüz yıl öncesiyle bağlantısını ortaya koyuyoruz. Buna DÖNENCE deniliyor.

Son dört yılda dünyanın akciğerleri AMAZON, AVUSTRALYA, SİBİRYA ormanları bilinçli olarak yakıldı. Yüzlerce yıl daha yetişemeyecek kadar ağaç milyonlarla ifade edilirken, hepsi yakıldı. Amerika, NATO bayrağı adı altında neredeyse dünyanın her yerine askeri müdahalede bulunuyor. Tabii Batı dünyası ve NATO orduları beraberinde.

Bir müddet sonra Ukrayna-Rusya sınırında başlayan savaşla Türkiye, Rusya karşısında yalnız bırakılacak ve "Yeni Osmanlı" ile "Yeni Çarlık" yüz yıl önce olduğu gibi karşı karşıya gelecek. Sonrasında yaşanacakları tarih okuyarak öğrenebilirsiniz.

Artık yüzüncü yılına yaklaşan KARS-GÜMRÜ anlaşması yürürlükte kalırsa mucize olur. "MÖNTRO AKP tarafından iptal edilecek" açıklamalarından sonra elde ne kalırsa artık diyelim.

Birinci Dünya Savaşı'na Montrö olmadığı için girmek zorunda kaldık. İkinci Dünya Savaşı'na Montrö yürürlükte olduğu için girmedik ve bir nevi paçayı kurtardık. Üçüncü Dünya Savaşı tamtamları her yerde çalarken ve çatışmalar başlamışken MÖNTRÖ'den çekilmek, Birinci Dünya Savaşı'na dönmektir.

Yapılan planlar bize ABD ile Türkiye arasında uzun yıllar perde gerisinden sürecek savaşı göstermektedir. Burada görünen o ki, Montrö önemli bir anahtar-kilit görevi görmektedir.

Bugün –yine kitabımda belirttiğim üzere– bazı Batılı tarikat ya da cemiyetler üç milyar insanın ölmesi ile nüfus azaltma planı yapmaktadır. Dev nüfusları sebebiyle Hindistan ve Çin kapıştırılarak bunu yapmaya çalışacaklardır. 2020 yılında sudan sebeplerle Çin ve Hindistan arasında sıcak çatışmalar başlamıştır. Kitlesel nüfus yok oluşu için önemli bir savaş alanı önümüzde duruyor.

Putin bizzat kendi ağzıyla "Eski SSCB toprakları Rusya'ya aittir" dedi. Yüz yıl öncesinde olduğu gibi başka bir savaş alanını ve işgal metaforunu tıpkı ÇARLIK Rusyası gibi ortaya koymuş oldu.

Bütün bu değerlendirmelerin ışığında 9 Nisan 2021 tarihinde ABD iki savaş gemisinin Boğazlardan Karadeniz'e geçmesi için Türkiye Cumhuriyeti'ne diplomatik başvuruda bulundu. Bu savaş gemilerinde ABD bayrağı dalgalanıyor. Kısaca bu savaş gemileri NATO bandıralı olarak Boğazlardan geçmeyecek.

Birinci Dünya Savaşı'na girişimizin sebebi olan iki Alman savaş gemisi Goben ve Breslau hatırlatması yapalım. Bugün ise iki ABD gemisi Boğazlara geçmek için başvuruda bulunuyor.

Trakya, Kıbrıs, Ege, Doğu Akdeniz, Suriye, Kuzey Irak, Nahcivan ve Ermenistan sınırlarında yığınaklar devam ederken soru şu: NEDEN TOPLANIYORLAR?

Cevap net: SAVAŞ ve İŞGAL HAZIRLIĞI!

Peki ne işgali?

İstanbul'un Ruslar tarafından işgali!

Yaşanacaklar yaşanmadan, felaket kapıya gelmeden hazırlık yapmış olmalısın. Son dakika çabaları beyhudedir.

3. Bölüm

III. Dünya Savaşı'nın Olası Gerekçeleri

"Ben savaşırken herkes taktiklerimi görebilir; fakat hiç kimse asıl zaferin kaynağı olan stratejiyi göremez."

– Sun Tzu

İngilizler, II. Dünya Savaşı'ndan sonra Ortadoğu'yu ABD'ye terk ederken tek şart koşmuştu: Bağımsız bir İsrail devletinin kurulması. Hatta 14 Mayıs 1948'deki bağımsızlık ilanından hemen önce CIA ve dışişlerinin ABD'nin o zamanki başkanı Harry S. Truman'ı (1945-1953) İsrail'i tanımama konusunda uyardığı bile ileri sürülmüştü. Ancak ABD, Avrupalı sömürgecilerin "çiçeklenen çöl" projesi kapsamında 1917'deki Balfour Deklarasyonu ile temellerini attığı terör devletinin, bugün en büyük hamisi konumunda. Öyle ki eski ABD Başkanı Donald Trump'ın damadı ve danışmanı Jared Kushner, Filistin Özel Temsilcisi Jason Greenblatt ve İsrail Büyükelçisi David Friedman'dan oluşan ABD'li üçlü Siyonist çetenin sağladığı siyasi atmosfer sayesinde İsrail devleti, artık yeni bir aşamaya geçti. İsrail Parlamentosu, 2011 yılından beri üzerinde tartışılan "Yahudi Devleti" yasasını 19 Temmuz'da kabul etti. Bu kanunla resmen faşist ve ırkçı bir aparheid rejimine dönüşen Siyonizm'in, Filistin halkını ortadan kaldırma barbarlığı en üst safhaya taşınmış oldu.

BM'nin yasal ve ahlaki bütün ilkeleriyle çelişen Yahudi Devleti'nin yasasında şu maddeler yer alıyor: "İsrail bir Yahudi devletidir ve dünyadaki tüm Yahudilerin tarihi anavatanıdır. Hukukta Yahudi şeriatı referans alınacaktır. Dünyadaki tüm Yahudilerin İsrail'e dönme hakkı vardır. İsrail'in başkenti Kudüs'tür."

Dolayısıyla yasada, dünyanın farklı ülkelerindeki Yahudilerin İsrail'e gelip yerleşmesi teşvik edilirken, bırakın 1948'de vatanlarından sürülen Filistinlilerin geri dönüşüne izin vermeyi şu an Filistin'de yaşayanlara yönelik etnik temizliğin daha da artırılacağı vurgulanıyor.

1900'lerin başında Ürdün Nehri ile Akdeniz kıyıları arasındaki toprakları Eretz Yisrael (İsrail Yurdu) ilan eden Siyonistler, göz koydukları toprakları daha da genişlettiler. Nitekim İsrail'in ilk başbakanı olan Ben Gurion, 14 Mayıs 1948'de günlüğüne, "Amerikan bağımsızlık bildirgesine bakın. Ülke sınırları hakkında bir şey denilmiyor. Biz de devletimiz için sınırlar ilan etmek zorunda değiliz" demişti. Savunma bakanlarından Moşe Dayan ise 1967'de "Süveyş, Sina Yarımadası, Ürdün ve Golan Tepeleri'nden sonra Lübnan ve Suriye'nin Irak sınırlarına kadar uzanan bölgeleri" Yahudi yurdu olarak işaret etti. Bir yıl sonra ise Dayan, "20 yıl önce 600 bin kişiydik. Şimdi 3 milyonuz. Kimse bunun yeterli olduğunu söyleyemez. Aynı şey toprak için de böyle" diyerek meydan okumuştu. Ariel Şaron da Ekim 1973'te, "İsrail şimdi bir süper güçtür. Avrupa'daki ordular bizimkinden daha güçsüz. Bir hafta içinde Cezayir'den Sudan ve Irak'a kadar olan bölgeyi ele geçirebiliriz" diye zafer narası atmıştı.

Şimdi de bazı siyasiler Yahudi Devleti'nden sonra sıranın Lübnan, Suriye, Ürdün ve Sina'dan oluşan Yahudi İmparatorluğu'na geldiği kanısında. Oysa unuttukları bir şey var: Yahudi İmparatorluğu projesinin önünü açan bu ırkçı yasa, sadece Filistinli Müslümanların değil, Hıristiyanların tarihi haklarını da görmezden geliyor. Siyonistlerin işgal, katliam ve barbarlığa dayalı "Büyük İsrail Projesi" var olan İsrail'i de yok edecek.

İnsanlık, Güney Afrika'daki ırkçılığa tahammül etmediği gibi İsrail'in ortaçağ ırkçılığına da yakında "dur" diyecektir.

Ailenin Bir Sonraki Hamlesi Ne Olacak?

Günümüzün en güçlü adamı Jacob Rothschild ile aynı adı taşıyan Atlantalı bir hahamın yaptırdığı Tree of Life (YAŞAM AĞACI) Sinagogu'nun tüm parası Rothschild ailesi tarafından karşılandı. Ekim ayının ilk günlerinde, South Carolina'daki Vintage Palace adlı Rothschild ailesinin iki üyesinin oturduğu lüks sitede silahlı saldırı oldu. Sitenin güvenliğini sağlayan polis memurlarından ikisi öldü, yedisi yaralandı. Yani her şey haber olmuyordu... Bu saldırılar Amerikan tarihinde ilk kez oluyor. Amerika Birleşik Devletleri 50 parçaya bölünse bile Rothschild ailesine ya da ailenin etkisinin bulunduğu yerlere saldırı akıllardan bile geçmezdi. Şimdi oluyor ama...

Böyle örnekleri alt alta getirdiğimizde ***"ailenin"*** saldırı altında olduğu düşüncesine ulaşırız ki bu doğrudur! Böylelikle dünyanın geldiği son şekli de anlamış oluruz... Evet, ***"aile"*** güçlü bir saldırı altında! Bilmemiz gereken bu...

Hahamla aynı isim ve soyadını taşıyan Jacob Rothschild'in çok sevdiği, "Başarı, para kazanmanın bir sonucu değildir; para kazanmak başarının sonucudur ve başarı bizim hizmetimizle doğru orantılıdır" sözü, ailenin manifestosudur. Herkes aileye hizmet etmelidir! ABD Başkanı da, İngiltere Kraliçesi de, Apple veya Microsoft'un sahibi de hizmet etmek zorundadır.

Belki de yüzyıllardır devam eden bu süreç artık sorgulanıyor. Hem de çok güçlü bir şekilde. Aileye karşı başlatılan bu saldırı, ölüm tehditleriyle de taçlandırılıyor.

Silah lobisinin başını çektiği "DERİN AMERİKA", aileye artık bazı kıtalardan çıkması gerektiğini söyledi. Bu mesaj aile tarafından kabul görmediği için saldırılar başladı. Şimdi ailenin yaptırdığı sinagoga yönelik baskını, Jacob Rothschild'in evine yapılan saldırı olarak da algılayabiliriz. Belki de önemli uyarılardan biriydi...

Yahudiler sinagog saldırılarında birleşirler.
Bu da çok doğal ve anlaşılır bir durumdur.
Ancak bu kez öyle olmadı.
Endişeliler ve artık korkuyorlar.
Çünkü 2050'de Yahudi nüfusun
2,5 milyona kadar düşeceği konuşuluyor.

Bu sonuca ulaşan da ROTHSCHILD ailesi. Aile, bu duruma karşı yeni tedbirler alırken silah lobisinin saldırısına uğradı. Yahudi nüfusunun 2,5 milyona kadar gerilemesi bugün için zor görünse de ailenin araştırmalarının sonucu böyle. Şimdi aile, nüfusu çoğaltmak için Afrika ve Ortadoğu'yu tek hedef olarak belirledi. Bugün dünyadaki Yahudi nüfusun 13,5 milyon olduğu açıklanırken, ailenin araştırmasında bu rakam 9 milyon 360 bin çıktı.

Aile, 2050'de büyük bir sistemin dünyayı yönetmesini hedefliyor, böylelikle Yahudilerin etkisinin azalmamasını sağlayacak gibi görünüyor. Tabii bu silah lobisinin kabul etmediği bir plan. Karşı taraf da "Katolik dünyasının birkaç milyon Yahudi'ye karşı sessiz kalması artık düşünülemez" mottosuyla hareket ediyor. Şimdi atılan adımlara bakarsak AŞIRI SAĞCI Katolikler, yeni dünya düzeninde daha etkin olacak. Bu da ailenin istemediği bir gerçek.

Dikkatlice araştırıldığında görüyoruz ki Katolik ülkelerdeki liderler artık aşırı sağcılardan seçiliyor. Bu da Yahudi gücünün azalması anlamına geliyor. ABD'de 2 bin 300 şirketin el değiştirdiğini görüyoruz... Bunlardan bazıları elbette orta ölçekli. Sahipleri Yahudi'ydi ama şimdi Katolik işadamlarına satıldı. Bu sadece ABD için geçerli değil. Fransa'da 1900, Hollanda'da 1300, Almanya'da 900, Brezilya'da 430, Türkiye'de 79 şirket Yahudilerden Katoliklere geçti.

Çok ciddi bir atak bu.

Ailenin paraları yeni yön ararken, şirketler de hızlı bir şekilde değerinin yüzde 50 daha ucuzuna yeni sahiplerine gitti. Bu durum Afrika ve Ortadoğu için de geçerli. Asya'yı saymamıza gerek yok çünkü Yahudiler, en güçlü saldırıyı Asya'da yaşadı. Aileye yakın işadamlarının Asya'daki şirketleri sadece 90 günde el değiştirdi. Bu Asya'daki devlet kararlarıyla yapıldı.

AİLE de boş duracak değildi! Durmadı da...

Aile, New York borsasında Katolik şirketlere büyük zarar verdi.

Hong-Kong'daki Katolik şirketler yüzde 30 değer kaybetti. İngiltere'de çatışma hali her geçen gün daha da şiddetleniyor. BREXIT ile Yahudi şirketler daha da çok zarar görmeye başladı.

Yahudi işadamlarının ülkeye giriş yasağı ile karşı karşıya kalması ise Kraliçe'nin gücünü gösteriyor.

Birçoğu Rus olmak üzere 130 Yahudi işadamına giriş yasağı var. Bu liste her geçen gün daha da artıyor. Hatırlayın Rus oligark Abramovich'in Londra'ya giremeyişini... İsrail pasaportu alarak ülkeye zorbela girebilmişti. Şimdi o da malını mülkünü satışa çıkarmış durumda. Çok ilginç... İngiltere'de Yahudi işadamları, ülkenin sahibi gibi davranırdı. Şimdi ise ülkeye giremiyorlar.

Nüfusu ne kadar azalırsa azalsın hâlâ paranın merkezinde aileden dolayı Yahudiler var. Bu da ekonomik krizle dünyanın yönünü tekrar ailenin istediği tarafa doğru çekebileceği anlamına geliyor. Dünyanın yaşadığı büyük salgınla beraber içine girdiği ekonomik krizi bu pencereden incelemek bize başka açılar sağlayacaktır. Bu konuyu biyolojik silahlar bölümünde daha detaylı anlatacağım.

Aile yani ROTHSCHILD'lerin aklında olan senaryolardan biri gerçekleşirse ki bu belki de gerçekleşmeye çoktan başladı, kimsenin uçakta olamadığı, başka ülkede kalamadığı, yatlarında huzurla uyuyamadığı bir zaman diliminden geçeceğiz. Bir süre sonra "kitlesel ölümlerin" yerine kişisel tasfiyelerin yaşanacağı bir savaşın tam ortasında kalacağız. Yani III. Dünya Savaşı'nın...

Leviathan Kavramı ve BOP: Büyük Savaş Olasılığı

Doğu Akdeniz, Ege, Türkiye'nin güney sınır hattı, Kuzey Afrika ve Ortadoğu dahil, yakın zaman içerisinde Hazar bölgesi, Kafkasya ve Balkanları içine alacak büyük bir çatışma alanından bahsediyoruz. Bölgede uzun zamandır derinden, gizlice sürdürülmekte olan mücadelenin büyük bir savaşa dönüşme ihtimali büyük. Bunun adı *Leviathan* ve ortada büyük çıkarlar var. Hiçbir gücün göz ardı edemeyeceği kadar büyük bir iş bu. III. Dünya Savaşı'na gidebilecek bir sürecin düğmesine basıldı. Korona salgını ile bazı süreçlerde yaşanan gelişmelerin ya da geri çekilmelerin, Göksel bir müdahale süreci ile bağlantısı olduğunu söylesem eminim çoğunuz inanmazsınız.

Doğu Akdeniz'de işlerin karışacağı ve bölgenin tüm dünyayı içine çeken bir güç savaşının arenası olacağı; bölgede dünyanın en büyük doğalgaz kaynaklarından bir tanesinin keşfedilmesiyle belli olmuştu. İsrail açıklarından Filistin açıklarına ve Kıbrıs'ın açıklarına kadar yayılan bölgede 453 milyar metreküp doğalgaz olduğu hesaplandı. Bu miktar, İsrail'in 100 yıllık doğalgaz ihtiyacını karşılamaya yetiyor; ayrıca bu kaynağı eline geçiren her güç, dünyanın en zengin ülkeleri arasına da girecekti. (Yunanistan'ın böyle bir rüyası var, o yüzden onun İsrail ile attığı askeri adımları bu şekilde değerlendirmeliyiz.)

Dünyada çıkan tüm belaların, savaşların temelinde asıl neden olarak enerji kaynaklarının bulunduğu yolunda bir tez vardır. Leviathan bölgesi büyük bela çıkaracak kadar önemli. Üstelik bulunduğu Doğu Akdeniz de dünyanın en hassas, bir kıvılcım yakıldığında patlayacak kadar gergin olan bir bölgesi. Suriye de bu doğalgaz kaynağına çok yakın! Bu sebeple Leviathan'ı kontrol etmek için Suriye önemli!

Bahsettiğimiz enerji bölgesini kontrol edecek güç, bir şekilde Suriye'yi de kontrol etmek zorunda. Dolayısıyla dünyanın en büyük güçleri hiç durmadan Doğu Akdeniz'de savaş tatbikatı yapıp duruyorlar. Boğaz'dan geçip Doğu Akdeniz'e inen Rus savaş gemilerinde neredeyse son zamanlarda rekor kırılıyor. İsrail'in nükleer füze yüklü denizaltıları Doğu Akdeniz'de cirit atıyor. İsrail ayrıca Yunan adalarını birer askeri üsse çevirmiş durumda. Füzelerle donanmış olan Yunan adaları birer İsrail uçak gemisine dönüştüler. (Kısa süre önce Girit Adası açıklarında yapılan tatbikatta 100 İsrail uçağının kullanıldığını ve ayrıca S-300 füzelerinin kullanılmış olduğunu da unutmayın.) Tabii Doğu Akdeniz'de hâkimiyet kurmak zorunda olan Türkiye de denizlerde...

Çin'in birdenbire donanmasını güçlendirmeye neden bu kadar acil önem verdiğini anlamayanlar, Çin'in donanmasına Doğu Akdeniz hedefini göstermeye hazırlandığını da unutuyorlar. Enerji ihtiyacı bayağı büyük olan Çin'in Leviathan'a göz dikmesinden daha doğal ne olabilir ki?

Anlayacağınız, bölge her an patlamaya hazır durumda. Bu nedenle Suriye'de bütün yaşananların sadece Suriye ile ilgili olduğunu söylemek imkânsız. Çok büyük ve aynı ölçüde de acımasız olan güçlerin oyun alanı olmuş durumda Suriye. Nihayetinde Suriye'yi kontrol edecek gücün *Leviathan* doğalgaz alanını kontrol etmek için eli güçlenmiş olacak.

Leviathan Adının Gizemi

Doğu Akdeniz'de doğalgaz kaynağının bulunduğu bölgeye Leviathan adının verilmesi, düğmelere basan güçlerin bizlerle oynadığı bir kelime oyunudur. *Leviathan*, Thomas Hobbes tarafından 1651 yılında yazılmış olan kitabın adıdır. Bu kitapta Leviathan adı, mutlak güç ve yetkilere sahip devleti ifade etmek için kullanılır. Bir yerlerde düğmelere basan birileri, Leviathan bölgesinin mutlak güç ifade ettiğini biliyorlar ve bu koyulan adla bile yaklaşan tehlikelerin sinyalini veriyorlar. Tehlikenin adı ise III. Dünya Savaşı!

Leviathan (İbranice: Livyatan), İbrani Kutsal Kitabı, Eyüp Kitabı, Zebur, Yeşaya Kitabı ve Amos Kitabı'nda bahsi geçen, Musevilik inancına göre bir çeşit deniz canavarıdır. Eyüp Kitabı'nda bahsedilen Leviathan, Antik Kenan mitolojisinde tanrı Baal Hadad tarafından mağlup edilmiş ilkel bir canavar olan Lotan'dan etkilenmiştir. Karşılaştırmalı mitolojiye göre Mezopotamya dininde, canavara paralel olarak Marduk tarafından mağlup edilen *Tiamat* yer almıştır. Ayrıca Leviathan, İndra'nın Vritra'yı öldürmesi veya Thor'un Jörmungand'u yenmesi gibi anlatılardaki ejderha ve yılanlar (serpent) ile de karşılaştırılabilir.[1]

İbrani İncili'nde ise Leviathan, güçlü bir düşmanı, özellikle de Babil'i (Yeşaya 27: 1) tarif etmek için metafor olarak kullanılmıştır. Bazı 19. yüzyıl akademisyenleri, canavarın timsah gibi büyük su canlılarına atıfta bulunmak için kullanıldığını yorumlamıştır.[2] Kelime daha sonraları genel olarak deniz canavarlarının yanı sıra "büyük balina" anlamına gelen bir terim olarak da kullanılmaya başlandı. Canavar, Museviliğin yanı sıra Hıristiyanlık[3] ve çeşitli gnostik dinlerde de yer alır.[4]

Suriye'yi bahane ederek trilyonluk doğalgaz rezervlerinin bulunduğu Akdeniz'i ateş çemberi haline getiren projenin adı Leviathan.

İsrail, projenin ilk adımı olan ve 2012 yılında Kıbrıs Rum Kesimi ile ortaklaşa yaptığı sondajla Akdeniz'de uluslararası sularda bulduğu zengin doğalgaz yataklarına da Leviathan ismi verdi.[5]

1588-1679 yılları arasında İngiltere'de yaşayan ve bir papaz olan Thomas Hobbes'in bir kitabının ismi olan *Leviathan*, İncil ve Tevrat'ta "Görünmeyen fakat varlığı korku salan su canava-

---

1 Cirlot, Juan Eduardo (1971), *A Dictionary of Symbols*, 2. baskı, Dorset Press, s. 186.

2 Wilhelm Gesenius, Samuel Prideaux Tregelles (trans.) [1879], *Hebrew and Chaldee lexicon to the Old Testament.*

3 Labriola, Albert C. (1982). "The Medieval View of History in Paradise Lost", Mulryan, John (Ed.). Milton and the Middle Ages. Bucknell University Press, s. 127. ISBN 978-0-8387-5036-0.

4 Tuomas Rasimus Paradise Reconsidered in Gnostic Mythmaking: Rethinking Sethianism in Light of the Ophite Evidence BRILL 2009 9789047426707, s. 68.

5https://www.haber7.com/avrupa/haber/1694746-akdenizdeki-gazin-kod-adi-leviathan

rı" anlamına geliyor. Hobbes devlet yönetimine dair görüşlerini yazdığı kitapta, Batılı ülkelere şu tavsiyede bulunuyor: "İnsanlar, hepsini birden korku altında tutacak genel bir güç olmadan yaşadıkları vakit, savaş denilen o durumun içindedirler ve bu savaş herkesin herkese karşı savaşıdır.

İnsanları yabancıların saldırılarından ve birbirlerinin zararlarından koruyabilmek için tüm güçler tek bir kişi ya da bir heyete bırakılmalı. Bu gerçekleştiğinde, tek bir kişilik halinde birleşmiş olan topluluk, bir devlet haline gelir. İşte LEVIATHAN'ın veya Ölümsüz Tanrı'nın altında barış ve savunmamızı borçlu olduğumuz o Ölümlü Tanrı'nın doğuşu böylece gerçekleşir." Yani Mehdi-Mesih sürecinden bahsediyor. Dünya üzerinde siyaseti ele geçirmiş tüm dinlerin ve mezheplerin radikalleri bunu yapıyor.

İngiliz yazar Thomas Hobbes'in *Leviathan* kitabında bahsettiği gibi, şu an Akdeniz'de herkesin herkesle savaşacağı bir ortama doğru gidiliyor. Başta ABD ve Rusya olmak üzere NATO üyeleri Akdeniz'de askeri yığınak yapmayı sürdürüyor. Doğalgazdan pay kapmak isteyen ülkeler, parlamentoları ilgili yasayı onaylar onaylamaz hemen askeri gemileri, uçakları, teçhizatları Akdeniz'e doğru yola çıkarıyor. Suriye'de dolayısıyla Akdeniz'de aslında ilan edilmemiş bir III. Dünya Savaşı yaşanıyor!

12 ülke, güçlü savaş gemilerini Akdeniz'e göndermekle, "Suriye'den pay kapmaya" çalışıyor gibi görünse de asıl kapışma "trilyonluk gaz rezervleri"nin bulunduğu Kıbrıs Rum Kesimi'nde...

4. Bölüm

III. Dünya Savaşı ve İlluminati

"Kurnazlık ve gizlilik denilen kutsal sanat! Senin sayende görünmez olmayı; senin sayende duyulmaz olmayı öğrenip, düşmanın kaderini elimizde tutuyoruz."

– Sun Tzu

III. Dünya Savaşı; 1914 ile 1918 yılları arasında gerçekleşen I. Dünya Savaşı'nın ardından gelen ve 1939 ile 1945 yılları arasında gerçekleşen II. Dünya Savaşı'nın devamı olarak 1945 ile 1991 yılları arasında süren Soğuk Savaş'ın ardından varsayımsal olarak gelecekte nükleer silahların geliştirilmesi, test edilmesi ya da kullanılması sonucunda gerçekleşeceği düşünülen bir dünya savaşıdır.

Söz konusu savaş birçok ülkede askeri ve sivil yetkililer tarafından beklenmekte ve bu doğrultuda savunma planları yapılmaktadır. Olası senaryolar ise nükleer silah kullanılmayan savaşa veya gezegenin imhası ile sonuçlanabilecek nükleer savaşa göre planlanmıştır. Özellikle popüler kültürde önemli bir yer alan bu savaş; çeşitli sinema filmi, televizyon dizileri ve video oyunlarına konu olmuştur.

Melhame-i Kübra (Büyük Kıyım), kelime manası olarak "çok büyük ve çok kanlı" anlamına gelmektedir. İbranicede harmegido, Megido Dağı'dır. Burası Yahudiler ve Evanjeliklerin kıyamet savaşının kopacağına inandıkları yerdir. Akdeniz'den 15 mil içeride, Telaviv'den 55 mil kuzeydedir.

Kitabı Mukaddes'te (16/16): **"... ve o, onları hep birlikte İbranicede Armageddon denilen bir yerde topladı"** denilmektedir. Bu savaşı, nükleer savaş şeklinde yorumlayanlar vardır, Ezekiel 38 ve 39. bölümlerini temel alarak, "Çok şiddetli yağmurlar ve dolu, yangınlar ve kükürdün kaynaması, dağların düşmesi ve yüksek kayaların çöktüğü depremler..." olarak belirtilmektedir. Hıristiyan inanışında bu savaşa Armageddon adı verilmektedir.

İslam eskatolojisinde ise ahir zamanda gerçekleşeceğine inanılan, Mehdi'nin ilk zuhurunun olacağı, Amik Ovası'nda başlayacak, çok büyük ve çok kanlı geçecek olan ve "Büyük Kıyım" anlamına gelen savaştır. Ahir zaman savaşlarının ilki ve en büyüğüdür.[1]

Hz, Muhammed (sav) şöyle demiştir: "Siz Yahudilere karşı savaşmadıkça ve bu savaşları, bir kaya parçası gerisine saklanan bir Yahudi 'Ey Müslümanlar benim arkamda Yahudi var, öldürün onu' deyinceye kadar sürdürmedikçe, hüküm günü gelmiş olmayacaktır."[2]

İslam'da Deccal denilen büyük fitneden bahsedilirken, Hz. Muhammed'den (sav) önceki bütün peygamberlerin ümmetlerine bundan bahsettiğini bildirmiştir. Deccal, dünyaya şerri hâkim kılmak için savaşacak ve "Rab'lık" iddiasında bulunacaktır.

İslam kaynakları 70.000 Yahudi'nin Deccal'a tabi olacağını yazar. Deccal'ın çıkışı, İsa'nın ikinci defa avdet etmesinden önce Mehdi'nin çıkışı olacaktır. Bu çıkışın hemen öncesinde çok büyük ve çok kanlı bir savaş olacaktır.

Bu savaşın gerçekleşeceği yer; atların dizkapaklarına kadar

---

1 *Kıyamet Alametleri, Râmûz el-Ehâdîs'ten Dersler*. http://dervisan.com/kitap/kiyamet/

2http://dergi.altinoluk.com/index.php?sayfa=yillar&MakaleNo=d244s040m1

kana gömüleceği haber verilen Amik Ovası'dır. Burada 80 tümen Müslüman ordusu ile 80 tümen Hıristiyan ve Yahudi'den oluşan bir ordu, yani bir milyonluk iki ordunun birbirine gireceğine inanılmaktadır.[1] [2] [3] Seksen tümenlik İslam ordusunun on yedi tümeninin tamamen Türklerden oluşacağı belirtilmiştir.[4] Seksen tümenlik İslam ordusunun komutanlığını Mehdi yapacak ancak kendisinden çok az kişi haberdar olacak; herkesçe bilinmeyecektir. Amik Ovası, Torosların eteklerinde yer almaktadır.

ABD Başkanı Ronald Reagan, 1980 ve 1983'teki konuşmalarında Armageddon'u telaffuz etmiş, "Armageddon'u yaşayacak nesil biz olabiliriz" demiştir. Ünlü Nakşibendi şeyhi Muhammed Nâzım Kıbrısi ise Armageddon'un Hicri 1433 yılından sonra olacağının beklendiğini açıklamıştır.[5]

Harut ve Marut'un Gizemi

Yeryüzüne, Bakara Suresi'nde de geçen "Harut ve Marut" isminde iki melekle birlikte indirilen gizemli bır ilimden bahsedilir. Bu ilmi iyi niyetli insanlar, insanların psikolojik yapılarını düzenlemek için kullanırken; kötü niyetli olanları ise onları kontrol altında tutmak, kendi histerik-dogmatik duygu ve düşünceleriyle idare etmek için kullanırlar.

Allah'a, "Biz onlardan daha iyiyiz, neden onları bizden üstün tutuyorsun?" diye sordular. Allah da bu iki meleğe insanların nefsi olduğunu söyledi, sonra da "Size de nefis vereceğim, eğer günah işler iseniz size de azabı tattıracağım" dedi. Harut ve Ma-

1 *Ravi: Ebud-Derdâ, Râmûz el-Ehàdîs*, 74/3, Ahmed Ziyâeddîn Gümüşhanevî.
2 Ravi: Avf ibn-i Mâlik, Râmûz el-Ehâdîs, 296/7, Ahmed Ziyâeddîn Gümüşhanevî.
3 http://www.hikem.net/download/ramuz%20el-ehadis/index.html
4 http://www.facebook.com/video/video.php?v=122080061172720
5 Berat Gecesinin Tecellisi.

rut bunu kabul ettiler, fakat NEFİS sahibi olduklarında ikisi de birçok günah işledi, sonunda da azabı tattılar. Harut ve Marut bir mağarada baş aşağı asılı kalma cezası aldılar.

Eski âlimler bu mağaranın Şam yakınlarında bir yerde olduğunu ve ancak büyük çaplı büyüler yapan büyücülerin o mağaraya gidip Harut ve Marut'tan bilgi edinebileceklerine inanıyordu. Yine eski âlimlerin kitaplarında tehlikeli ve bilgili bir büyücünün Şam'da bu mağaraya gidişi şu şekilde anlatılıyor:

"Büyü ilminde ilerlemiştim. Bir gün hocam bana gelerek eğer ilmini ilerletmek istiyorsan şu bölgedeki Harut ve Marut'un bulunduğu mağaraya gitmem gerektiğini, bu mağaranın iki dağın arasında kaldığını söyledi. Ertesi gün yola çıktım, yirmi günlük yoldan sonra burada tanıştığım muska yazan bir kadın bana mağaranın yolunu gösterdi, ben de gittim mağaranın girişine. Çalılar vardı, o çalıları temizlerken içeriden bir ses 'Kimdir o?' diye bana seslendi. İsmimi ve babamın ismini söyledim. İçeri girdiğimde ayaklarından aşağıya doğru asılmış iki varlık bana öğrenmek istediğim büyüleri sordu. Ben de söyledim. Büyülerin nasıl yapılacağını anlattıktan sonra beni gönderdiler. Harut ve Marut'a iki topluluk arasında savaş çıkarmak için Ay'ın Hilal'in hangi şeklinde iken ve yılın hangi mevsiminde büyü yapmam gerektiğini sormuştum.

Tanıştığım bir büyücünün Harut ve Marut ile karşılaşması ise şöyledir. Büyü ilminde ilerlediği yıllarda bir gece, emrim altındaki bir cini bana görünerek, istersem Şam'a gidip Harut ve Marut'tan birtakım sırlar öğrenebileceğimi söyledi. Ben de bir süre sonra Ramazan ayında Şam'a doğru yola çıktım. Şam'da kısa zaman kaldıktan sonra şehrin çok dışındaki iki dağ arasında kalan bir mağara önüne geldim. O sırada bir ses 'Kimdir o?' diyerek bana seslendi. Kendimi tanıttıktan sonra 'Ey lanet-

li kul, izin verilenlerdensin içeri gir' dedi. Sonra küçük delikten içeri girdim. Mağaraya girdiğimde korku ile titremeye başladım. 'Bismillah bismillah bismillah.' İçeride iki iriyarı varlık, baş aşağı mağaranın tavanın asılmıştı. Gözleri kan çanağına dönmüştü. Onların Harut ve Marut isimli iki melek olduğunu anladığımda, bana öğretecekleri işlerin karşılığının ancak cehennem olduğunu, bunu kabul edip etmediğimi sordular. Ben de kabul ettim. Öğrenmek istediğim büyüyü bana anlattılar, sonra da oradan ayrıldım. Bu yaşıma kadar şahit olduğum şeyler karşısında daha kötüsünü görmemiştim. Allah'ın iki meleği azap içindeydi."

Harut ve Marut Allah'tan aldıkları görevlerini kıyamete kadar devam ettirecek olsalar da onların nerede olduğunu ancak ilminde ustalaşmış ileri seviyedeki büyücüler cinleri aracılığıyla öğrenebilirler.

Kitaplarda anlatılanlara göre, Şam tarafındaki iki dağın arasında kalan ve insan bedeninin zor sığacağı girişi olan bir mağaradalar. Fakat unutulmamalıdır ki büyü yapana da yaptırana da Allah lanet eder ve Kuran'a göre de bu iki melek, "Allah'ın lanetinin kabul ediyor musun?" diye sormadan hiçbir şey öğretmezler.

ABD ve Rusya, hatta Türkiye bile bu ilim sebebiyle Suriye'de. Bugün bahsi geçen bu meleklerin cezalarını çektiği yerin Şam'a 10 km kadar mesafedeki bir dağın içerisinde yer alan bir mağarada olduğu ve Rusya, ABD gibi ülkelerin bunlarla irtibata geçmeye çalışıp bazı metafizik bilgilere ulaşmaya çalıştıkları yabancı istihbarat kayıtlarında yer almaktadır.

Zühre Yıldızı'nın İlginç Hikâyesi

Batı'ya göre Venüs, bize göre Zühre... Güzelliğin ve zarafetin simgesi. Zühre Yıldızı'nın hikâyesi biraz gerçek biraz mitolojiktir. Hikâyeye göre, semada bulunan iki varlık; Harut ve Marut, devamlı insanların zaaflarına yenik düşmelerini, mal sahibi olma hırslarını yererlerdi. Allah hem onları hem de insanları sınamak için bu iki varlığı yeryüzüne gönderdi. Gündüz, insan suretiyle yeryüzüne inip geceleri ise sihirli bir söz söyleyerek göğe çıkan bu varlıklar, yeryüzünde Babil'e inerler. Daha önce hiç görmedikleri kadar güzel olan bu varlıkları görenler hem çekiniyor hem de onları yakından görebilmek için fırsat kolluyorlardı.

Yavaş yavaş insanların arasına karışan Harut ve Marut, insanlara bildikleri sihirleri öğretmeye başlarlar. Yalnız bir şartları vardır; öğrendiklerini kötülük için kullanmamak. Zamanla insanlar, bu öğrendikleri sihirleri kullanarak inanılmaz olaylara tanıklık ederler. Harut ve Marut ise Zehra adında bir kadınla tanışırlar. Bu kadın, güzelliğiyle herkesi büyüleyen, afyon içen ve insanları yoldan çıkardığı düşünülen bir kadındır. Gariptir ki bir diğer özelliği de iffetli olmasıdır. Bütün günlerini Zehra ile geçirmeye başlayan Harut ve Marut, onunla beraber şarap ve afyon içip eğlenir, geceleri ise sihirli sözü söyleyerek göğe çıkarlar. Bir gün Zehra onlardan, kendisine bela olan bir adamı öldürmelerini ister. Başta bunu kabul etmemelerine rağmen Zehra onlara yüz çevirince yapmak zorunda kalırlar. Ertesi gün yine Zehra'nın yanına giden Harut ve Marut, afyon çekip şarap içerlerken, Zehra onlardan sihirli sözü söylemelerini ister. Şarabın ve afyonun etkisinde olduklarından olacak, sihirli sözü söylerler. Zehra ortalardan kaybolunca anlarlar ki çoktan sihirli sözü söyleyip göğe yükselmiş ve bilinen adıyla Zühre Yıldızı olarak semada yerini almıştır.

Harut ve Marut, Zehra'nın etkisinden çıktıklarında fark ederler ki, insanları yerdikleri her ne varsa yapmışlardır. Zehra için şarap içmiş, adam öldürmüş ve sır olan sihirli kelimeyi ona söyleyip göğe yükselmesine sebep olmuşlardır. Zehra gökyüzüne çıkınca, Allahuteâlâ Harut ve Marut'u cezalandırarak, onları Lut çukurunun tavanına baş aşağı şekilde sonsuza kadar asar. Çünkü onlar Zehra'nın güzelliğine kapılıp yapmamaları gereken şeyleri yapmışlardır. Rivayete göre Lut çukurundan günümüzde bile koku gelmekte ve hatta dikkatle dinleyince sesler duyulmaktadır. Bu detaylar Babil kayıtları olarak geçmektedir.

Ayrıca tüm teolojik kayıtlarda yer almakta olan
Harut ve Marut,
Kuran'da da bir ayette geçer (el-Bakara 2/102).
Bazı hadislerde nakledilen,
tarih ve tefsir kitaplarında ayrıntılı biçimde yer alan
Hârût-Mârût kıssası,
farklı isimlerle İslam'dan önceki dinlerde de görülür.

Hârût ve Mârût kelimelerinin menşeiyle ilgili çeşitli görüşler vardır. Bazı araştırmacılar Hârût ve Mârût'u, ilk defa Zerdüştiliğin dini metinlerinde geçen Haurvatāt ve Ameretāt ile aynı saymaktadır (Jeffery, s. 283). Avesta'da dişi varlıklar olarak kabul edilen Haurvatāt suların, Ameretāt ise bitkilerin koruyucusudur (*ERE*, I, 796; *EIr.*, I, 998). Avesta'daki Ameretāt ismi Pehlevicede Amurdâd, Persçede Amordâd ve Mordâd, Haurvatāt ise Hordâd ve Kordâd şekline dönüşmüştür. Bunların ilki Ahura Mazda'nın mükemmellik, ikincisi ölümsüzlük sıfatını temsil etmektedir (*ERE*, I, 384-385; *EIr.*, I, 934).

Ermeni dini terminolojisinde iki çiçek ilahının adı olan Hawrot ve Mawrot da Haurvatāt ve Ameretāt'la ilgili kabul edilmiştir. Ameşa Spenta'daki iki melek adının, orta dönem Persçesine Mwrd'-hrwd' şeklinde, Soğdcaya Mrwwt ve Hrwwt olarak geçtiği, Kuran'da ise Hârût ve Mârût şeklinde yer aldığı belirtilmektedir. Bu iki ismin Zerdüştilik'teki Haurvatāt ve Ameretāt'a bağlanması fikri genelde kabul edilmekte,[1] fakat bu ilişki kelime benzerliğinden öteye geçmemektedir.

Hinduizm'in en eski kutsal kitabı olan Veda'da fırtına ilahları kabul edilen Mârûtlar'dan söz edilmekle birlikte, bunlarla Kuran'daki Mârût arasında bir münasebet kurmak zordur. Avesta'da ölümsüzlüğü temsil eden Ameretāt'ın Hint mitolojisindeki karşılığı muhtemelen Amrita, Haurvatāt'ın karşılığı ise "kadim su" anlamındaki Saraswati'dir.[2] Diğer taraftan Enoch'un kitabının Slavca nüshasında (14/5; 33/11; 69/28) Elohim'in, Enoch'un kitabını korumaları için görevlendirdiği iki melek olan Ariuk ve Mariuk, Hârût ve Mârût'un bir versiyonu olarak düşünülmektedir. Ariuk adı Kitab-ı Mukaddes'in Tekvin (14/1, 9) ve Daniel (2/14) bölümlerinde "melekten ziyade olan kişi adı" olarak geçen Ariukki'ye kadar çıkarılır. Mariuk ise Ariuk kelimesine yakıştırılan ve Yahudi literatüründe sıkça yapılan kelime oyunlarından başka bir şey değildir. Ayrıca Yahudi literatüründeki Ariuk ve Mariuk hikâyeleriyle Hârût-Mârût kıssası arasında hiçbir benzerlik yoktur.

İslami literatürde Hârût ve Mârût hakkında nakledilen rivayetlerin çoğu, az farkla geç bir Yahudi tefsir kitabı olan *Midraş Avkir*'de de bulunur. Buradaki rivayet kısaca şöyledir: Tufandan sonra putperestliğin hâlâ sürmesi Elohim'i kızdırır. Şemhazai (bazı kaynaklarda Azza veya Uzza) ve Azael adında iki melek

1 Jeffery, s. 283; *EI*[2] [İng.], III, 236-237.
2 Dowson, s. 284; *EI*[2] [İng.], IV, 12; *ERE*, XIII, 71.

Tanrı'ya insanı yaratmasının kötü olduğunu söylerler; çünkü insanlar yeryüzünde bozgunculuk yapmışlardır. Bu iki melek, yeryüzüne indiklerinde insanlar arasında Tanrı'nın hükmünü yayacaklarını vaat edince, Tanrı onları yeryüzüne gönderir. Dünyaya indikten sonra Şemhazai, Ester (İstar; bazı versiyonlarda Naamah) adında güzel bir kıza rastlar ve ona âşık olur. Ester, kendisini semaya çıkaracak olan Tanrı'nın adını zikretmeyi öğretinceye kadar Şemhazai'a teslim olmayacağını söyler. Bunun üzerine Şemhazai, Tanrı'nın adının nasıl zikredileceğini ona gösterir ve Ester bu ismi zikrederek semaya yükselmeyi başarır. Tanrı, kendisine ulaşmak için çaba sarf eden Ester'i mübarek kılar ve onu yıldız haline getirir.

Şemhazai ve Azael ise "insan kızları" ile evlenirler. Enoch'ta anlatıldığı şekliyle hikâyenin geri kalan kısmına bakılırsa bu melekler insanlara sihir öğretirler. Kökeni çok daha eski rivayetlere uzanan Midraş geleneğindeki bu hikâye, şüphesiz Tekvin'deki (6/2-4) Tanrı oğullarının insan kızlarıyla olan evliliklerini açıklamaya yöneliktir. Bu konuyu işleyen diğer Yahudi rivayetlerinde anlatımlar aynı olmakla birlikte şahıs isimleri değişebilmektedir (Davidson, s. 63, 203). Zohar'da cin olarak takdim edilen bu üç figür; Azael, Aza ve Naamah adlarını taşımaktadır (I, 55[a]).

"Tobit Kitabı" (3/8) ve "Süleyman'ın Ahdi" adlı apokrif Yahudi metinlerinde, Tanrı'nın denemek için gönderdiği melek Asmodaios (Asmodeus) adını taşır. Şemhazai adının da türediği Asmodeus kelimesi, Zerdüştilik'teki kötü cinlerden biri olan Aeşmo daeva'dan gelir. Zerdüştilik'te insanlara kötülüğü telkin eden bu cin, "Süleyman'ın Ahdi"nde Kurani ifadeyi çağrıştıracak şekilde karı ve kocanın arasını açmak için insanlara büyü öğreten kötü bir varlık pozisyonundadır (*EJd.*, III, 754). Öte yandan Yahudi tefsir kitaplarında (Hagadik metinler) Asmodeus, sihir öğreten bir cin olarak olumsuz üne sahipse de zaman

zaman Hz. Süleyman'a sihirleriyle yardım eden bir hüviyete de bürünür. Bunun en güzel yansıması Talmud'da görülür (Talmud, Gittin 68[a]).

> Yahudi literatüründe Hz. Süleyman'la ilgili olarak geliştirilen rivayetlerin bir kısmı İran çevresindeki Yahudiler arasında ortaya çıkmıştır. İlk diaspora sonucu İran'a giden Yahudilerin kendi melek telakkilerini kurarken Zerdüştilik'ten etkilendikleri bilinmektedir. Bu etkilenme bütün apokrif metinlerde ve Ölüdeniz yazmalarında görülebilir.

Her ne kadar Yahudi rivayetlerinde günahkâr meleklerin adı genellikle Şemhazai ve Azael olarak veriliyorsa da İslam coğrafyasındaki Yahudiler, İran'dan getirdikleri hatıraları canlı tutarak, Aeşmo daeva'dan türemiş Asmodeus veya Şemhazai yerine, bilinmeyen bir sebepten dolayı, Ahura Mazda'nın Ameşa Spentaları'ndan olan Haurvatāt ve Maurvatāt'ın kaynaklık ettiği Hârût ve Mârût adını kullanmışlardır.

İslam öncesi Arabistan Yahudilerinin İran geleneğini koruduklarına yönelik bir başka önemli delil de bazı İslami kaynaklarda "baştan çıkaran kadın"ın adı olarak Enahîd'in gösterilmesidir. Zerdüştiliğin önemli ruhi varlıklarından (yazata) biri olan Enahîd güzel bir dişi olarak düşünülmüş ve Grek yazarlar onu Afrodit ve İştar'la özdeşleştirmiştir (*EIr.*, I, 1006, 1007-1008). Böylece *Midraş Avkir*'de anlatıldığı üzere, baştan çıkaran kadın için kuzeydeki Yahudiler İştar'dan türemiş Ester adını kullanırken, Yesrib ve Yemen gibi Arabistan çevresine yerleşen güney Yahudileri Enahîd adını korumuş olmalıdırlar. Kuran'ın söz konusu ayetle hitap etmiş olduğu Yahudiler de herhalde ilk diasporada İran'ı görmüş olan bu Yahudilerin devamıydı.

Yahudi kaynaklarındaki Şemhazai ve Azael efsanesinin başka kaynaklarda da geçtiğine dair bir ipucu veren bilgi, Panopolisli Zosimus'tan (MS VI. yüzyıl) gelir. Zosimus, Hz. Süleyman'ın *Membres* adı verilen varlıklardan öğrendiği büyülerden bahseder. Fakat Hârût ve Mârût motifiyle *Membres* arasında doğrudan bir alaka olduğunu söylemek güçtür.

Yeni Ahid külliyatında Petrus'un II. Mektubu (2-4) ve Yahuda'nın Mektubu'nda (6) "düşmüş melekler"e atıf varsa da Doğu biliminde ileri sürüldüğü gibi bunların Hârût ve Mârût'u ima etmesi zayıf bir ihtimaldir. Buradaki ifadeler, daha çok Tekvin'deki (6/1-4) "Tanrı'nın oğulları" olarak adlandırılan ve Yahudi literatüründe melek olarak kabul edilen varlıklara aittir. Ayrıca Enoch (14/5; 69/28) ve Jubile'de (5/6) geçen melekler de yine bu tür meleklerden olup Hârût ve Mârût'la ilişkili değildir.

Kuran-ı Kerim'de
Hârût ve Mârût'un zikredildiği ayet,
Hz. Süleyman'a atılan iftiralarla Hârût ve Mârût'un
sihir öğretişi hakkında iki ana konuya ait bilgi verir.
Müfessirler, bu ayetin sihir öğretmenin ve
öğrenmenin sakıncalarını vurguladığı konusunda
ittifak etmişlerdir.

Hârût ve Mârût'la ilgili ayette yer alan yegâne bilgi, onların Babil'de bulundukları ve günah olduğu konusunda uyarıda bulunarak insanlara sihir öğrettikleri şeklindedir. Bununla birlikte tarih ve tefsir kitapları özellikle İsrailiyat'ın etkisiyle konuyu ayrıntılı biçimde anlatmaktadır. Halbuki Hârût ve Mârût konusunda sahih hiçbir hadis yoktur.

Ahmed B. Hanbel'in *el-Müsned*'inde (II, 134) Abdullah B. Ömer'den nakledilen bir hadise göre; Hz. Âdem Allah tarafından yeryüzüne indirildiğinde melekler Allah'a, "Bizler hamdınla seni tespih ve takdis edip dururken yeryüzünde fesat çıkaracak, orada kan dökecek insanı mı halife kılıyorsun?" derler. Allah da onlara, "Sizin bilemeyeceğinizi herhalde ben bilirim" der (el-Bakara 2/30). Melekler, kendilerinin Âdemoğlu'ndan daha itaatkâr olduklarını söyleyince de Allah yeryüzüne göndermek üzere aralarından iki melek seçmelerini ister. Hârût ve Mârût seçilerek yeryüzüne indirilir. Zühre, çok güzel bir kadın suretinde karşılarına çıkınca melekler ona sahip olmak isterler. Kadın da Allah'a ortak koşmaları şartıyla tekliflerini kabul eder. Melekler bunu reddederler. Bunun üzerine kadın bir çocuk getirir ve onu öldürmelerini ister; melekler bunu da kabul etmez. Daha sonra kadın içki getirir ve bunu içerlerse tekliflerini kabul edeceğini söyler. Melekler içkiyi içip sarhoş olunca kadınla zina edip çocuğu öldürürler. Ayıldıklarında kadın, daha önce kabul etmedikleri her şeyi sarhoş olunca yaptıklarını onlara hatırlatır. Meleklerden dünya veya ahiret azabından birini seçmeleri istenince dünya azabını seçerler.

İbn Kesîr, bu hadisin "garip" olduğunu ve Abdullah B. Ömer'in bu rivayeti Kâ'b el-Ahbâr'dan naklettiğini belirtir.[1] Hz. Ali'nin Resulullah'tan rivayet ettiği nakledilen, "Allah Zühre'ye lanet etti; çünkü Zühre, Hârût ve Mârût adlı iki meleği fitneye sevk etti" hadisi de sahih değildir. Yine Hz. Ali'ye isnat edilen bir rivayette, iki meleğin imtihanına vesile olan kadına Arapların Zühre, Acemlerin Enahîd dedikleri, kadının onlara semaya çıkıp yeryüzüne inmelerinin sırrını sorduğu, böylece ism-i azam duasını öğrenip semaya çıktığı ve yıldıza dönüştüğü nakledilir.

1 *Tefsîrü'l-⊠ur⊠ân*, I, 198-199.

İbn Abbas'tan gelen benzer bir rivayette de sınanmak üzere yeryüzüne gönderilen iki melekten bahsedilir. Bu iki melek Enahîd adlı çok güzel bir kadın tarafından baştan çıkarılır ve melekler bu denemede başarısız olurlar. Kadın Zühre Yıldızı'na dönüştürülür. Daha sonra Hz. Süleyman iki meleği dünya veya ahiret azabını seçmekte serbest bırakır, onlar da dünya azabını seçerler.[1] Ebü'l-Ferec İbnü'l-Cevzî de, gerek Hz. Muhammed'e gerekse Hz. Ali'ye atfedilen rivayetlerin tamamen uydurma olduğunu ifade eder.

Orta Asya Türkleri'nin kısas-ı enbiya türünden az sayıdaki eserlerinde İran-Yahudi geleneğinin etkisini yansıtan anlatımlar vardır. Nitekim Nâsırüddin Rabgûzî (XIII-XIV. yüzyıl), Hârût ve Mârût bahsinde iki meleğin adı olarak Azaya ve Aza'yı kullanmıştır. Rabgûzî'nin eserindeki ifadelerden anlaşıldığı kadarıyla, Türklerin Ester için kullandığı isim ise Sakit'tir (*Kısasü'l-enbiyâ*, I, 43, 44).[2]

Hermeciddun III. Dünya Savaşı mı?

Şimdi de *Hermeciddun* adı verilen III. Dünya Savaşı'nın, Peygamber hadislerinde nasıl yer aldığına bakalım. Bu konuda öncelikli olarak, Hz. Muhammed'in sahabelerinden Ebu Hureyre'nin bildirdiği hadis dikkatimizi çekiyor. Bu hadis, hadis üstatları olarak tanınan ve tüm İslam âleminde bu konumları üzerinde ittifak edilen Buhari ve Müslim'in derledikleri hadisler arasında da yer alıyor.

Ebu Hureyre diyor ki: "Peygamberimiz bir gün sabah namazını kıldı, sonra hutbe mahalline çıkıp öğle namazına kadar bize açıklamalarda bulundu. Sonra indi ve öğle namazını kıldırdı. Sonra tekrar minbere çıkıp ikindi namazı vaktine kadar

1 İbn Kesîr, I, 202; Süyûtî, s. 59.
2 https://islamansiklopedisi.org.tr/harut-ve-marut

açıklamalarına devam etti. İkindi ezanı okununca ikindi namazını kıldık. Sonra yine minbere çıkıp bu defa güneş batıncaya kadar açıklamalarına devam etti. Bu açıklamalarında dünyada bütün olmuş ve olacak birtakım olayları bizlere haber verdi. Bunları hem öğretti hem de ezberletti."

Ebu Hureyre'nin de belirttiği gibi insanlığın en kâmili ve son Peygamber'i Hz. Muhammed "ilahi izne tabi bakışlarıyla" gelecekte yaşanacak olayları görüp biliyordu. O, yolundan sadakatle gidecek, sır taşıyabilecek kimseler vasıtasıyla bu bilgileri kuşaktan kuşağa aktarmıştır. Fakat bu hadisleri bütün peygamber dostları değil de ancak bazı sahabeler saklayıp kendisinden sonrakilere liyakat ölçüsüne göre aktarmışlardır. Zaten Peygamber Efendimiz de bütün sahabelerin olduğu bir ortamda değil; kendisinin seçtiği bir kısım sahabeye bu bilgileri anlatmıştı.

Buradan yola çıkarak asıl konuya, Muharref Tevrat'a göre "Armageddon"; İslami literatüre göre ise "Hermeciddun" olarak adlandırılan III. Dünya Savaşı'na dikkatlerinizi çekmek istiyorum. Peygamber dostlarından Huzeyfe, bu savaşla ilgili olan aşağıdaki hadisi Ebu Hureyre'nin yanı sıra Hz. Ali ve İbn-i Abbas'ın da bildirdiğini ifade etmiştir.

Bu üç sahabenin bildirdiği hadis şu şekildedir: "Ahirzaman'ın harbi cihan harbidir. Çok kimselerin öldürüldüğü iki büyük harpten sonra bir üçüncüsü daha olacak. İkinci cihan harbinin ateşini yakan (başlamasına sebep olan) 'Büyük Reis' künyesinde bir adamdır..." (El- Mehdiy-yul Muntazar Alel Ebvab)

Bu tarz hadisleri değerlendiren araştırmacılar, Peygamber Efendimiz'in bedenen vefatından sonra yeryüzünde üç büyük dünya savaşının olacağını işte bu hadise dayandırmaktadırlar. İlk iki harbin çok büyük olup,

bunlarda çok kimselerin öleceğini;
üçüncü harbin ise her ne kadar bir cihan harbi
olsa da evvelki harpler kadar can kaybına
mal olmayacağını iddia etmektedirler.

Buna delil olarak da ilk cümleyi gösteriyorlar, yani "Çok kimselerin öldürüldüğü iki büyük harpten sonra..." cümlesi ki, cümlenin yapısından üçüncüsünün –insan zayiatı açısından– daha küçük çapta olacağı anlaşılmaktadır. Ancak sonuçları açısından en büyük savaş olacağını ilerleyen bölümlerde karşılıklı olarak anlamaya başlayacağız.

Tek Dünya İmparatorluğu ve III. Dünya Savaşı

Bugün metafizik konularla ilgilenen birçok araştırmacının ifade ettiği Armageddon (Kıyamet Savaşı) Muharref Tevrat kaynaklı bir komplo teorisi mi yoksa hakikat payı olabilir mi? Ya da sadece "Ya tutarsa" cinsinden bir kehanet mi?

Bu savaşa, binlerce yıllık ezoterik geleneklerle **"Tek Dünya İmparatorluğu"** kurma yeminiyle hareket eden Meciddun dağlarındaki Yahudiler neden olduğu için ismine "Hermeciddun Harbi" denmektedir. Gerek Afganistan gerek Çeçenistan, gerekse Irak'taki (Babil) bütün savaşlar; aslında insanlık âleminin henüz farkında olmadığı bu III. Dünya Savaşı'nın farklı cepheleridir.

Dünya enteresan vakitleri yaşıyor... Her haliyle yeni bir dönem yaşandığı anlık değişen hava koşullarından bile belli oluyor. "İlahi Mehdi" beklentisinden vites atarak "Siyasi Mehdi" yapılanmasına soyunan Siyonizm'in "Tek Dünya İmparatorluğu" yeminiyle başlattığı bir savaş bu. Hermeciddun Savaşı binlerce yıllık ezoterik gelenekten beslenerek henüz dünyanın farkında olmadığı Meciddun (III. Dünya) Savaşı'dır. Bu "örtülü harple", III. Dünya Savaşı'nın gizli mimarları, anayasaları gibi olan *Siyon Liderlerinin Protokolleri* adlı kitaplarında belirttikleri tüm doktrinleri nihai eyleme dönüştürdüler. Siyonizm'in tepesindeki Konsül ise bu oyunun "son perdesi"ni taraftarları aracılığıyla tamamlamaya çalışmaktadır. Ayrıca Konsül'ün istekleri doğrultusunda hareket etmeye hazır çeşitli kuruluşlar dünyayı kontrol etmekte. CFR, IMF, DB, TRILATERAL KOMİSYON, BILDERBERG, B'NAI BRIT, WTO, BM ve AB bu amaca yönelik kurulmuş örgütlerin başında yer almakta. Bunlar Konsül'ün dünya devi olan şirketlerinin en tepesinde, "çökertilmek istenen devletin" içindedirler. Toplumları şekillendirmeye, yönlendirmeye çalışan bu insanların hedefi ***Tek Dünya İmparatorluğu***'nu her ne pahasına olursa olsun gerçekleştirmektir.

Hermeciddun Savaşı - İncil'deki İşaretler!

"İsa Mesih'in mesajıdır. Yani yakında mutlaka vuku bulacak şeyleri kendi kullarına göstermek üzere Allah'ın ona verdiği ve kendi meleği vasıtasıyla gönderip, kulu Yuhanna'ya beyan eylediği vahyidir. O dahi Allah'ın kelamına ve İsa Mesih'in şehadetine, hemen cümle gördüğü şeylere şehadet eyledi. Ne mübarektir bu nübüvvetin sözlerini okuyan ve dinleyip içinde yazılmış olan şeyleri hıfzedenler. Zira vakit yakındır."

Burada verilen haberler, Hz. İsa'nın (as) ahir zamanından evvel vuku bulan ve alametleri olan hadiselerdir. Bu hadiseler, 22. Bab'ın 6.-7. ile 20. ve 21. ayetlerinde şöyle yazılıdır:

"Ve yedi tas tutan yedi melekten biri gelip bana hitaben: 'Gel çok sular üstünde oturan ve dünya melikleri onun ile zina edip, zeminin sekenesi onun zinasının şarabıyla mest oldukları

büyük fahişe aleyhinde olan hükmü sana göstereceğim' diyerek ruhta beni bir yere götürdü. Ve yedi başı ile on boynuzu olarak, üzeri küfür isimleri ile dolu kırmızı bir canavara rakip olan (binen) bir karı gördüm. O kadın, erguvani ve kırmızı hılat giymişti. Ve altun ve mücevherat ve incilerle donanmış olarak, elinde mekruhatla ve zinasının napaklikleri ile dolu bir altın kâsesi olup, alnı üzerinde 'Sırrı büyük Babil. Zeminin fahişelerinin ve mekruhatının anası' diye bir isim yazılı idi. Ve o karıyı mukaddeslerin kanı ile ve İsa'nın şehitlerinin kanı ile mest olmakta gördüm. Ve onu gördüğümde ziyadesiyle taaccüp ettim. Melek bana dedi ki: 'Ne için taaccüp ettin? Kadının ve onu götüren yedi başlı ve on boynuzlu canavarın sırrını ben sana söyleyeceğim. Gördüğün canavar hem mevcut idi ve hem mevcut değildir. Ve Haviye'den çıkacak ve helake gidecektir. Ve zeminin sekenesinden olup, isimleri dünya kurulalıdan beri hayat kitabında yazılmış olmayan kimseler, yine hazır olan canavarı gördüklerinde taaccüp edeceklerdir. Hikmete vâkıf olan akıl bunda lazımdır.

Yedi baş, o kadının üzerinde oturduğu yedi dağdır ve yedi meliktir. Bunların beşi düşmüş ve biri mevcuttur. Ve öbürü daha gelmedi ve geldiği zaman az müddet kalması gerektir. Ve o mevcut olmuş olan ve mevcut olmayan canavar kendisi dahi sekizincidir. Ve yediden olup helake gider. Ve gördüğün on boynuz, on melik olup daha saltanatı ele almadılar ise de canavar ile beraber bir saat kadar melikler gibi hükumeti ele alırlar. Bunların muradı bir olup kuvvet ve hükümetlerini canavara teslim ederler. Bunlar kuzu ile muharebe edip kuzu onlara galip gelecektir. Zira o Melik-ul Mülük'tür. Ve onunla beraber olanlar dahi davetli ve müntahap ve sadıktırlar.'

Ve bana dedi ki: 'Senin gördüğün ve fahişenin üzerlerinde oturduğu sular; kavimler ile cemaatler ve milletler ve lisanlardır. Ve canavar üzerinde gördüğün on boynuz, fahişeye buğz edip onu perişan ve çıplak edecek. Ve onun etini yiyip, onu ateşte yakacaklardır. Zira Allah'ın sözleri itmam oluncaya kadar, Allah kalplerine koyduğu kendi muradını icra edeler. Ve muratları bir olup saltanatlarını canavara teslim eyleyeler. Ve o gördüğün kadın dünya melikleri üzerine saltanat eden o büyük şehirdir."

Burada Amerika'ya işaret edilmektedir:
Bütün dünyanın ve bütün hilelerin melikesi de
Mehdi'ye karşı çıkar ki
o melikenin ismi zaniyedir (Amerika).
Bu melike o gün bütün dünyayı
dalalet ve küfre sevk eder.
(Esme-l Mesalik Lieyyam-il Mehdîyy-il Meliki Li
Küll-id Dünya Biemrillah-il Malik, Kelde bin...)

Bu hadiste Amerika'nın şahsiyet-i maneviyesi ZANİYE/ZİNACI bir melike olarak tasvir edildiği gibi İncil'de de aynı manada "zeminin sekenesi onun zinasının şarabıyla mest oldukları büyük fahişe" diye isimlendirilmiştir. Bunun sebebi ise şudur: Amerika kelime itibariyle müennes olduğu gibi, zaten kendisi de başında boynuzları olan ve Hürriyet Anıtı dedikleri heykelleriyle kendilerini kadın suretiyle temsil etmişlerdir. Yıllardır Siyonizm'in güdümünde hareket eden uluslararası Amerikan kurum ve kuruluşları bütün dünyada hürriyet ve adalet adı altında fuhşiyatı, zulmü ve dalaleti teşvik ederek hâkimiyetini bunun ile idame etmektedir.

"Ve o gördüğün kadın dünya melikleri üzerine saltanat eden o büyük şehirdir" cümlesi, *"fahişe kadın"* olarak tabir edilen bu şeyin, hakikatte bir devlet olduğunu göstermektedir.

Kadının alnı üzerinde *"Sırrı büyük Babil. Zeminin fahişelerinin ve mekruhatının anası..."* diye bir isim yazılı olması ise, yeryüzünde işlenen fuhşiyata onun sebep olmasından dolayıdır. Kadının temsil ettiği Amerika, burada olduğu gibi diğer bazı yerlerde Büyük Babil şehri olarak da tabir edilmektedir. Bunun sebebi İncil'i tefsir eden âlimlerin, İncil'in ifadelerini o zamanın en büyük şehri olan Babil'e tatbik etmeleridir. Eğer bu ifade İncil'in asıl metninden ise, Amerika'nın o zamanın Babil'i gibi zengin ve Babil'in kralı Nemrud gibi cebbar ve fuhşu teşvik eden bir hükümet olduğuna işaret etmek içindir. Fakat hahamların ve papaların iğvasıyla başta Amerika olmak üzere Hıristiyan âlemi, bu ifadelerin zahirine baktığı ve bu sebeple işaret ettiği hakikati görmediği için, onun meşhur Babil şehri olduğunu zannederek Irak'ı vurmaktadır. Vurdukça da kendini, dünyayı Babil'in fesadından kurtaran Evanjelist bir *"kahraman"* olarak görmektedir. Evanjelist Amerikan yönetimi, Babil'in yıkılacağını haber veren Incil'in ayetlerini tahakkuk ettirdiklerini zannetmektedirler! Aslında dünyayı fesada veren, fuhşa teşvik eden ve akıbette helak olacak olan hakiki Babil'in kendileri olduğunun farkında değiller...

"Yedi Dağ" diye bahsi geçen aslında, G-7 mi? (ABD, Japonya, Almanya, Birleşik Krallık, Fransa, İtalya, Kanada, Rusya.)

Yukarıda bahsi geçen, kadının üzerine oturduğu *"YEDİ DAĞ, YEDİ MELİK"* ifadesi *"güçlerini Amerika'nın çıkarlarına kullanan ve G-7 adıyla bilinen yedi büyük devlete ve reislerine; dünya meliklerinin, bahsi geçen kadınla zina etmesi ise Amerika'nın yeryüzünde işlediği vahşi zulme yardım edip, onun zulmüne ortak olmalarına işaret ettiği*" şeklinde ifade ediliyor...

Diğer açıklamalar ise şöyle: Mukaddeslerden murat; şirkten, zinadan ve diğer büyük günahlardan kendini koruyan hakiki imanlı kimselerdir. "Mukaddeslerin kanıyla mest olmak" tabiri ise, Amerika'nın mukaddes Müslümanlara yaptığı zulüm ve cinayetlerle iftihar edip, zulüm üstüne zulüm işlemesidir.

Fahişenin üzerine oturduğu "lisanlar" ise kendi çıkarına yönlendirdiği bütün medya olsa gerek. Kadının bindiği canavar ise ileride izah edileceği üzere kendisinin riyaset ettiği ve gücünü kullandığı Birleşmiş Milletler'dir. (M. Tevrat'taki ifadesiyle Birikmiş Milletler, İşaya 13/1-6)

Bu arada, Rusya'nın 1998 yılında topluluğa katılmasına karar verilmesiyle topluluk G-8 olarak anılsa da Rusya'nın topluluk içindeki fonksiyonu sembolik olmaktan öteye gitmemiş, nitekim birçok toplantı da kopma noktasına gelecek şekilde dillendirilmiştir. Üstelik 2014 yılı itibariyle RUSYA ve diğer ülkeler arasında çatışmalar yaşandığında birçok sırra daha yakından şahit olacağız.

Evanjelist Hıristiyanlar aslında Yahudilerin uzun vadede mahvolmalarını istiyorlar ki bekledikleri Mesih gelebilsin. Ve bu Mesih'in kendilerini yani Evanjelistleri gökyüzüne alarak kurtuluşa ulaştıracağını zannediyorlar.[1] O halde altıncı neslin yok oluşu ve yedinci neslin başlangıcı, birileri tarafından ilahi plan olmaksızın planlanmış diyebiliriz. Tüm bunların gerçekleşebilmesi için öncelikle İsrail'in kurulması gerekiyordu, kuruldu. Şimdi kıyamet savaşı aşamasına geçilebilmesi için sınırlarının vaat edilmiş toprakları kaplayacak şekilde genişletilmesi gerekiyor.

---

1 https://www.milliyet.com.tr/dunya/super-insan-20-yil-icinde-dogacak-1411309

Tüm Avrupa ülkeleri avuçlarının içlerinde,
tek düşmeyen kale ülkemiz.
Bu yüzden bir yandan doğrudan ABD ve İsrail'in
dış politikaları ile yıpratılırken,
bir yandan da CIA ve MOSSAD,
ülkemizdeki ezoterik örgütlerle birlikte
bizi içten istedikleri şekle-kıvama getirmeye çalışıyor.

Büyük İsrail'in kurulabilmesi için, en büyük engel olarak gördükleri Türkiye'yi parçalamaya çalışıyorlar ve buna cemaatler dahil. MOSSAD'ın, "72 tarikat kurduk" diye beyanı bile bulunmuştur.

Büyük Ortadoğu Projesi ve Irak'ın işgali de aslında Evanjelistlerin ve Yahudilerin bu hedefine hizmet ediyor. Ülkemizdeki Hıristiyan misyonerlerin faaliyetleri de bu yöndedir. Kürtleri ve Ermenileri bile ülkemizi zayıflatmak için maşa olarak kullanıyorlar. Ateizm, New Age öğretiler-spiritüalizm, kabala ve hatta tasavvufu yaygınlaştırarak, insanları dinden uzaklaştırdılar.

Kısacası müttefik bildiğimiz ABD ve İsrail, hakkımızda en ürkütücü planları hazırlayanlar durumundalar. Sadece ülkemiz adına değil, aynı zamanda tüm Ortadoğu ve hatta tüm dünya adına uyanışa geçme ve bu çılgın amaçları engelleme vakti. Yoksa çok karanlık günler tüm insanlığı bekliyor. Bu güçler Tek Dünya İmparatorluğu propagandasını çeşitli yollardan yapıp duruyorlar.

Şöyle bir hatırlayın *Uzay Yolu* gibi dizileri, neler oluyordu?

1. Para kullanılmıyordu. Özel şirketler falan yoktu, herkes federasyonun çalışanıydı. Kimsenin özel uzay gemileri de yoktu. Hepsi ortaklaşa kullanılıyordu. Bir nevi YENİ DÜNYA DÜZENİ.

2. Hiç kimse ilahi bir dine inanmıyordu. Ama yoga ve meditasyon yapan insanlar görülüyor, ruhçu öğretinin hâkimiyetini sezinliyorduk o kurgusal dünyada.

3. Tüm gezegenler tek bir federasyona bağlıydı. Ulus devletler diye bir şey de yoktu bu dizilerde. Bakınız, Büyük Ortadoğu Projesi.

4. İlk bakışta evrensel kardeşliği savunuyor gibiydi, ama derinine inilince tam bir ırkçı felsefeye sahip olduğu görülüyordu. Bu dizilerde, örneğin Asyalı veya Afrikalı insanlar hiçbir zaman gemilerde kaptan olmuyordu. Dizinin kahramanlarının savaştığı kimseler hayvanımsı görünümlü başka ırklardan oluşuyordu. Yani, Reptilian. Anglosakson tipliler ise her zaman en üst yönetimdeler ve iyiler.

Bu beyin yıkamayla, ezoterik örgütlerin "tek dünya devleti" hedefleri insanlara benimsetilmeye başlanıyor. Ayrıca *MS 2150* gibi romanlarla yine bu çalışmalarını pekiştiriyorlar. ABD kaynaklı bu propaganda, dikkatinizi çekerim. Hedeflerine ulaşmak için sabırlı ve sistemli bir şekilde çalışıyorlar. Yahudiler ve Evanjelistler boş durmuyor, film ve dizilerde bizleri kötülemek amaçlı senaryolar kaleme alıp insanların bilinçaltlarını yıkıyorlar.

Aynı şeyi yıllar önce Araplara yönelik yapmışlardı. Kötü Arap imajını seksenli yıllar ve doksanların başlarında, Batılıların zihinlerine sinema ve televizyonlara yerleştirdiler. Şimdi ise ne tesadüf biz Türkleri kötülemeye başladı.

Gelecekte sıranın kimde olduğunu gösteriyor bu çabalar.

Tek Dünya İmparatorluğu Yolunda Yapılan Planlar

- İnsanların tüm ulusal kimlik ve ulusal gururunun mutlak şekilde imhası. (Çünkü uluslar üstü bir dünya hükümeti toplumlara ancak böyle kabul ettirilebilir.)

- Bütün yeryüzündeki dinlerin gözden düşürülmesi ve imhası. (Sadece onların ruhani inanışları hariç.)
- Dış uyaranlarla zihin teknikleri, 25. kareler, subliminal mesajlar ile kontrol edilebilen ve bu sinyallere, mesajlara cevap veren insan robotların yaratılması.
- Bilgisayarın ve hizmet sektörünün dışında sanayileşmenin sonu. (Amaç, bir "post-endüstriyel sıfır büyüme toplumu"dur. Kalan sanayiler düşük maliyetli üçüncü dünya ülkelerinde üretilecek.)
- Uyuşturucu kullanımı ve pornografiyi yasallaştırarak toplumlara yaygın olarak kabul ettirmek ve sonunda gayet normal kabul edilir bir "yaşam biçimi" yapmak.
- Büyükşehirlerden kente göçü zorlamak ve Kamboçya'daki gibi Pol Pot çizgisinde faaliyetler.
- İlluminati hedeflerine hizmet edenlerin dışında tüm bilimsel gelişmelerin bastırılması.
- 2050 yılına kadar üç milyar insanın erken ölümüne neden olacak bir taraftan "biyolojik savaşlar" diğer taraftan "açlık ve hastalık".
- İnsanların moralini zayıflatarak ve kitlesel işsizlik ile işçi sınıfını demoralize ederek böylece ilaç ya da alkol bağımlılığına sürüklemek, gençlerde uyuşturucu kullanımının ve agresif müziğin teşvik edilmesi, aynı zamanda aile biriminin zayıflaması ve dağılmasını hedefler.
- Birbiri ardına gelen ekonomik krizlerle ve savaşlar ile insanları bunaltmak ve hayata karşı duyarsız ve kayıtsız bir hale getirmek, ABD'de olduğu gibi Federal Acil Durum Yönetim Ajansları (FEMA) ile toplumları kriz döneminde yönetmek.
- Hıristiyan köktendinciliğini teşvik ederek Hıristiyanlara "Tanrı'nın seçilmiş halkı" ile özdeşleşmiş olan Siyonist İsrail Devleti'nin hedeflerini kabul ettirmek.

- Radikal dini gruplar oluşturarak mezhep yayılmalarını dünyada teşvik etmek.
- Mevcut tüm dinleri zayıflatmak için küresel dolaşımda "dini muafiyet" gibi fikirleri ortaya koymak.
- Dünyada büyük siyasi bir kaos üretebilmek için küresel ekonominin çökertilmesi.
- Tüm dünyadaki mevcut devletlerin iç ve dış uluslararası politikalarının kontrolünü devralmak.
- Aynı anda yerel ve ulusal kurumların (BM, Uluslararası Para Fonu [Basel BIS] Uluslararası Ödemeler Bankası) kademeli olarak uluslar üstü kurumlar haline getirmek ve Uluslararası Adalet Divanı'nı aşağılamak ve BM himayesine getirmek.
- Tüm hükümetlerin içine sızarak yavaş yavaş her milletin egemenliğini çözerek devralmak.
- Uluslararası bir terörizm oluşturmak ve terör faaliyetleri ile ülkelere gözdağı vermek.
- Bütün devletlerde eğitim sistemini kademe kademe kontrol altına alarak gençleri kendi istekleri doğrultusunda yetiştirmek.

İlluminati 3 Milyar İnsanı Yok Etmeyi Nasıl Planlıyor?

Dünya Sağlık Örgütü'ne domuz gribinin ölümcül bir salgın olduğu yönünde beyanda bulunması için baskı yaptıklarını belirten Rauni-Leena Luukanen-Kilde,[1] "böylece aşıyı tercihli değil zorunlu yapmak istiyorlardı. Özellikle hamile kadınların ve çocukların ilkönce aşı ile zorunlu tutulması gelecek nesilleri hedeflediğini göstermektedir".

Finlandiya hükümetinin sınıflandırmayı kabul etmediğini ve aşının zorunluluğunu kaldırmak için, hastalığın derecesini

1 Finlandiyalı doktor, yazar ve ufolog.

normal olarak gösterdiğini ifade eden Kilde, "Hiç kimse aşının bir yıl, beş yıl ya da yirmi yıl sonra ne gibi etkilerinin olacağını bilmiyor: Mutlak kısırlık mı? Kanser mi? Ya da ölümcül herhangi bir hastalık mı?" diyor.

Dr. Rauni Kilde, "Amerikan yönetimi ileride bundan dolayı doğacak herhangi bir sıkıntıdan dolayı ilaç şirketlerine bir sorumluluk yüklenmemesi için şimdiden önlemini aldı ve onları tüm sorumluluklardan muaf tuttu. Bu bile işin ciddiyetini göstermeye yeter" demişti.

Domuz gribi artık yalan oldu. Elde çok daha etkili bir silah olan Covid-19 virüsü ve varyasyonları var. Ve bu virüs, etkileyici bir performansla tüm insanlığı kontrol altına almış durumda.

Tek Dünya İmparatorluğu'nun Kuklasıyız!

Klasik tarih kitaplarında Fransız İhtilali'ni halkın yaptığı, Birinci ve İkinci Dünya savaşlarının Amerika, İngiltere, Almanya arasında olduğu yazar. Oysa tarih, bilmemiz gerekenden çok daha gizemli ve karışıktır. Sadece savaşlar ya da tarih mi karışık olan, dünya dediğimiz sahnede bildiğiniz her şey ciddi şekilde karmakarışık bir bulamaç şeklinde ağızlarımıza zorla sokulmakta. Bu oyunda bizi yönlendiren güç, Tanrı'nın kaderinden çok, bir grubun ya da bireysel akılların üzerimizdeki planları ya da eylemleridir.

Cephedeki düşman sizi yok etmek için elle tutulur, gözle görülür silahlar kullanır, oysa insanın gerçek düşmanlarının silahları düşünceler ve sözlerdir. Dünya üzerinde aklın kenara itildiği, taraf olmaya ve fanatikliğe dair ne varsa, altında bizi yöneten o imparatorun imzası vardır. Bu imparator, dünyayı yönetirken sizin en zayıf ve hassas duygularınız üzerinden sizi kukla haline dönüştürüp, dünyanın bütün servetlerine konmayı amaçlamaktadır. Çünkü bu şahıslar, dünyanın kaynaklarının bir gün biteceğini bilip, yapılacak en doğru şeyin sizin sırtınızdan geçinmek olduğunu sanmaktadırlar. Samimi, insanca duyguların ve de aşkın bu dünyadaki en güzel şey olduğunu unutup, akla ve şeytansı tanrılara taparak, sizin kanınızı emdikten sonra planları doğrultusunda onlar için hiçbir değer taşımayan hayatlarınız, yine bu gizemli güçlerin elinde olacak.

"Peki, kim bu insanlar ve ne istiyorlar?" dediğinizi adeta duyuyorum. Ne demek istediğimi daha açık söylemek için gerçeğin kapısının anahtarını hemen şimdi elinize vereceğim...

İnsanlığın var oluşundan itibaren din ve insan ilişkisi kimi zaman iyi, kimi zaman sıkıntılı olmuştur. Dini inançların olgunlaştığı dünyaya, semavi dinlerin hâkim olduğu devirlerde, Hıristiyanlığı koruma sevdasıyla Kudüs'e gelen Tapınak Şövalyeleri, çıkardıkları definelerle ve edindikleri bilgilerle insanlık tarihinin en kara ve kanlı günlerinin temellerini atmış oldular. Papa kurumu, Tapınakçıların ne kadar büyük bir tehlike olduğunu anladığında, aslında çok geç kalmıştı. Tapınak Şövalyeleri kapatıldığı zaman, binlerce kişiye hitap ediyordu ve kabaladan aldıkları anti-hümanist yok edici zihniyeti, mensuplarına çoktan aşılamıştı. Daha sonra bu zihniyet, çeşitli gizli ve açık örgütler şeklinde dünyada vücut bulmuştur. Bu zihniyetin sözde görünür kısmı masonlardır. Masonların yanında farklı adlarla tek bir amaç için çalışan yüzlerce gizli örgütün amacı, bütün dünyaya hâkim olup istediklerini yaptırmaktadır.

İnsanoğluna zorla damgalanan kabul ettirilen düşünce ikonları, insanoğlunun dünyaya hâkimiyetinden itibaren var olmak zorundaydı. Buna belki de doğal mecburiyet denebilirdi. Doğduğunuz andan itibaren devlet, ırk, bayrak gibi kavramlar sizin ne olduğunuzu belirliyordu. Oysa düşünsel anlamda gelen ayrılıklar, yani doğal olmayan ayrımlar, Fransız Devrimi'yle gelen düşünsel atakların ürünleriydi.

Çoğumuz, kitaplardan okuduğumuz bilgilere göre,
Fransız Devrimi'nin
halk tarafından yapıldığını sanırız.
Oysa 1776 ve öncesinde oluşan zihniyet,
çoktan düğmeye basmıştı.

1776, yani İlluminati'nin kuruluş tarihi, gizli örgütleri bilenler için dünyanın kara günlerinin başladığı tarih olarak görülür. Monarşinin yıkılmasını isteyen gizli örgütler çoktan planlarını yapmıştı. İlluminati gibi bir örgüt için gereken tek şey, bu tür bir ayaklanmayı yönetmek ve planları uygulamaktı. Gizli örgütlerin görünürdeki hedefi monarşiyi yıkmak ve Cumhuriyet rejimini getirmekti. Zaten bu yüzden oldukça kolay bir şekilde taraf toplamayı başardılar. Gerçekteki amaçlarıysa, dünya hâkimiyetine giden yolun adımlarını atmaktı.

Nitekim Fransız Devrimi bir halk ayaklanması olarak görüldüyse de, gerçekte gizli örgütlerin işin içine girip kanlı baskınlar ve komplolar kurup halkı galeyana getirmesinden başka bir şey değildi. Oradaki halk, yönetim sistemlerini değiştirmek için fark etmeden kukla olmuşlardı, kısaca bu gizli imparatorluk, fark ettirmeden, hissettirmeden onları kullanmıştır.

Fransız Devrimi'yle oluşan milliyetçilik akımından sonra, yine bu gizli örgütlerin ajanı olan Marx gibi şahsiyetseler, Avrupa'da yaşanacak devrimlerin bizzat hazırlayıcısı olmuştur. Karl Marx, *Komünist Manifesto*'yu yazarak sosyalizmin babası, materyalist düşünceleriyle de kapitalist sistemin yaratıcısı olmuştu. Sizin de dikkatinizi çekeceği gibi birbirine iki zıt fikir aynı kaynaktan çıkmaktaydı. İki fikrin de aynı kaynaktan çıkmasının sebebi zıt kutuplar yaratarak yeni savaşlar çıkartıp insanları sömürmekten başka bir şey değildi. Kuklacımız bizimle oynuyordu adeta; birbirine zıt kutupların oluşturulması, ileride çıkarılacak savaşlar ve kargaşalara zemin hazırlamak içindi. Nitekim 1. 2. III. Dünya Savaşı planları 1800'lü yıllarda, İlluminati ajanlarının mektuplarında yazıyordu. Kuklacı yani gizli imparatorlar, milyonlarca insanı öldürecek planlar için çoktan düğmeye basmışlardı. 1878 yılında İlluminati ajanı Amerikan generali Albert Pike'nin İtalyan Muzzani'ye yazdığı mektupta bu gerçeği rahatlıkla görebilirsiniz; mektubun savaşlarla ilgili kısmını ele alırsak şunları yazdığı görülecektir:

- *I. Dünya Savaşı, İlluminati'ye Rus Çarlığı'nı yıkarak, bu ülkeyi Ateistik komünizmin bir kalesi yapmak için gereklidir. Britanya ve Alman İmparatorluğu içindeki örgütümüz, bu savaşı tetiklemeli, savaşın sonunda komünizm yayılmalı ve dinleri zayıflatmak amacıyla diğer hükümetleri yıkmakta kullanılmalıdır...*
- *II. Dünya Savaşı, faşistler ve Siyonistler arasındaki farklılıkların kışkırtılmasıyla tetiklenmelidir. Bu savaşın sonunda faşizm yıkılmalı ve Siyonizm, Filistin'de bağımsız bir İsrail Devleti kuracak kadar güçlenmelidir. Enternasyonal komünizm, savaştan Hıristiyan dünyasıyla denge içinde bir güç olarak çıkmalıdır, çünkü çıkaracağımız son karışıklıkta ona ihtiyacımız olacaktır.*
- *III. Dünya Savaşı, Siyonistlerle İslam âlemi arasında, İlluminati ajanlarının sebep olacağı farklılıkların körüklenmesiyle tetiklenmeli. Bu savaş, öyle bir savaş olmalı ki, İslam ve Siyonizm birbirini yiyerek yok etmeli. Bu arada diğer uluslar; fiziki, ahlaki, ruhsal, ekonomik yıkımlara sürüklenerek bölünmeli. Öyle bir sosyal kaos yaratılmalı ki, herkes dinleri kanlı şiddetin temel sebebi olarak görmeli ve insanlar mutlak ateizme yönelmeli. Son olarak Lucifer'in saf ve mutlak doktrininin manifestosuyla Hıristiyanlık ve ateizm de silinmeli... Bu sayede bir taşla iki kuş vurulmuş olunacak.*

Biraz tarih bilgisi olan bir okuyucu, 1. ve II. Dünya Savaşı için yapılan planların aynen tuttuğunu görecektir. Maalesef milyonlarca insan pisi pisine ölmüştür. Birileri zenginleşsin rahat yaşasın diye ölmüştür.

İşin daha kötüsü,
son savaş yani Armageddon Savaşı hakkında
yapılan planların hızla ilerlediğini ve
gerçekleştiğini görmek insanı daha da üzmektedir.

Dünya imparatorlarını, kişisel çıkarları uğruna milyonlarca insanın öleceği savaşları hazırlamak için harekete geçen bu güçler, 1900'lü yıllarda Lenin ve Troçki aracılığıyla Rusya'da devrimler gerçekleştirerek, ileride oluşturulacak zıt kutupların temellerini iyiden iyiye atmıştır.

1776, aynı zamanda Amerika'nın kuruluşudur. Amerika, İngiltere'den gelen masonlar tarafından kurulmuştur. Dünyayı yönetmeye ant içen gücün, o zamanlar Amerika üzerinde söz hakkı yoktur. Sadece ajanlarıyla önemli etkileri vardır. Amerika zaman ilerledikçe İlluminati'nin kalesi durumuna gelecektir. Dünya İmparatorluğu yolunda ilk önemli etki, Amerika'yı I. Dünya Savaşı'na sokmaktır.

W. Wilson, mason ve İlluminati'ci olmayan ender Amerikan başkanlarındandır. I. Dünya Savaşı'na kesinlikle girmemeyi düşünmektedir. Ancak yardımcısı E. Colonel House, İlluminati ile işbirliği içerisindedir. Amerika'yı savaşa sokma planı çoktan hazırdır. İngiliz Dışişleri Bakanı Sekreteri Edward Grey ile yazıya da dökülmüş olan şu konuşmayı yaparlar:

E. Grey sorar: "Eğer içinde Amerikalıların bulunduğu bir gemiyi Almanlar batırırsa ne olur?"

E. Colonel House cevap verir: "İnanıyorum ki bu kıvılcım, ABD'yi sarsacak ve bizi tek başına savaşa sokmaya yetecektir."

Bu konuşmaların ardından planlanan olay, yukarıdaki görüş alışverişinde olduğu üzere gerçekleşir. 7 Mayıs 1915 günü, *Lusitinia* adlı bir yolcu gemisi, Alman denizaltısı tarafından batırılır. 1200 kişi ölür ve ölenlerin büyük çoğunluğu Amerikalı'dır. Gemi, yüklü miktarda cephane ve Amerikan yolcusu taşımaktadır. Almanlar haklı olarak cephane taşıyan bir gemiyi vurmuşlardır. Peki, cephane dolu bir gemide yolcuların ne işi vardır?

Amerika, I. Dünya Savaşı sonrası iyice gizli örgütlerin etkisine girmiştir. 1932 yılında İlluminati'ci Başbakan Roosevelt, Amerikan parasına İlluminati mührünü bizzat kendisi koyar. Gizli imparatorluk artık gizlilikten çıkmıştır. Gizli örgütlerin rotaları II. Dünya Savaşı'na kaymıştır. Süper güç Amerika da ellerinde olduğu için, yeni savaşta aktif rol almak kolay olacaktır.

II. Dünya Savaşı'na gelindiğinde,
Amerikan halkı savaşa girmek istememektedir.
Savaşa sokmak için ülkedeki Japonlara karşı
büyük bir kampanya başlatılır
ve Japonya adeta savaş için kışkırtılır.
Bu kışkırtmalara dayanamayan Japonlar,
Pearl Harbor'a baskın yaparak
Amerika'nın savaşa girmesine neden olmuşlardır.

Silah simsarları ve vampir bankacılardan oluşan gizli imparatorluğun 1800'lü yıllarda oluşturduğu planlar, I. ve II. Dünya savaşlarında kusursuzca gerçekleşmiştir. Savaş sonrası planlar ise gizli imparatorluğun mali yönünün güçlendirmesine yöneliktir. Dünya Merkez Bankası, NATO, IMF gibi sözde toplumsal ve barışçıl olan ekonomik ve uluslararası örgütler, adeta gizli imparatorlara para akıtma görevi üstlenmişlerdir. Gizli imparatorluk ve onların yardakçıları, 1945'ten günümüze kadar olan süreçte yapılan küçük-büyük bütün savaşlardan büyük bir kâr elde etmişlerdir. Onlar kâr ederken savaşlara katılan yüz binlerce insan ölmüş, doğa katledilmiş, dünya sömürülmüştür.

Dünyayı yönetmeyi hedefleyen gizli örgüte bağlı insanlar, kendilerini yeterince güvenceye aldıktan sonra, sonraki yılların planlarını yaparlar. 1960'tan itibaren yeni gelişmeler yoldadır. İslam dünyasında hızla gelişmeye başlayan demokratikleşme hareketleri dikkatlerini çeker. İran'da devrim yapılarak, İran tekrar İslamcı yapıya kavuşturulur. Özellikle bu dönemlerde Türkiye'de Atatürkçülük ve Cumhuriyetçilik körüklenerek halkın İslami yönetimlere ilgi duyması artırılır.

1980'den sonrası dönemlerde bizzat bu gizli yapı tarafından desteklenen "İslami Terör Örgütü" olgusu yaratılır. Bu olgunun amacı, uyanmaya başlayan İslam dünyasını tekrar eski uykusuna döndürmek ve çıkacak olan yeni savaşlara zemin hazırlamaktır. Bu planların son meyvesi, Arap Baharı adıyla anılan ayaklanmalardır. Bu ayaklanmaların tek amacı vardır, demokrasiye son verip şeriat sistemi getirerek yeni işgallere, belki de III. Dünya Savaşı'na temel atmaktır.

İlluminati Kart Oyunu'nun Sırrı

Gizli planlar ortaya çıkarken, bir yandan da artık yavaş yavaş belirgin hale gelmenin, halk tarafından bilinmenin zamanı gelmiştir. 80'li yıllardan itibaren çeşitli filmlerde, gizli örgütler yavaş yavaş işlenmeye başlanmıştır. 1994'te ise bütün planları deşifre edecek "İlluminati Kart Oyunu"nu piyasaya sürerler.

Bu kartlarda İlluminati'nin bütün gelecek planları vardır. Hatta bazıları çoktan gerçekleşmiştir. İşte bu kartlardan bazıları:

İkiz kuleler saldırısı 2001 yılında oldu. Oysa, kartlar bu olayı 1994 yılında haber veriyor. Yine aynı dönemde Pentagon saldırısı olmuştur.

Buradaki kartları anlamak için biraz bilginizin olması gerek. İşin ilginç yanı kartlarda anlatılan durumlardan oyun yaratabilmek için ciddi anlamda bilgi sahibi olmak gerek. Bu açıdan bakarsak bu kartların tahminlerden gittiğini düşünmek saflık olur. Kartlar hakkında soldan sağa bilgiler verelim:

Market Manipulation: *Kartellerin borsayı yönetmesi. Finansal krizler... (1994 yılından sonraki krizleri hatırlayınız.)*

NATO: *Resme dikkatli bakın, NATO'yu bir korkuluk gibi resmetmişler. Gerçekten de NATO Amerikan güdümünde çalışan bir teşkilat görünümünde. İyi de burada bir cinlik yok mu? Bu kartları yaratanlar şimdilerde sık sık tartıştığımız bir konuyu nasıl olup da o günlerde resmettiler? Bu kâhinlik mi yoksa plan mı?*

Empt Vee: *Şarkılar aracılığıyla insanların kontrol edildiğini gösteren kart. Buradaki Emty Vee MTV'dir.*

Dictatorship: *Başa diktatörleri geçirip, daha sonra o ülkeyi ele geçirmek.*

Martial Law: *Sıkıyönetim demek. İşin ilginç yanı bu kartta anlatılan şey Amerika'daki anti-terör yasalarıdır.*

Vatikan şehri: *İlluminati'nin burayı ele geçirmek için uğraştığı bir gerçek. Hatta bu konuda ciddi belgeler bile var. İyi de oyunun yapımcısı bunu nereden biliyordu?*

Earthquake Projector: *Dünyadaki depremlerin "yapay bir deprem silahı" tarafından yapıldığı sık sık söylenir.*

Liberal Agenda: *Kısaca liberaller. Liberal düşünce, İlluminati'nin sevdiği en önemli kelimelerden...*

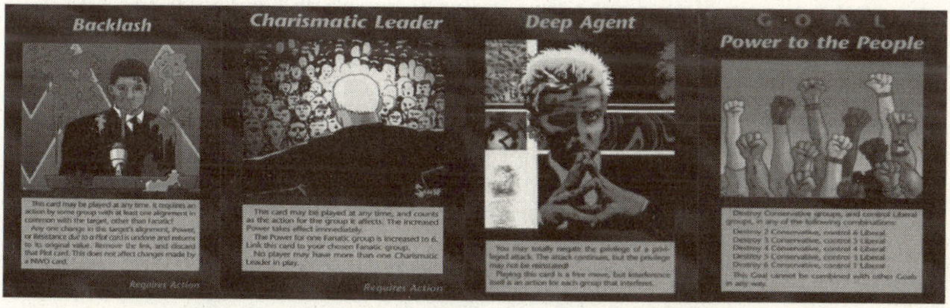

Backlash: *Karttaki vatandaş Obama'ya tıpatıp benziyor.*

Charismatic Leader: *Karizma liderler. "Van (one) minute" size bir şeyler çağrıştırıyor mu?*

Deep Agent: *Bizim Wikileaks'çi ajan! Dikkatli bakın.*

Power to the People: *İnsanların gücü. Arap baharı ve Amerika'da ortaya çıkan isyanlar aklımıza gelebilir.*

Bu kartları incelediğimizde dönen dolapların farkına varıp, bu insanların elinde kuklalar gibi oynatıldığımızı görebiliriz. Bu dönen dolapların hepsi, dünyayı şekillendiren insanların daha zengin, daha mutlu yaşaması içindir. Nitekim imparatorluğun merkezi olan Amerika'da ulusal zenginliğin büyük kısmı halkın yüzde 1'inin elindedir. Bunun anlamı, tepedeki insanların Amerika'yı sömürdüğüdür. Aynı sorun Türkiye de dahil olmak üzere pek çok ülkede uygulanan bir planın parçasıdır.

Özellikle film ve müzik sektöründe sürekli olarak şiddet, korku, cinsellik, tüketme, yok etme temaları işlenir. Oysa dünyanın kaynakları hızla tükenirken doğayı korumayı hedef alan, barış ve kardeşlik temaları içeren filmlerin ve müzik kliplerinin sayısı çok azdır. Bunun böyle olmasının nedeninin arz talep olduğunu düşünebilirsiniz. Oysa, sanatsal yapımlarda arz ve talepten daha çok beğeni önemlidir. Konunun çok fazla da önemi yoktur. Pekâlâ, dünya için bir şeyler yapmamız gerektiğini anlatan düşünceler de filmlerde ve müzik sektöründe ana düşünce olabilir.

Bu gizli canavarlara karşı tek silahımız vardır, o da akıl ve mantığımız. Kullandıkları teknikler, sizi sadece içi boş idealist hedeflere yönlendirmek ve akla hayale gelmeyecek yöntemlerle yönetmek içindir.

Özellikle son yıllarda *Zeitgeist* adlı yeni bir düşünce sistemi alıp başını gitmekte. Zeitgeist, bir düşünce akımı olup belgesellerinde gizli dünya imparatorluğunu fazlasıyla gözler önüne sermektedir. Akıllara gelen ilk soru belgeselde her şeyi kontrol eden bir sistemden söz ederken, bu sistemin neden bu belgesellere izin verdiğidir. BM gibi kuruluşların da bu harekete desteği aşikârdır. Belgesellerin sonunda yer alan Venüs Projesi; baskıcı, dayatmacı, statükocu, faşist yönetimler yaratmaya uygundur. Aslında Venüs Projesi gibi projeler, gizli dünya imparatorluğunun dünyada tek güç olduğunun açık ifadesidir.

Gizli dünya imparatorluğu, yaptıkları şeylerin farkına varmamanız için türlü türlü oyuna başvururken, sizin bu oyunlara düşmemek için en büyük silahınız aklınız olacaktır. Dünyayı şekillendiren güçler hakkında verdiğim bilgilerin doğru olduğunu; neden, niçin, nasıl gibi soruları sorduğum için bilmekteyim. Örneğin, Albert Pike'nin mektubunun gerçekliğini bilmek neredeyse imkânsızdır. Bugün, bu mektubun orijinali İngiltere'de duruyorsa da size bir şeyleri inandırmak için tabii ki yalan söylenmiş olabilir. Bu mektubun doğruluğu, sonrasında yaşanan olaylarda gizlidir. Amerika'nın savaşa sokulması için dönen dolaplar ve İsrail devletinin kurulması için atılan temeller, mektubun doğruluğu üzerinde bize yeterli bilgiyi verir. Ancak bu da size yetmeyebilir, gerçekte mektubun doğruluğu konusunda en önemli bilgiyi veren kaynak yine aklımızdır. Aklımız, eğer böyle savaşlar olsa en çok yararı ve çıkarı kim sağlayacak dediğinde; cevap, silah tüccarları ve bankerler olarak çıkıyorsa, mektubun doğru olduğunu düşünmemek için hiçbir neden yoktur.

Dünyada sağcılık, solculuk, milliyetçilik, dincilik gibi kavramların insanları çatıştırmaya yaradığını görebiliyorsam, PKK gibi terör örgütlerinin neye yaradığını aklımla kavrayabiliyorsam, aklımla gerçeği görmüşüm demektir.

Sizin üzerinizden para kazanmak için
bir şeylerin reklamı yapılıp,
size bir şeyler dayatılıyorsa; birileri bilinçaltınıza
hitap ediyorsa, karşıt fikirler yine onlardan çıkıp
onlara hizmet etmişsiniz gibi gözüküyorsa;
inançsızlık ve alay ettirme, basitleştirme gibi
teknikler kullanılıp zihinleriniz yönlendiriliyorsa,
bizi bu imparatorluktan korumak için
tek yardımcımız kendi aklımız olacaktır.

İlluminati'nin amaçladığı yeni dünya düzeninde, III. Dünya Savaşı'nın büyük bir önemi var. Dünya nüfusunu azaltma politikalarında bu savaş ve kitle imha silahları büyük bir paya sahip olacak. İlluminati'nin her işi bir ritüel anlamı taşımakta. 1994 yılında İlluminati tarafından basılan oyun kartlarında, o tarihte gerçekleşmemiş birçok olay yıllar sonra gerçekleşmiştir. O kartların içerisinde dikkat çeken bir kart var ki bu oyun kartı çıkmamış bir savaşın İlluminati tarafından hazırlandığını ve planlandığını göstermektedir: III. Dünya Savaşı ve nihayet o malum son. Herkesin artık beklediği, olma ihtimalinin herkes tarafından bilindiği, atom bombalarının havada uçuştuğu bir savaş. Kim bilir kaç kişi ölecek...

5. Bölüm

Baltık Ülkeleri ve III. Dünya Savaşı

"Mükemmellik her savaşta çarpışarak kazanmak değildir. En iyi strateji savaşmadan kazanmaktır."

– Sun Tzu

1945'te dünya üretiminin neredeyse yarısını gerçekleştiren ABD, bugün artık sadece yüzde 20'sini gerçekleştiriyor. Avrupa Birliği'nin motor güçlerini oluşturan Almanya ve Fransa gibi güçler, ABD liderliğindeki tek kutuplu dünya yerine, kendi sözlerinin daha fazla geçeceği çok kutuplu dünya isteklerini daha yüksek sesle dile getirmeye başladılar. 90'lardaki çöküş ve dağılma sürecini 2000'lerle birlikte geride bırakan Rusya da emperyalist hegemonya mücadelesine güçlü bir biçimde dahil oldu. Bu arada başta Çin, Hindistan, Brezilya olmak üzere, Türkiye gibi ülkelerin de içinde olduğu büyüyen ekonomilere sahip güçlü rakipler de bu sürece katıldı.

Kapitalizmde kurulan her denge geçici olmaya mahkûmdur. İstikrarsızlık istikrara, istikrar istikrarsızlığa dönüşecektir. II. Dünya Savaşı sonunda kurulan dengeler artık yok. Emperyalist-kapitalist sistem açısından 21. yüzyıl, hegemonya kriziyle, ekonomik durgunluk ve çöküşlerle, kızışan rekabet ve paylaşım kavgalarıyla karakterize olan kaotik bir dönem olarak başladı.

Mutlak bir güç olmadığı nicedir bilinen ABD'nin hegemonyasını sürdürmek üzere gerçekleştirdiği Afganistan ve Irak işgalleriyle birlikte, yeni bir savaşlar çağı başladı. "Uluslararası terörle savaş", "önleyici savaş", "medeniyetler çatışması" gibi kavramlar, emperyalist savaşın ideolojik argümanları haline geldi. Artık Rusya, Ukrayna'ya operasyon yaparken, Kırım'ı ilhak ederken, Suriye savaşına dahil olurken; ABD Afganistan'ı bombalarken, Irak'ı işgal ederken ya da Fransa, Libya'ya operasyon düzenlerken benzer gerekçeler kullanıyorlar. Buna Türkiye'de dahil. Tarihi haklarımız, ecdat falan filan hikâyelerinin yanında ÜMMET sloganları ile kendi çevresinde birçok yere müdahale ediyor. Fırsat bu iken herkes bin yıldır ortada olan ORTADOĞU VE AFRİKA pastasından yine yüz yil sonra paylarını almaya çalışıyor.

Paris saldırılarının ardından dünyadaki
1,2 milyar Katoliğin ruhani lideri Papa Franciscus,
yaşananları değerlendirirken
"III. Dünya Savaşı" kavramını kullandı.
Papa geçtiğimiz yıllardan bu yana pek çok kez
III. Dünya Savaşı'nın devam ettiğini söylemişti.

Burjuva saflar içerisinde, yaşanan süreci "III. Dünya Savaşı" olarak adlandıran tek isim Papa değil. Giderek artan sayıda burjuva siyasetçi, yazar ve akademisyen III. Dünya Savaşı'nın yaşanmakta olduğunu ifade ediyor.

ABD'nin Irak işgaline hazırlandığı 2002 yılında ve ABD'nin 2003'teki Irak işgalini takip eden süreçte iki kutuplu dünya koşullarının sona ermesiyle birlikte, emperyalist sistemin yeni bir paylaşım kavgasına tutuştuğu artık aşikârdı. ABD'nin II. Dünya Savaşı sonunda elde ettiği hegemonik pozisyonu aynı güçle sürdüremediği, pozisyonunu korumak üzere terörle mücadele gerekçesini ileri sürerek bir dizi savaşa giriştiğini açıklıyordu.

2003'te Avrupa şehirlerinde ve İstanbul'da El Kaide'nin gerçekleştirdiği bombalı saldırıların ardından yaptığı analizlerde, bu saldırılara "terör saldırıları" denilerek geçilemeyeceğini, bu saldırıların emperyalist paylaşım savaşı sürecinden ayrı değerlendirilemeyeceğini açıklıyor; bu tür patlamaların emperyalist paylaşım savaşının giderek daha yaygın hale gelecek bir yöntemi olacağını öngörüyordu.

11 Eylül ile başlayan ve 2003'teki sansasyonel bombalamalarla devam eden saldırılar öngörülerimizi haklı çıkarmıştır. Yirmi senedir dünya üzerinde tüm coğrafyalarda savaş dağınık olarak devam ediyor.

> Emperyalist sistemin, Yugoslavya içsavaşı ile birlikte başlayan paylaşım kavgasının, bugün; Irak, Suriye, Libya, Suudi Arabistan gibi ülkelerde "yapısal dönüşüm" bahanesiyle nasıl devam ettiğini görmemek için aptal olmak gerekir.

Ağustos 2014 tarihinde gerçek tehlike başladı ve böylelikle bizler savaşa dair ilk uyarıları duymaya başladık. O ay, izinsiz, bölücülerle yapılan çatışmaların kontrolden çıktığı Doğu Ukrayna'ya Rus birlikleri gizlice girdiler. Rus Hava Kuvvetleri, NATO üyesi olan komşu Baltık Ülkeleri olan Estonya, Letonya ve Litvanya'ya aralıksız saldırılarla taciz etmeye başladı. Amerika bu ülkelere, onları sanki kendi topraklarıymış gibi savunacağına dair taahhütte bulundu ve sonra Rus sınırından birkaç yüz metre uzaklıkta askeri tatbikatlara başladı. Her iki taraf da diğer tarafın güçlü ve şiddetli niyetleri olduğuna inanmaya başladı. Moskova, Batı'nın kendilerini dışlayarak boyun eğdirip Rusya'yı yok edeceğine inanmaktaydı.

Her üç Rus'tan biri Amerika'nın onları istila edeceğine inanmakta. Batı milletleri de, Rusya'nın NATO'yu çatırdatmak ve onun Doğu Avrupa'yı korumaya yönelik taahhüdünü bozmak için savaş tehdidini kullanabileceği ya da gerçek bir çatışma çıkması için kışkırtma yapabileceği konusunda endişeliler. Bu da Batı liderliğinde barışçıl bir şekilde birleşmiş ve Rusya'nın etkisini 25 yıl uzak tutan Avrupa'daki mevcut statükoyu bozabilir. Daha da kötüsü, Amerika ve Rusya'nın gerektiği takdirde Doğu Avrupa'daki sınır bölgesindeki menfaatlerini savunmak için savaşa gidebilecek olmasıdır. İki ülke de askeri güçlerini mevkilendirdiler ve diğer tarafı korkutacaklarını umut ederek kibirlenip böbürlenerek tatbikatlar gerçekleştirdiler. Putin, bir çatışma halinde nükleer silahlarını kullanacağını ve nükleer başlıklı füzeler ve bombalarla karşı cevap verebileceklerine dair sürekli uyarıda bulunuyor.

ABD, Rusya hatta Çin gibi süper ülkelerin
Ortadoğu'da, nükleer gücü de kapsayan
üsler tesis etme girişimleri,
büyük bir savaşın "ayak sesleri" sayılıyor.

Avrupa, bugün rahatsız edici bir şekilde I. Dünya Savaşı'ndan hemen önceki Avrupa'ya benziyor. Liderler, neyin savaşa götüreceğine ve neyin götürmeyeceğine dair üstü kapalı sinyaller veriyorlar. Politik gerilimler askeri açıdan kuvvetlenmeyi getiriyor ve bu da Soğuk Savaş ile zorlukla bir arada tutulmuş olan milletleri istikrarsız bir güç dengesine sürüklüyor.

Bugün, Washington ya da Doğu Avrupa ülkelerinin başşehirlerine bir gezide bulunursanız, bu yaklaşan felakete dair hiçbir hisleri olmadığını görürsünüz. Doğu Avrupa'nın savaşa sürüklendiği gerçeğine rağmen her şeyin iyi gittiğini zannediyorlar. Ancak bu rehavetin kendisi problemin bir parçası ve tehdidi önceden görmeyi, başa çıkmayı ve potansiyel olarak önlemeyi zorlaştırıyor. Politika analistleri, silah kontrolü uzmanları ve hükümet çalışanlarından oluşan gittikçe büyüyen bir uyarıcı ses mevcut, onlar sürüklenilen bu felakete dair dünyanın dikkatini çekmeye çalışıyorlar. Avrupa'da büyük bir savaş olasılığı ve hatta bunun bir nükleer savaş olması, düşünülür hale gelmekte.

Umutlar çok yüksek olmayabilir, fakat II. Dünya Savaşı sonrası Avrupa'daki barış, binlerce, milyonlarca Doğu Avrupalı'nın yaşamları hakkında yine de biraz umut vermekte. Ancak daha kötü ve gerçek bir senaryo var, o da **gezegenin nükleer tahribatı**!

Bu arada, Esad rejiminin parlamentosu, Tartus Limanı'nın 49 yıllığına Rusya'ya kiralanmasını öngören kanun tasarısını kabul etmesi, Rusya'nın Türkiye'ye çok yakın sayılabilecek yeni bir üsse sahip olması anlamına da geliyor. Doğu Akdeniz'deki Tartus Limanı'nın yıllık kapasitesi yaklaşık 16 milyon ton olarak ifade ediliyor. Suriye'nin en geniş alan üzerine kurulu limanında Rusya'nın deniz üssü ve S-400 sistemi bulunuyor.

Öte yandan, Çin'in İsrail'in Hayfa Limanı'nı kiralaması da yeni bir stratejiyi ortaya koyuyor. Nitekim, Çin merkezli "Shanghai International Port Group" Hayfa Limanı'nı 2021 itibariyle 25 yıllığına kiralıyor. Eski ABD Başkanı Donald Trump'ın da İsrail Başbakanı Benjamin Netanyahu'yu, Çin ile ticari ilişkilerini geliştirmesinin ABD ile İsrail arasındaki güvenlik işbirliğine zarar vereceği konusunda uyardığı iddia ettiği hatırlanıyor.

Kıbrıs'ta yıllardan beri füzelerle donatılmış İngiliz üssünün yanı sıra, adaya Yunanistan'ın ve ABD'nin de bazı askeri tesisler kurduğu veya kuracağı öne sürülüyor. Üstüne üstlük, İran'ın nükleer güç konumunun haricinde, Suudi Arabistan'ın da böylesine bir projenin peşinde olduğu da biliniyor. Kıbrıs açıklarında ve Doğu Akdeniz'de petrol ve gaz aramalarının içine ABD'nin yanı sıra İsrail, İngiltere, Fransa hatta Almanya'nın girme iştahları ve Türkiye'yi dışlama stratejileri yeni bir tehlikeyi oluşturuyor.

Bir bakıma, enerji kaynağı sahibi olmak ve onu pazarına ulaştırmak beraberinde daima sorun getiriyor.

Ortadoğu'yu çoğu zaman buhrana sokan bu stratejik değerin en büyük unsurlarından birinin de Türkiye olduğu kabul ediliyor. Türkiye bir bakıma "köprü" görevini üstleniyor.

Ortadoğu'da uygulamaya aralıklarla konulan tehlikeli senaryolar, siyasi ve askeri planlar, yeni ve daha büyük petrol yolları belki de III. Dünya Savaşı'nı çağrıştırıyor. Rusya'nın en yetkili ağızları III. Dünya Savaşı'nı artık "tehdit" eder gibi dillendiriyor. Bu arada ABD, eylemleri ve tehditleriyle "ben de varım" dercesine meydan okuyor. Çin ise, çıkacak yangınları bekliyor.

Büyük savaşın neredeyse Türkiye'den görünen kıvılcımları Suriye'nin üzerinde dolaşıyor, kısacası Ortadoğu ve dünyayı tehdit ediyor. Kısacası hiç ummadığımız bir zamanda, **tüm insan nesli yok olup gezegenimizi yeniden inşa etmek zorunda kalabiliriz.**

Uyarılar: "Artık Savaş İmkânsız Değil!"

Rusya'nın dış politikasını ve onun olası bir dünya savaşındaki rolüne dair düşünceler isterseniz, Moskova'daki herkes bunu konuşacağınız kişinin *Fyodor Lukyanov* olduğunu söyleyecektir. Lukyanov'un, Rus dış politikasının oluşumunda rol oynayan etkili bir lider olduğu çok geniş bir kitle tarafından kabul görmekte ve kendisi Rusya'nın dış politika konusunda yayımlanan en önemli dergilerinin birinin başında, aynı zamanda Rus Dışişleri Bakanı Sergei Lavrov'a yakınlığı ile de bilinmekte.

Lukyanov ile Moskova'da Dışişleri Bakanlığı'nın ve kendi ofisinin de bulunduğu caddenin köşesindeki Fransız ve İsrail yemekleri sunan küçük bir kafede buluştuk. Kendisi samimi, içten ve sakindi. Sohbet, savaş riski hakkında konuşmaya dönünce konuşmanın tonu da değişti. Lukyanov, şunu söyledi: **"Ortamdan hissedilen şey, III. Dünya Savaşı'nın artık imkânsız olmadığı. Birkaç yıl önce bu soru ve cevabı, kesinlikle imkânsız olabilirdi."**

Belirsiz ama mevcut olan bu gibi korkular,
Moskova'da her yerde.
Hatta Putin'e muhalif olan
liberal muhalif liderler bile,
Amerika'nın Rusya'nın güvenliğine olası bir tehdit
oluşturmasından korktuklarını dile getirmekteler.

Moskova'da istenmeyen ve potansiyel olarak katastrofik sonuçları olabilecek muhtemel bir savaşın endişeleri, huzursuz edici bir şekilde 2015 yılı Nisan ayında meydana çıkmıştı. O dönem Rusya, tüm silah fabrikalarını 24 saat kesintisiz üretim bandına soktu. Bunu sadece Rusya değil, tüm Batı Avrupa ülkeleri yaptı.

Doğu Avrupa boyunca Amerika ve Rusya'nın çoğalan askeri yapılanmalarına bakan Lukyanov da bir kaza veya provokasyon amaçlı ani bir saldırı neticesinde III. Dünya Savaşı'nın başlamasından söz ediyor. Lukyanov, Soğuk Savaş'ta, gerilimi yönetmek ve bu gerilimlerin kontrolden çıkmasını önlemek için her iki tarafın da risk almış, politik ve fiziksel altyapı kurulmuş (acil kırmızı telefon hattını hatırlayın) olduğunu söylüyor. Bu altyapının artık olmadığını da söylemek gerekiyor.

Lukyanov: **"Tüm bu mekanizmalar bozuldu ya da yıprandı. Bu altyapı göz ardı edildi, çünkü genel algı artık buna ihtiyaç olmadığı yönündeydi. Dünya, savaş riski görmediği için buna gerek olmadığını düşünüyordu, bir başka deyişle, bu riskin mümkün olmasını istemiyorlar. Pek çok Amerikalı için de bu şekildeki tahminler olanaksız ve hatta saçma. Ancak olası bir Dünya Savaşı'nın tehlikeleri, uyarılarla birlikte her hafta büyüyor."**

Uzun süredir Pentagon'da danışmanlık yapan
Harvard profesörü Graham Allison,
Rus analist Dimitri Simes ile beraber 2015 Mayıs'ta,
Natural Interest dergisine bir kapak yazısı yazdı.
O yazıda şöyle diyorlardı:
"100 yıl önce I. Dünya Savaşı diye bilinen
felaketi üreten olayların
ürkütücü akislerini bugün görebilirsiniz."

"Rusya ve Amerika: Savaşa Doğru" adlı makalelerinde ise; Amerika ve Rusya arasındaki büyük çaplı bir çatışmanın artarak III. Dünya Savaşı'na evrilmesinin mümkün olmaya doğru gittiğine dair uyarıda bulunuyorlar.

Washington olası bir dünya savaşı tehdidini uzak buluyor. Ancak Doğu Avrupa'da böyle değil. Baltık milletleri savaştan korkuyor ve şimdiden hazırlanmaya başladılar bile. İsveç de öyle. 2015 Mart ayında resmi bir İsveç güvenlik yetkilisi şunu ifade etti: **"Ülkemizde İsveç'e karşı askeri operasyonlar için**

hazırlık yapan Rus istihbaratını görüyoruz. Bu ajanların varlığını başka şekilde yorumlayamıyoruz."

2015 Mayıs'ta Finlandiya Savunma Bakanlığı 900.000 (nüfusun altıda biri) vatandaşına mektup yolladı ve onlara "kriz durumunda" zorunlu hizmete-askerlik çağrısına hazır olun, diye yazdı.

2015 Haziran'da Polonya, savaş olması ihtimaline dair bir generali Silahlı Kuvvetler Komutanı olarak atadı. Pek çok insan çatışmanın çıkma olasılığına bağlı olarak Avrupa'nın güvenliği konusunda çalışmak üzere görevlendirilmekte. Nisan sonunda, NATO ve diğer Batı devlet adamları, Rus sınırında NATO üyesi olan eski Sovyetler Birliği'nden Estonya'da bir araya geldiler ve Batılı analistlerin çoğu, buranın büyük bir savaş için başlangıç noktası olmasından endişe ettiklerini açıkladılar.

Konferansta, Müsteşar Yardımcısı General Alexander Vershbow, çok açık bir şekilde NATO'nun Rusların nükleer saldırı olasılığına (bunun olacağını, bu söylediğinin de gayri resmi olduğunu sürekli söyleyen, konferansa katılan gazeteci Ahmed Rashid'e de cevaben) karşı hazırlık çalışmalarını anlattı.

> Vershbow, NATO'nun ana hatlarıyla çizdiği senaryolardan bir tanesini şöyle açıklıyor: "Rusya, bir Avrupa şehrine ya da Batı'ya ait bir askeri birliğe taktiksel bir silahlı saldırı gerçekleştirmeyi seçebilir."

Birkaç hafta sonra *The Guardian* gazetesi; NATO'nun Rusya'nın nükleer savaş tehditlerine cevap olarak, Avrupa'daki nükleer tutumunu bir üst seviyeye çekmeyi planladıklarını düşündüğünü açıkladı. Daha çok nükleer silah kullanımının da içerdiği NATO'nun askeri tatbikat önerisi, Rusya'nın zaten sürekli yaptığı bir şeydi.

Büyük Kumar: Putin'ın Rusya'yı Yeniden Büyük ve Mühim Bir Devlet Haline Getirme Planı

Eğer uyarılar doğru çıkarsa, yani Rusya ve Batı arasında savaş çıkacaksa, o zaman bunu önleyecek ve çözüme gidecek kişi Rus Başkanı Vladimir Putin'dir. Fakat problem şu: Putin'in Rusya'sı zayıf. Amerika ile doğrudan ve saldırgan bir rekabete girecek durumu artık yok. Avrupa'yı da bölemez; aksine, Avrupa giderek anti-Rus ittifakı politikasına yön vermekte. Rusların görüşüne göre; ülkenin zayıflığını da kullanarak, Batı'nın bu düşmanca tavrının -Irak'ta ve Libya'da olduğu gibi- Rusya'yı yok etmeye yönelik olmasından korkulmakta.

Putin'in ülkenin iç problemlerinden daha çok bu konuya yönelmesi, seçimler sırasında halkın protestoları ve yolsuzluğa ait suçlamaları, onun politik meşruiyet algısını zayıflattı. 2014 yılındaki ekonomik çöküş, problemi daha da kötü hale getirdi; Putin'in Rus halkı ile yaptığı örtülü pazarlık, ekonomik büyümeyi gerçekleştirmesi ve onların da temel haklarda yapacağı değişiklik için Putin'e izin vermeleri yönündeydi. Fakat ekonomi alanındaki sözlerini tutmadığı için Putin'in halka vaat edebileceği fazla bir şey kalmamıştı. Putin'in yeni vaadi: Gerçek Rus gücünü tekrar canlandırmak ve bu süreç içinde, kendisini ulusun kahramanı olarak yabancı düşmanlara karşı yeniden ortaya koymak.

Rusya bugün,
dünya çapında devam eden krizlerde,
herhangi bir askeri ya da ekonomik güç kullanmadan,
ortaya çıkan karışıklık ve belirsizliği Batı'ya karşı
silah olarak kullanmakta.

Açık bir şekilde Doğu Avrupa'yı kontrol edemediğinden, Putin Ukrayna'daki ayrılıkçıları destekleyerek ve NATO'ya ait hava ve deniz sahasında tehlikeli askeri faaliyetler yaparak, Rusya'ya kaldıraç gücü sağlıyor. Putin, Doğu Avrupa'yı Batı'nın düşmanlığından sadece Rusya'nın koruyabileceği gibi bir "Rus gücü" algısını bölgede tekrar yaratarak, ülkesini bir kez daha "büyük güç" yapacağını düşünüyor. Putin, inandığı rutin diplomatik ve askeri olaylarla Rusya'nın kârlı çıkacağını ve Batı'nın da nihayetinde onun üstün iradesine karşı yenik düşeceğini düşünüyor.

Rusya'nın konvansiyonel zayıflığına dair problemi çözmek için, Putin çarpıcı bir biçimde nükleer silahları kullanmakla Batı'yı korkutacağını ve böylelikle de çatışmayı engelleyeceğini düşünmektedir. Halka yönelik konuşmalarında, tekrar tekrar, bu silahlara gönderme yapmakta ve onları kullanma istediğini dile getirmektedir. Şimdiye kadar hiçbir Rus liderinin benimsemediği Rusların resmi bir doktrinini yüceltmektedir. **Bu doktrin şudur; nükleer bir savaş kazanılabilir.**

Kendisini ulusal bir kahraman olarak lanse eden Putin, ülkesinde hiç olmadığı kadar popüler. Rusya bir kere daha Doğu Avrupa'nın üzerini gölgeliyor. Doğu Avrupa bu durumdan korkuyor ve kendilerini yalnız hissediyor. Haklılar da... Birçok Batı Avrupalı'ya yapılan bir ankette; Doğu Avrupa'ya yapılacak olası bir Rus istilasında kendi müttefiklerinizi savunur musunuz sorusuna cevap **"Hayır!"** gelmiştir.

Politik analizlere göre; **bugün Amerika'nın karşı karşıya kaldığı Rusya çok daha zorlayan ve tahmin edilemeyen bir ülkedir. Pek çok açıdan da Amerika'nın Soğuk Savaş'ın son kısmındaki halinden daha tehlikelidir.**

Amerika'nın en saygın uluslararası ilişkiler bilim insanı ve Harvard Üniversitesi Siyasal Bilgiler Fakültesi Dekanı Joseph Nye, Rusya'nın kendi zayıflığını maskelemeye yönelik bu agresifliğinin, I. Dünya Savaşı'nı hazırlayan unsurlarla paralellik taşıdığını bildirmektedir. Son yazdığı yazıda Nye: **"Rusya'nın çöküşü kaderi gibi gözüküyor ama Batı bunu kutlamamalı. 1914'teki Avusturya-Macar İmparatorluğu'nu düşünün... Riskten kaçınmaya çalışılırken, daha çok tehlike ortaya çıkmıştır."**

İmkânsız Nasıl Mümkün Hale Geldi?

Soğuk Savaş tehlikeli bir oyundu, fakat bu herkesin kurallar ve çıkarlar konusunda anlaşma sağladığı bir oyundu. Bugün bu şekilde değil.

Batı tarafı bunun, kuralların yeterince açık olduğu bir oyun oynamak olduğuna inanıyor. Çıkarlar nispeten mütevazı ve yarış kolaylıkla kazanılabilir. Buna rağmen Rus tarafı, savaş tanımının kendi değişse bile, kuralların uçuş sırasında tekrar yazılabileceği bir oyun olarak görüyor. Rusya, Batı'dan gelecek bir tehdidi an meselesi ve varoluşsal olarak ve çıkarları hayal edilemeyecek kadar yüksek olarak görüyor. Sanal olarak herhangi bir aksiyonu haklı çıkarmanın ya da kumar oynamanın, mağlubiyeti engelleyebileceğine ve belki de zafere öncülük edeceğine inanıyor. Ayrıca, daima paranoyak olan Kremlin, Batı'nın Ukrayna'da da aynı oyunu oynadığını düşünüyor. Moskova, Ukrayna hükümetine ve oradaki savaşın bir ateşkes ile sona ermesindeki arabuluculuk çabaları için sağlanan Batılı desteğin, Rusya'nın gerçekten düşman kukla devletler tarafından kuşatılması için bir komplo olduğuna ve Rusya'yı meşru etki alanından yoksun bırakmak istediklerine inanıyor.

Ukrayna'daki menfaatlerini savunmak için savaşa gidilebileceğine dair tekrarlanan Rus uyarıları, potansiyel olarak nükleer savaş uyarıları bile, birçok Batılı başkentler tarafından blöf olacak şekilde dikkate alınmadı. Batılı liderler bu tehditleri Batılı gözlerle seyrediyorlar. Öyle ki zayıflatılmış Ukrayna temel bir savaşı göze almaya değmez. Rus bakışına göre, Ukrayna daha önemli görünüyor: Ukrayna, kutsal ve imparatorluğun kalan son komponenti olarak Rus mirasının bir eklentisidir. Stratejik bir kayıp Rus gücünü ve böylece Rus güvenliğini de kabul edilemez derecede zayıflatır.

İki taraf da kumar oynuyor ve net bir anlayıştan yoksun olarak diğer tarafın ne diyette olduğunu, nasıl hareket edeceğini, neyin görünmez şeritleri ateşleyip kendilerini savaşa sürükleyip sürüklemeyeceğini tahmin etmeye çalışıyor.

Soğuk Savaş sırasında, benzer şekilde eşleşen Batılı ve Sovyet blokları savaş için hazırlandı fakat aynı zamanda savaşın hiç gelmeyeceğinden emin oldular. Avrupa'yı gerginlik içerisinde fakat istikrarlı güç dengesinde kilitlediler. Bu denge bozuldu. Net kırmızı çizgiler çektiler ve her ne pahasına olursa olsun kendilerini savunacaklarına ant içtiler. Bugün, bu kırmızı çizgiler belirsiz ve tam tanımlanmamış. Hiçbir taraf nerede durduğundan emin değil ya da çizgiyi geçerlerse ne olacağından emin değil. Kimse net olarak savaşı neyin tetikleyeceğini söyleyemiyor.

İşte günümüzdeki gerilimin Birinci Dünya Savaşı öncesindeki periyotla çok benzer gerilimleri taşıdığının nedenidir: İstikrarsız bir güç dengesi, çevresel çatışmalar üzerinden savaş durumu, dolaşık askeri taahhütler, Avrupa düzeni üzerindeki çekişmeler ve hangi aksiyonların diğer tarafı çatışma içine sokacağı konusundaki tehlikeli belirsizlik.

Günümüz Rusya'sı, bir kere daha Avrupa'daki en güçlü ülke, fakat aynı zamanda tüm düşmanlarından daha zayıf bir toplum.

Yeni yüzyılın başlangıcındaki Alman İmparatorluğu'nu akla getiriyor. Henry Kissinger *"Avrupa için çok büyük, fakat dünya için çok küçük"* olarak tanımlıyordu. Şimdi de o zamanlardaki gibi ulusalcılıkla cilalanmış parlayan bir güç, Avrupa düzenini revize etmek için arayış içerisinde. Bugün yine o zamanlardaki gibi, olağanüstü kurnazlıkla kendisine daha geniş bir rol biçebilir. Bir dünya savaşına doğru sürüklenme, tıpkı o zamanlardaki gibi, kolaylıkla ıskalanabilir ve göz ardı edilebilir. İşte tehlikenin asıl kendisi de tam olarak bu göz ardı etme durumu. Fakat günümüzdeki tehlikelerin I. Dünya Savaşı öncesinden çok, Soğuk Savaş dönemine daha çok benzeyen bir yanı var: Nükleer silahların geleceğe tehdidi.

Müşterek şüphe, varoluşsal bir tehdit korkusu,
bir sınırdan diğerine konuşlanmış ordular
ve en ufak bir çatışmayı kıyamete dönüştürebilecek,
kolaylıkla ateşlenebilen nükleer silahlar...

Konvansiyonel askeri güçlerinin göreceli zayıflığını telafi etmeyi uman Rusya, nükleer silah kullanmak için kurallarını çarpıcı bir biçimde gevşetti. Halbuki, Sovyet liderler kendi nükleer silahlarını tamamen caydırıcı olarak görürlerdi. Putin'in bakış açısı radikal olarak farklı görünüyor.

Rusya'nın resmi nükleer doktrini, savaş alanına nükleer bir saldırının, konvansiyonel bir savaşın varoluşsal bir tehdit oluşturması durumunda yapılacağını bildirir. Bunlar kelimelerden daha fazlasıdır: Moskova sınırlı savaşta bile nükleer silah kullanmaktan yana, ki bu isteğinin ve hazırlıklarının işaretini tekrar tekrar verdi. Rusya'nın bu tutumu, nükleer silah kullanımı için korkutucu şekilde düşük bir bariyerdir, özellikle Rusya sınırlarında meydana gelmesi muhtemel herhangi bir savaşı düşünürsek, böylesi bir ihtimal Moskova'dan çok uzak olmayacaktır.

Putin'in, Soğuk Savaş liderlerinin imkânsız olarak değerlendirdiği bir fikri benimsediğini görüyoruz: **Savaş alanına bırakılan küçük savaş başlıklarının kullanıldığı "sınırlı" bir nükleer savaş, sadece hayatta kalmayı sağlamaz ayrıca kazandırır.**

Bruce G. Blair, Princeton'dan bir nükleer silah uzmanı, *Wall Street* gazetesine Putin'in kararlarının 1962'den şimdiye kadarki Sovyet liderlerinden daha tehlikeli olduğunu söyledi. **"Bugün, Soğuk Savaş sırasında mevcut olandan çok daha düşük bir nükleer savaş eşiği bulunmakta."**

Nükleer teori karmaşık ve tartışmaya açıktır; belki de Putin haklıdır. Fakat birçok teorisyen onun hatalı olduğunu söylüyor. Şöyle ki; **"sınırlı"** bir nükleer kullanımı anlamına gelen küçük nükleer savaş, aslında daha geniş bir nükleer savaşı tetikleyebilir. (Amerikan, Rus ve Avrupa şehirlerinin, Hiroşima ve Nagazaki'ye atılan bombalardan daha güçlü bombalarla birçok kez saldırıldığı bir kıyamet günü senaryosu.)

Nükleer savaş bir şekilde sınırlı ve kontrollü kalsa bile, son çalışmalar çevresel ve atmosferik hasarın **"on yıllık bir kışa"** neden olacağını, mahsul alanlarının yok olacağını ve 1 milyara yakın insanın küresel kıtlıktan dolayı öleceğini öngörmektedir.

Peki, böylesi bir savaş nasıl gerçekleşir?

› *Baltık Senaryosu*

Estonya çoğu Amerikalı'nın hiç duymadığı 1,3 milyonluk bir toplumdur. Amerika, burayı korumak için eğer gerekirse Rusya ile savaşa girmeyi **taahhüt etti.**

Estonya; Letonya ve Litvanya ile birlikte Baltık eyaletleri olarak bilinir. Bu eyaletler Doğu Avrupa'nın Rusya sınırındaki en uzak köşesidir. Eskiden Sovyetler Birliği'nin parçalarıydılar. **Ve birçok Batılı analistlerin korktuğu gibi onlar da III. Dünya Savaşı'nın başlamasından korkuyorlar.**

Carleton Üniversitesi'nden uluslararası ilişkiler profesörü Stephen Saideman'a göre bu küçük ülkeler "gelecekteki herhangi bir krizin en olası cepheleridir". Makalesinde Baltık ülkelerini "NATO birliğinin zayıf noktası" olarak değerlendiriyor.

Estonya nüfusunun tam dörtte biri etnik olarak Ruslardan oluşmaktadır. Rus sınırında kümelenmişlerdir. Ukrayna dışında Baltık ülkelerinin tamamı NATO üyesidir. NATO anlaşmalarına göre bir üyeye yapılan bir saldırı tamamına yapılmış bir saldırıdır. Yani Estonya'nın Ruslar tarafından işgal edilmesi yasal olarak Amerika ve Avrupa'nın çoğunu Moskova'ya savaş ilan etmek zorunda bırakır.

Eski ABD Başkanı Obama Estonya'da 2015 Eylül ayındaki konuşmasında, **"Estonya için burada olacağız. Letonya için burada olacağız. Litvanya için burada olacağız. Bağımsızlığınızı daha önce bir kez kaybettiniz. NATO ile birlikte artık asla kaybetmeyeceksiniz"** şeklinde söz verdi.

Obama'nın hitabından 48 saatten daha kısa bir süre sonra, Rus ajanları Estonya-Rusya sınır kapısını biber gazı ile kapladı, karşı tarafa hücum etti ve karşı casusluk konusunda uzmanlaşmış Eston Kovher adlı Estonyalı bir devlet güvenlik memurunu kaçırdı.

Bu, bir nevi jeopolitik bir oltaydı: Estonya üzerindeki Rus hâkimiyetini ileri sürmek için yeterince agresifti, fakat savaş başlatacak Batılı bir geri saldırının tetiklenmesini sağlayacak kadar agresif değildi. Bu olay, Putin'in bu eski Sovyet bölgelerine burnunu sokmak için hak iddia etme belirtilerinden birisiydi. Rus ordusu zaten Baltık eyaletlerine baskı yapmaya başlamıştı bile. Rus savaş gemileri 2014'te Litvanya sularında 40 kez saptandı. Baltık üzerindeki Rus uçuşları, sıklıkla uydu alıcı-vericilerini değiştiren böylece tespit edilmesi zorlaşan ve kaza riskini düşüren uçaklarla, artık rutin haline geldi. Bölgedeki askeri hareketlilik **Soğuk Savaş yıllarındaki seviyeye** ulaştı. Baltık Denizi'nde Batı ve Rus donanmaları defalarca karşı karşıya geldi. Fakat henüz düğmeye basan olmadı. Örneğin, Türkiye tarafından Suriye'de düşürülen Rus savaş uçağı bu ateşleme mekanizmasını çalıştırabilirdi. Çok şükür ki öyle olmadı, fakat Türkiye ve Rusya karada Suriye, Libya, Karabağ cephelerinde sıcak çatışmalarda karşı karşıya geliyor. Unutulmasın, Türkiye NATO'nun en büyük ikinci askeri gücü olarak resmi kayıtlarda yer alıyor.

Rusya'nın Baltık üzerinde herhangi bir düzeneği olmasa bile, blöf ve agresif tutumu, istenmeyen savaş şartlarını halihazırda oluşturmuş durumda. Örneğin geçtiğimiz yıllarda bir Rus savaş jeti Baltık Denizi'ni geçti ve sadece **20 fit** yakınından geçerek bir Amerikan askeri uçağına yaklaştı. Bu yakın zamanlardaki birkaç tehlikeli yaklaşmadan bir tanesiydi. Düşünce kuruluşu *Avrupa Liderlik Enstitüsü'ne* göre bu, **"yüksek olasılıkla kayıplara ya da Rusya ve Batılı devletler arasında direkt bir askeri karşılaşmaya neden olabilirdi"**.

Aynı dönemde Rusya, nükleer kabiliyetli stratejik bombardıman uçaklarını NATO hava sahasında uçuruyordu. Sıklıkla, bir kaza ya da yanlış anlaşılma olduğunun altını çizecek şekilde, uçakların uydu alıcı-vericilerini kapalı tutarak uçuruyordu. Bombardıman uçakları (iriyarı ve hantal, onlarca yıllık Tupolev Tu-95 modelleri) motor yangınları gibi durumlarla **kazaya yatkın hale gelmiş** durumdalar. Eğer bir Tu-95, diyelim ki, Norveç açıklarında beklenmedik bir şekilde düşerse ne olur? Böylesi vukuatlar yanlış anlaşılmalara öncülük edebilir ve böylesi yanlış anlaşılmalar da savaşa öncülük edebilir.

NATO görevlileri Estonya'nın başkenti Tallinn'deki güvenlik konferansında bir araya geldiklerinde, tehlikenin ciddiyeti hata kaldırmaz seviyeye ulaştı. Ahmed Rashid'in[1] konferans notlarına göre:

Baltık eyalet başkanları ve NATO görevlileri, Doğu Avrupa'daki güvenlik mimarisinin çökme kapsamını tanımlamada, Rusya'nın II. Dünya Savaşı'ndan beri barış için nasıl en ağır tehdidi oluşturduğu ve Ukrayna'daki karmaşanın ve Kırım'ı kaybetmenin Baltık eyaletlerini gittikçe artan bir düşmanca beraberliğin ileri hattında bıraktığı konusunda, alışılmışın dışında körelmiş bir haldeydi. Bu gerilimlerin arasında, savaşa neden olabilecek bir uçak kazası düşüncesi, korkutucu şekilde akla yatkın görünüyor.

Böylesi bir vukuatın bir savaşı hortlatabileceği sadece Batılı görevlilerin korkusu değil. Hükümete yakın olarak bilinen önde gelen Rus analistlerinden Fyodor Lukyanov, Rusya'yı caydırmak anlamına gelen Baltık eyaletlerindeki NATO askeri tatbikatlarının, probleme ayrıca katkı sağladığından endişeleniyor.

Lukador, **"Barut fıçısının patlayabilmesi için birçok ihtimal olduğunu görmek kolay"** diyor ve ekliyor: **"Kimsenin böyle bir niyeti olmadığı halde büyük bir çatışma gerçekleşebilir. Zaman içinde atılan adımlar ve karşılıklı davranışlar çok tehlikeli hale gelebilir. Diyelim ki bir Rus savaş uçağı NATO'nun yasaklı olduğuna inandığı fakat Rusya'nın yasaklı olmadığına inandığı bir alana çok fazla yaklaşıyor ve sonra İngiliz savaş uçakları karşılık veriyor. Bu belki yönetilebilir ve çoğu durumda tabii ki yönetilebilir bir durumdur, fakat bir gün öyle olmayabilir. Kim bilebilir ki?"**

1 Gazeteci ve dış politika yazarı.

› *NATO'yu Parçalamak İçin Komplo Kurulacak*

Bir Rus politik analisti ve Kremlin eleştirmeni olan Andrei Piontkovsky, ortaya attığı teoride, Putin'in Baltık planlarının herkesin fark ettiğinin ötesinde çok daha karmaşık ve iyi hesaplanmış olduğunu söyledi. Batılı analistlerin ve politika üreticilerinin, Baltıklarda başlayan Rus provokasyonlarından beri çözmeye çalıştıkları bir soruyu Piontkovsky cevaplamaya çalışıyordu: **Putin ne istiyor?**

Rusya ile ortak uzun bir geçmişleri olan Ukrayna'dan farklı olarak, diğer Baltık ülkelerine müdahaleyi Rus halkı çok fazla istemiyor. Az bir miktar stratejik değerleri var o kadar. Peki Rusya neden böyle bir şeye giriyor?

Piontkovsky'nin yazdığına göre, Putin Baltık ülkelerinde bir çatışma yaratmayı umut ediyor. Böylelikle Avrupalı liderleri imkânsız bir hamle yapmaya zorlayacak: Baltık ülkelerini savunmak ve karşı saldırıya geçmek üzere NATO yükümlülüğünü yerine getirmek. Bu, pek çok Avrupalı'nın umurunda bile olmadığı ya da hiçbir şey yapmayacağı küçük bir Sovyet Cumhuriyeti yüzünden III. Dünya Savaşı çıkması anlamına gelse bile.

Piontkovsky, hiçbir şey yapmamanın Baltıkların da çok ötesinde genişleyeceğini söyleyerek NATO'nun karşılıklı savunma koşulunun bir yalan olduğunu ortaya çıkarmış olacak, dolayısıyla da askeri ittifakı feshedecek, Batılı liderler önderliğindeki çeyrek yüzyıllık Avrupa güvenlik birleşmesini sona erdirecek. Böylelikle de Doğu Avrupa'yı bir kez daha Rus hâkimiyetine açık hale getirmiş olacak. Putin bu sayede Sovyet liderlerinin asla yakınına bile gelemedikleri bir şeyi başaracak: **NATO'ya son verecek.**

Piontkovsky Putin şöyle diyor:

"Bu onun en çok beğenilen hedefi. Çok baştan çıkarıcı. Herhangi bir aşamada geri adım atabilir. Ama NATO'yu yok etme-

nin cazibesi çok büyük. Risk büyük değil mi? Evet. Ama ödül muhteşem. NATO'yu mahvetmek, 5. Madde'nin işe yaramadığını ispatlamak için Estonya ve Letonya Cumhuriyetleri en iyi noktalar. Şu an, her gün hava sahasına izinsiz girişler, psikolojik baskı ve televizyonda propaganda ile bu gerçekleşiyor."

Kırım'da ortaya çıkmalarından sonra Putin'in **"küçük yeşil adamlar"** olarak bahsettiği bu milis kuvvetler, belki de yerel gönüllüler ya da aşırı sağcı çete gibi giyinecekler. Bu kişilere, tıpkı doğu Ukrayna'da olduğu gibi, kanunu kendi uygulamaya çalışan çete üyeleri de katılabilir. Bir Rus propaganda dalgası kesinlikle onlara yardımcı olacaktır. Bu da dışarıdakilerin, gizli Rus askerleri ile sivil gönüllüleri birbirinden ayırt etmelerini, kimin nerede savaştığını ve kimin neyi başlattığını anlamalarını zorlaştıracaktır.

Bu tarz bir müdahale NATO'yu imkânsız bir seçime sürükleyecektir: Aslında gizli Rus askerleri olabileceklerini bile bile bunlar Putin'in SIR ORDUSU olarak adlandırılan WAGNAR paralı askerleri... Burada Avrupa'nın yapması gereken seçim çok zor. Soru şu: Bir grup "kabadayı" için 1945'ten sonraki ilk büyük Avrupa savaşı riskini göze alıyor musun? Bunları da sadece Estonya'nın Narva şehrindeki gizli Rus askerlerini def etmek için yapacaksın.

Piontkovsky'ye göre, Putin bu cevabın "hayır" olacağına dair bir kumar oynuyor. Ona göre, NATO müdahale etmeyecek. Böylelikle de, Doğu Avrupa üye devletlerini savunmak üzere verdiği kararı yok saymış olacak.

Piontkovsky'nin bu senaryosu eskiden çok uçuk kabul ediliyordu ama şu anda Batılı güvenlik uzmanları ve politika üreticiler tarafından oldukça makul görülüyor. Bir NATO üyesi olan Danimarka'nın Askeri İstihbarat Servisi, resmi bir yazı yayımlayarak şu uyarılarda bulundu:

"Rusya, Baltık ülkelerinde askeri tehdit yaratarak NATO'nun bağlılığını test etmeye çalışabilir. Örneğin, bu ülkelerin sınırlarına yakın yerlerde tehditkâr bir askeri yığılma ve aynı anda da politik baskılarda artış, istikrarı bozma ve olası sızmalar olabilir. Rusya, bir gözdağı kampanyası başlatabilir. Bu kampanya da Rusya'nın Birleşmiş Milletler ve NATO'yla zıtlaştığı başka bir uluslararası krizle bağlantılı olabilir."

Siyaset bilimci Saideman bir Avrupa güvenlik konferansı esnasında şu açıklamalarda bulundu:

"Putin'in NATO'yu yok etmek istemesi çok endişe verici. Bunu yapmanın en iyi yolu da Baltıklara izinsiz girmek olur. Eğer Almanya ve Fransa Baltık ülkelerindeki ihlale tepki vermezse ve bu sadece bir Amerikan operasyonu olursa, o zaman bu NATO'nun yıkılmasına sebep olacaktır. Teori bu. Bu en çok endişe duyulan şey."

› *Hibrit Savaş Belirsizliği Yaratılacak*

Ukraynalı bir asker, Rus yanlısı ayrılıkçı asiler ile cephede nöbet tutuyor.

2015'in başlarında, anketörler NATO'ya üye ülkelerin vatandaşlarına, Washington ve Moskova'dan analistler ve politika üreticilerinin de yüz yüze oldukları soruyu sordu: **"Eğer Rusya, bizim NATO müttefiklerimizden biri olan, komşu olduğu ülkelerden biriyle ciddi bir askeri anlaşmazlığa girerse, sizce ülkemiz o ülkeyi savunmak adına askeri bir kuvvet kullanmalı mı kullanmamalı mı?"**

Batı Avrupa'dan gelen cevaplar endişe vericiydi: Almanların yüzde 38'i **"evet"** derken, yüzde 58'i **"hayır"** dedi. Alman seçmenlere kalsa en azından bir dereceye kadar NATO bir çatışma anında Baltıkları Rusya'ya teslim edecektir.

Bu kamuoyu yoklaması göründüğünden de kötü. Rusya'nın Baltıklar üzerine aleni askeri saldırı başlatacağını varsayıyor. Olacaklar aslında daha da korkunç ve kuvvetle muhtemel Avrupa'nın tereddüdünü daha da artıracaktır. Rusya'nın yeni geliştirilen postmodern **"hibrit savaş"** kavramlarını kullandığı Ukrayna oyunu, savaşmak ve savaşmamak arasındaki ayrımı bulanıklaştırmak ve de halk tabanının huzursuzluğu veya Rus askeri saldırılarındaki yasadışı siber saldırıları ayırt etmeyi olabildiğince zorlaştırmak için dizayn edilmişti.

2014 Mart ayında, Rusya Kırım'ı topraklarına kattıktan kısa süre sonra, Putin orada yaptığı konuşmada, Rusları Rusya dışında bile koruyacağına yemin etti. Pek çok kişi de bunun Baltıklardaki Rus azınlıklar için söylendiğini düşündü. Daha sonra ekim ayında, Putin **"Neo-Nazizm manifestolarının"** Letonya ve diğer Baltık ülkelerinde sık söylenen şeyler olmaya başladığı konusunda uyarıda bulundu. Kendisi ve Rusya devlet basınının önceden de yaptığı gibi yine, Ukrayna'daki Rus konuşmacıları silahlanmaları konusunda kışkırttı. Pek çok Rus kaynak, Letonya'nın etnik Rusları, Nazi tarzı gettolara zorla yerleştirmeyi planladığına dair sahte rapor yayımladı. **Bu da Ukrayna'daki korku tellallığı yapan benzer Rus propagandasının bir yansımasıydı.**

Ülkenin savunma bakanlığındaki eski üst düzey görevlilerden biri olan Martin Hurt, ülkesinin etnik Rus azınlığının ***"Kremlin'in yanlış bilgilendirmesine açık"*** olabileceği konusunda uyarıda bulundu. **"Moskova, 'Baltık ülkelerinde askeri kuvvet kullanabilmek için bir bahane olarak' huzursuzluk yaratabilir"** dedi.

2007'nin başlarında, Estonya Parlamentosu, kültürel bir sembol haline gelen ve ülkedeki etnik Rusların her yıl toplanma noktası haline gelen Sovyet dönemine ait bir askeri heykelin –

Bronz Asker– yerini değiştirmek üzere oylama yaptı. Buna tepki olarak Rus politikacılar ve devlet medyası Estonya hükümetini, etnik Ruslara karşı faşizm ve Nazi tarzı ayrımcılıkla suçladılar. Sahte raporlar yayımladılar ve etnik Rusların işkenceye maruz kalıp öldürüldüklerini yazdılar. Protestolar çıktı, isyanlara ve toplu yağmacılığa dönüştü. Şiddet olaylarında 1 kişi öldü, sonraki gün ise bilgisayar korsanları ülkenin büyük kurumlarını çevrimdışı yaptı.

Rusya aslında bunu yeniden yapıyor. Sadece bu sefer olayı, Ukrayna benzeri bir çatışmaya yönelik yavaş yavaş tırmandırıyor. NATO böyle bir krizle uğraşmak üzere yapılanmadı. NATO'nun karşılıklı savunma yemini, savaşın siyah-beyaz olma varsayımına dayanır. Yani ülke ya savaştadır ya da değildir. Anlaşma, savaşların günümüzden çok daha farklı olduğu bir geçmiş zamana ait. Günümüz savaşlarında ise grinin farklı tonları mevcut.

Rusya bu eksiklikten faydalanabilir. Bunu da, pek çok savaş taraftarı NATO üyesinin savaş sebebi sayacağı, ama savaş karşıtı Batı Avrupa ülkelerinin olaya böyle bakmayacağı düşük seviyelerde şiddet uygulayarak yapabilir. NATO'ya üye ülkeler arasındaki anlaşmazlık garanti olacaktır, çünkü Rusya savaş konusunda sınırı aştığında nerede müdahale edecekleri konusunda tereddüt edeceklerdir.

Bu arada Batı Avrupa üzerinde gerçekten etki bırakan Rus devlet medyası, meseleyi karıştırmak için bir propaganda fırtınası başlatacak, çıkan olaylardan Moskova'yı suçlu bulmak zorlaşacak, Amerika'nın savaş çağrıları da şüpheyle karşılanacaktır.

Avrupa'nın savaşa gidip gitmemesi konusunda sonucu belirleyici oy olduğu genel olarak kabul edilen Almanya karar verecektir ve böylesi bir savaşa bilhassa direnç gösterecektir. II. Dünya Savaşı'nın mirası, barışseverlik ve anlaşma ideolojisi

Rusya ile savaş ilanı fikrini bile olanaksız kılmaktadır. Alman liderler, en azından ertelemek ve görüşmeler yapmak konusunda yoğun politik baskı altına gireceklerdir.

Böyle bir senaryoda, maalesef NATO'ya üye Avrupalı devletlerin Rusya'nın savaş konusunda kırmızı çizgiyi geçip geçmediği ile ilgili anlaşmazlığa düşeceğini hayal etmek zor değildir. Karmaşa ve şüphe sisleri altında, Rusya-Ukrayna benzeri bir karmaşa, Baltıklarda da kaçınılmaz son olana kadar adım adım meseleyi tırmandıracaktır. Ta ki kendisi NATO'nun kırmızı hattının çok ötesine ilerleyene kadar. Bu da kırmızı hattın kendisinin anlamsızlığını ortaya koyacaktır. Ama hepsinden öte en büyük tehlike, Putin'in planının tökezlemesi. Aldatarak, Batı'nın Baltıkları savunma kararlılığını küçük görerek ya da kontrolünü aşan bir şekilde tırmanışa geçen bir krizi başlatarak tam bir savaşa neden olması de çok kolay.

Saideman, bugünün Avrupası ile I. Dünya Savaşı öncesi 1914 Avrupa'sını karşılaştırmaya devam ederek, **"Böyle bir yanlış anlama durumu mümkün. Savaşlar böyle başlar. Savaşları en çok düşünülür yapan şey, diğer insanların bunu mümkün görmediği zamanlardır"** demiştir.

6. Bölüm

III. Dünya Savaşı'nın Tarafları

"Sonuçta, düşmanı ve kendinizi iyi biliyorsanız, yüzlerce savaşa bile girseniz sonuçtan emin olabilirsiniz. Kendinizi bilip, düşmanı bilmiyorsanız, kazanacağınız her zafere karşın yenilgiyle de tanışabilirsiniz. Ne kendinizi ne de düşmanı biliyorsanız, sizin için gireceğiniz her savaşta yenilgi kaçınılmazdır."

– Sun Tzu

III. Dünya Savaşı'nın tarafları çoktan belli. Olası bir dünya savaşının İslam ülkeleri, Hıristiyan Batı ile Yahudi Siyonizm arasında olacağı varsayılmaktadır. Bu, son bin yıldır değişmeyen savaş terminolojisinin belkemiğini oluşturan stratejidir. İki tarafı da istedikleri gibi kontrol edip, yazdıkları senaryoyu hayata geçirecekler. Yıllardır bunun için çalışıyorlar ve son zamanlarda faaliyetlerine iyice hız verdiler.

Peki, olası bir III. Dünya Savaşı'nda her iki tarafa da nasıl hâkim olacaklar? Siyonist tarafı anladık da, İslam ülkelerine de onlar mı hâkim olacak? Cevap: Evet. Gelin nasıl hâkim olacaklarını anlayalım.

Aslında çok basit. BAE Hava Kuvvetleri, İsrail ile *İbrahim* anlaşması yaptı. Suudi, BAE ve Mısır, Doğu Akdeniz projeksiyonu içerisinde Yunanistan ile ittifak halinde. AB ve ARAP Birliği tarafından Mısır merkezli yapılan toplantının sonucunda ittifak sağlandı. **Bugün Türkiye olarak, koskocaman değerli yalnızlığımızı paylaşacak kimsemiz yok.**

Şimdi III. Dünya Savaşı'nda bu yukarıdaki ülkeler bir takım oluşturacak demiyorum, o dağılım nasıl olur bilemem. Fakat kesin olan bir şey var ki olası bir savaşta bu ülkeler önemli rol oynayacak, bu nedenle kukla hükümetlerce yönetiliyor birçoğu.

Talabani'yi kimlerin Irak'ın başına getirdiği aşikâr. Suudi Arabistan'ın zaten petrol fiyatlarıyla oynayıp 79 yılındaki gibi bir kriz yaratmadığı sürece muhabbette ismi bile geçmez. Petrolleri olduğu sürece ve ABD ile yürüttüğü bu omurgasız ilişkisini koruduğu sürece hanedanı kimse değiştiremez.

Belli başlı Arap ülkelerindeki isyanlara ve devrimlere gelince... **"Demokrasi kitlelerin afyonudur."** Diktatörlük, bazen demokrasiden daha adaletli olabilir. Demokrasinin kimlerin işine geldiğini, kimler tarafından kullanıldığını öğrenmek ister misiniz? İşte dört aşamalı demokrasi planı:

1. Petrol sahibi Arap ülkelerine, derdi tasası bitmeyen diktatörler yerine daha uysal kuklalar atanmalı.

2. Sivil toplum kuruluşlarıyla bu ülkelerin halklarını içeriden, gizlice örgütle. Gerekirse büyük paralar yağdır oralara, meyvesini sonra toplayacaksın nasılsa.

3. Halk devirsin bu liderleri, sen de NATO veya BM ile gerekli müdahaleleri yap, demokrasi getir bu topraklara. İnsanlar da devrim yaptık diye sevinsinler.

4. Devrilen diktatörlerin yerine, "seçimle" kendi adamlarını yerleştir. Ülkenin sahibi ol. En temiz devrim demokrasi.

Amerika'nın ne Irak'a ne de Afganistan'a girmesi tesadüftü. Bu ülkelerin hepsi, UNOCAL'ın yürüttüğü petrol boru hattının geçiş güzergâhındadır. Gürcistan da bu güzergâhta. Hatırlatmakta fayda var; dünya petrol rezervlerinin yüzde 57'si Arap ülkelerinde.

Buradaki önemli nokta: Son zamanlarda petrolün 21. yüzyıl için önemini kaybedeceği açıklandı. Yerine daha önemli olan toryum ve bor geliyor. Dolayısıyla Anadolu yine tarihi savaşlara sahne olabilir.

Nerede petrolü olan bir Arap ülkesi, orada ya ABD ya NATO. İkisinin de bir farkı yok. ABD tek başına, dünyadaki petrolün yüzde 26'sını tüketiyor. Üstelik ABD'nin nüfusu toplam dünya nüfusunun sadece yüzde 4,5'i civarında. İşte buna kapitalizm diyoruz, onlarca insan, sadece bir insan için sömürülür, savaşlar görür ve hayatını kaybeder. **Dünya nüfusunun çok büyük çoğunluğu, çok çok az bir kısmının cebini doldurur.**

Türkiye'ye geçmeden önce İran'a ve bazı yönlerden çok benzettiğim Çin'e bakalım biraz. İran bölgede nükleer silahları ile ciddi bir güç haline geldi ve İran'ı böyle güçlendirenler ile Çin'i şaha kaldıranlar aynı kişiler.

Nasıl ki zamanında kapitalizme ciddi bir rakip gerektiği için kendi elleriyle komünizmi yarattılarsa, aynı şekilde bu bölgede kendilerine ciddi bir "antitez" lazımdı. İşte bunun adı da İran ve Çin oldu. Son 10 senedir duyduğumuz şu cümle neyi gösteriyor acaba: "Çin yakında süper güç olacak."

Tam ne oldu da birden bu Çin böyle palazlandı derken Covid-19 salgını ile Çin'in çöküşünü izlemeye başladık. Çin var olmak için savaşmak zorunda. "Süper güç" iddiasını yürütebilmek ve ispat edebilmesi için savaşması gerekiyor.

2002 yılında ortaya çıkan SARS denilen hastalık, Çin'in biyolojik silahıydı. Çin'deki arsa fiyatlarını düşürmek için, deneme amaçlı kullanıldı. Ertesi sene 2003 yılında, bekledikleri kriz gerçekleşince, Batılı şirketler akın akın yerleştiler bu arsalara ve fabrikalar, tesisler kurdular. Buna ek olarak UNOCAL boru hattı Pakistan'a ulaştı, vanalarını açtı. İşte size taş gibi ekonomisi olan komünist bir devlet: Çin.

Neyse, gelelim Batı'nın kendi elleriyle oluşturduğu bir diğer düşmanlarına. İran'ın nükleer enerji tarihçesine göz atalım.

1950: ABD'nin öncülüğünde, Batılı hükümetlerin de desteğiyle "BARIŞ için atom" kampanyası adı altında İran Nükleer Programı ülkeye getirildi ve başlatıldı. Amaç sevgili İran kalkınsın, gelişsin, çünkü bilirsiniz ABD çok hayırseverdir (!).

1979: Şah aşırı zengin, halk aşırı fakirdir. Beklenen olur ve İslam devrimi gerçekleşir. İran ile ABD bir anda can düşmanı olur. Bu tarihten sonra ABD ve Batılı hükümetler der ki: "İran bu nükleer programa nükleer enerji değil, nükleer silah üretmek için başladı. Biz buna karşıyız."

Bu programı başlatan ABD! Yıllarca destekleyen ABD! Şimdi ise İran ve ABD düşman. Sizce de tuhaf değil mi? Hadi onu da geçtim, savaşların ve gerginliklerin bir an eksik olmadığı Ortadoğu'da bir ülkeye nükleer enerji getireceksin, sonra da diyeceksin ki: "Aaa nükleer silah üretiyorlar, ama biz enerji üretin demiştik."

Uranyumu olan bir ülkenin nükleer silah yapmaması için ancak Türkiye olması gerekir. Mesela **Türkiye'nin devasa bor rezervi var, ama milletin roket yakıtı yaptığı madenden biz gidip Borcam yaptık.** Bize özgü bir durum bu. İran'a verirsen nükleeri, adamlar elbette silahını yapar.

III. Dünya Savaşı'nın Kendine Has Özellikleri

Silah teknolojisi savaşların gerçekleşme biçimini doğrudan belirlemektedir. I. Dünya Savaşı aslen top ve tüfekle yürütülen, çatışmaların siperlerde yoğunlaştığı cephe savaşları olarak gerçekleşmişti. Savaş gemileri asker çıkarmada ve gemiye monte edilmiş toplarla ateş etmede işe yarıyordu. Hafif silahlar taşıyabilen az sayıdaki uçak daha ziyade keşif amaçlı kullanılıyordu. Açlık, kıtlık ve salgın hastalık gibi savaşın dolaylı olarak sebebiyet verdiği ölümleri bir kenara bırakacak olursak, I. Dünya Savaşı'nda ölenlerin çoğu siper savaşlarında, meydan muharebelerinde, cephelerde hayatını kaybedenlerden oluşuyordu.

II. Dünya Savaşı'nın gerçekleşme biçimini tayin eden, tank, uçak ve denizaltı teknolojisiydi. Uçakların bombardımanlarla desteklediği Alman tankları savaşın başlamasından bir yıl sonra hemen hemen tüm Avrupa'yı işgal etmiş durumdaydı. II. Dünya Savaşı'nı takip eden yıllarda başta ABD ve SSCB olmak üzere büyük devletler nükleer silahlar geliştirdiler. Bir anda bir şehri tümüyle yok edebilen atom bombalarından yüzlerce kat daha güçlü nükleer füzeler üretildi. "Soğuk Savaş" döneminde rakip kutuplar arasında kurulan dengeye bu yüzden "dehşet dengesi" deniliyordu.

Nükleer silahlarla donanmış ülkelerin birbirleriyle açık bir savaşa girişmesi nükleer bir savaş tehlikesini barındırır, fakat nükleer savaş sermaye sınıfı açısından da tercih edilebilir bir seçenek değildir. Küçük çaptaki bir nükleer silah kullanımının sonuçları, kapitalistler açısından bile korkunçtur.

Nükleer bombayla yok edilen bir bölgede
ne işgücü kalır ne de yatırım ve pazar alanı.
Radyoaktif kalıntı, nükleer silah kullanılan

bölgeye girilmesine onlarca yıl engel olur
ve doğal kaynakların bile kullanılmasını engeller.

Küresel güçler arasında gerçekleşebilecek olası bir nükleer savaş ise gezegen üzerindeki canlı yaşamı yok etme potansiyeline sahiptir. Bu yüzden emperyalist devletler, 1945'ten bu yana nükleer silahları birbirlerine karşı doğrudan kullanmadılar ve birbirlerine açıkça savaş ilan ederek topyekûn savaşa girişmekten kaçındılar. Nükleer silah denemeleriyle ellerindeki gücü dünyaya ilan etmek suretiyle, nükleer silahlarını tehdit aracı olarak kullandılar. **Ancak bu durum, yani nükleer savaşın emperyalistler açısından "son seçenek" olması, nükleer savaşın asla gerçekleşmeyeceğinin garantisi değildir.**

Kısacası, nükleer bir savaşın emperyalistler açısından, ortada paylaşılabilir bir dünya bile bırakmayacak olması, emperyalist rakiplerin birbirlerine açıktan savaş ilan etmesini şimdiye değin engellemiştir. Lakin rakip emperyalist güçler arasında hegemonya mücadeleleri ve paylaşım kavgaları devam etmektedir. Uzun bir zaman dilimine yayılan III. Dünya Savaşı'nın daha uzun yıllar süreceğini öngörmek için kâhin olmaya gerek yok.

III. Dünya Savaşı süreci, farklı ülkelerde
parça parça yürüyen ve birbirine eklemlenen
bir dizi savaş ve çatışmanın, askeri operasyonların,
emperyalist merkezlerde patlayan bombaların,
darbelerin, siyasi suikastların vb. toplamıdır.

Bu toplam içerisinde öne çıkan, ilk akla gelen örnekleri alt alta sıraladığımızda III. Dünya Savaşı tablosu daha net gözükmektedir:

- Yugoslavya ve Ukrayna örneklerinde olduğu gibi, emperyalist müdahalelerle etnik temelde bölünüp parçalanan ülkeler.
- Emperyalist güçlerin çeşitli ülkelere "renkli devrimler" görünümündeki müdahaleleri.
- Afganistan, Irak ve Libya'da olduğu gibi işgal ve askeri operasyonlarla emperyalist çıkarlara uygun rejimler kurma çabaları.
- Libya gibi farklı emperyalist güçlerin ekseninde hareket eden yerel güçlerin fiilen böldüğü ülkelerde devam eden içsavaşlar.
- Mısır'da gerçekleşen son askeri darbeyle rejimin restore edilmesi. (Rakip emperyalist odaklar bu sürece değişik biçimlerde etkide bulundu.)
- Yemen'e Suudi eksenli Körfez ülkelerinin askeri müdahalesi. (İran-Suudi Arabistan çekişmesi Yemen'de mezhep çatışması görünümü altında yürüyen bir içsavaşa ve Suudi eksenli körfez ülkeleri koalisyonunun emperyalist müdahalesine yol açtı.)
- Emperyalist merkezlerin kontrolünde imal edilen, ardından "kontrolden çıktığı" ileri sürülen, ne zaman hangi etki ve yönlendirme altında kime hizmet edeceği belli olmayan El-Kaide türü cihatçı örgütlerin eylemleri.
- Türkiye, Suudi Arabistan gibi bölgesel güçlerin ya da bazı Arap sermaye çevrelerinin küçüklü büyüklü onlarca cihatçı çeteyi kendi vurucu güçleri olarak kullanması.
- 14 ülkenin askeri operasyon yürüttüğü, emperyalist savaşın en şiddetli yaşandığı Suriye sahası.
- İran'ın Lübnan ve Suriye'de Hizbullah aracılığıyla çatışmalara dahil olması.
- Emperyalistler açısından bir bölgeyi istikrarsızlaştırmak, yereldeki güçleri kontrol altına almak/terbiye etmek, emperyalist askeri müdahalelere zemin hazırlamak gibi işlevsel

roller oynayan IŞİD ve Kafkaslar'dan Nijerya'ya kadar uzanan türevlerinin barbarca katliamları.

- 11 Eylül'den bu yana New York'tan Madrid'e, İstanbul'dan Paris'e kadar onlarca kentte patlamaların gerçekleşmesi, sivil yolcu uçaklarının düşürülmesi.
- Türkiye'nin Suriye sınırında düşürdüğü Rus savaş uçağı ve ardından yaşanan gerilim ve yaptırımlar.
- Türkiye'den Fransa'ya kadar hemen hemen tüm ülkelerde gittikçe otoriterleşen, militaristleşen, demokrasiyi rafa kaldıran savaş hükümetleri.
- On milyonlarca siyasi mültecinin dramı ve mülteciler üzerinden gerçekleşen şantajlar ve pazarlıklar.

Olağanüstü yoğunluktaki ülke ve dünya gündeminin en önemli başlıklarına bakıldığında, aslında hepsinin bir biçimde III. Dünya Savaşı süreciyle ilişkili olduğu görülmektedir. Kıbrıs sorunu, Filistin sorunu gibi geçmişten günümüze taşınan sorunlar da emperyalist savaş sürecine eklemlenerek, küresel ve bölgesel emperyalist güçlerin çekişmelerinin parçası haline gelmektedir. İşte tam da bu yüzden, tüm bu çatışma dinamikleri, III. Dünya Savaşı genel tablosu içerisine yerleştirilmeksizin sağlıklı biçimde analiz edilememektedir.

III. Dünya Savaşı olgusu doğru kavranmadığında, Paris saldırılarını emperyalist savaşın bir parçası olarak görememek hatta "özgürlük ve demokrasiye saldırı" olarak değerlendiren burjuva propagandalarına prim vermek mümkün hale gelmektedir.

Diğer III. Dünya Savaşı Teorileri

II. Dünya Savaşı, I. Dünya Savaşı'nın devamıydı. Peki II. Dünya Savaşı'nın da devamı olacak mı? II. Dünya Savaşı'nın başlamasından birkaç yıl önce ünlü işadamlarına bir savaşın çıkıp çıkmayacağı sorulduğunda şöyle cevap veriyorlardı: Liderler o kadar aptal değiller.

İçlerinden çok azı, birkaç yıl sonra bir savaş çıkacağını, on milyonlarca insanın öleceğini, o zamana kadar hiç kullanılmayan dehşet verici bir silahın, atom bombasının atılacağını tahmin edebildi. Askerler kadar siviller de ölmüş, bazı ülkeler yok olmuş, dünyanın dengesi altüst olmuştu.

I. Dünya Savaşı'yla imparatorluklar yok olmuştu, II. Dünya Savaşı ise faşizme büyük bir darbe vurdu. Yaklaşık 45 yıl sonra sosyalistler de dünya siyaset sahnesinden çekilecekti. Sosyalist sistem hiç beklenmedik bir zamanda çöktü. Kapitalistlerin hiç beklemediği bir zamanda kapitalizmin de çökeceğini göreceğiz. Aslında dünyanın hiç bu kadar karışık ve belirsiz olmadığını kabul etmemiz gerek.

III. Dünya Savaşı'na ait bahsetmediğimiz diğer olası senaryolar şu şekildedir:

1. ABD, İngiltere-Rusya, AB

Amerika, Ortadoğu'da iyice despotlaşır. Irak'ı kontrol ettiği gibi, İran ve Suriye'yi de ele geçirir. İngiltere her zamanki gibi Amerika'nın yanındadır. Ortadoğu'da petrol gücünü ele geçiren ABD ve İngiltere, Avrupa'yı önemsemeyerek geliri kendi aralarında paylaşırlar. Bir yandan da İslam ülkelerine saldırılarını sürdürürler. Kanada ve Avustralya da ABD'nin yanındadır. Avrupa ülkeleri Amerika'nın önlenemez yükselişini bir şekilde durdurmak gerektiğini düşünmektedir. Mao'nun 3. Dünya Teorisi'ni ilke edinen Çin, savaştan uzak durmaktadır. Çıkarları ABD'yle çatışan Rusya, Fransa ve Almanya'ya yaklaşır. Kurulan 3'lü ittifaka bazı Avrupa ülkeleri de destek verir. İki cephe Ortadoğu'da mücadeleye başlarlar. Savaş uzun sürer. Nükleer silahlar kullanılmaz, füzeler büyük önem kazanır. İki cephenin ülkelerinin de ekonomisi çöker. Savaşın belli bir kazananı olmaz. Çin ve Avustralya dünyanın yeni "süper güçleri" olurlar.

2. Çin, Rusya-ABD, AB

Birbirine gittikçe yaklaşan Çin ve Rusya her alanda işbirliğine giderler. Ortadoğu'da yenilgiye uğrayan ABD, ekonomik yönden Çin tarafından geçilmiştir ve Avrupa'yla yakınlaşmaya başlamıştır. Çin, Rusya'nın askeri desteğine güvenerek Asya ülkelerine saldırmaya başlar. ABD ültimatom verir, fakat ciddiye alınmaz. Bunu savaş nedeni sayar ve AB ülkelerinin desteğiyle Çin Hindi'ne saldırır. Savaş yaklaşık 4 yıl sürer. Savaş Çin'e yakın olan bölgede geçtiği için Çin büyük zarar görür. Son gücüyle ABD'yi destekleyen Japonya'yı bombalayarak, Japon ekonomisini çökertir. Savaşın galipleri Asya'da hâkimiyetini genişleten Rusya ve AB ülkeleri olur. Savaşta en aktif olan ABD ve Çin ise büyük zarara uğrar.

3. ABD, İngiltere, Japonya-Rusya, Çin, AB

Ortadoğu'da kaybeden ABD, bu sefer başka alanlara müdahale etmek istemektedir. Ekonomisinin ayakta kalması buna bağlıdır. Bu sırada dünyada anti-Amerikanizm büyük prim yapmaktadır. Fransa, Almanya ve birkaç Avrupa ülkesi Şanghay Paktı'yla işbirliği yaparlar. Avrupa Birliği dağılır. Arap ülkeleri de bu ittifaka destek verir. Güçlerini birleştirip hepsi Amerika'ya saldırır. İngiltere kısa sürede saf dışı edilir, Japonya da savaşın başında yenilgiyi kabul eder. Muhtemelen Amerika topraklarına atom bombası atılır. Amerika yenilgiyi kabul eder, bir daha da toparlanamaz. 100 milyondan fazla insan ölür. Ölenlerin çoğu sivildir.

Kraliçe'nin III. Dünya Savaşı Konuşması Hazırdı

İngiltere'de 1983 yılına ait resmi belgeler kamuoyuna açıklandığında ve Kraliçe 2. Elizabeth'in, "bir nükleer savaş çıkarılması çılgınlığı" halinde, İngiliz halkını dua etmeye, birlik içinde metin olmaya çağıran konuşmasının hazırlandığı ortaya çıkmıştı.

30 yıldan sonra resmi belgelerin açılması kuralı uyarınca açığa çıkan ve Kraliçe'nin radyo ve televizyondan yapması öngörülen farazi konuşmada, "bu cesur ülkeye yönelik tehdidin tarihte görülmediği kadar büyük olduğunu" söyleyecekti.

1983 yılında, Thatcher hükümeti tarafından hazırlanan ve aslında hiçbir zaman kaydedilmemiş olan konuşmasında, Kraliçe, 1939'da, II. Dünya Savaşı'nın başlangıcında, kız kardeşiyle birlikte oyun odasındaki radyodan, babası VI. George'un konuşmasını dinlerken hissettiği keder ve gururu asla unutmadığını anlatacak, "Bir an için bile, böylesine kederli ve korkunç bir görevi yerine getirmek zorunda kalacağımı hiç düşünmemiştim" diyecekti.

Kraliçe, bir nükleer savaş çıkması olasılığında yayınlanması tasarlanan konuşmasına şöyle devam edecekti: "Bizi bekleyen dehşet ne olursa olsun, bu keder verici yüzyılda, iki kez özgürlüğümüzü korumamıza yardımcı olan niteliklerimiz, bir defa daha bize kuvvet verecektir." 2. Elizabeth, 1983 konuşmasında, o dönemde asker olan oğlu Prens Andrew'a da değinecek; oğluyla birlikte, ülke içinde ve dışındaki tüm askerlerin selameti için sürekli dua ettiklerini anlatacaktı.

Söz konusu konuşma, 1983'ün ilkbaharında, birçok olası senaryoyu içeren savaş oyunları tatbikatının bir parçası olarak hazırlanmıştı. Söz konusu savaş oyunları tatbikatı, dönemin ABD Başkanı Ronald Reagan'ın Sovyetler Birliği'ni "şer imparatorluğu" olarak kınaması, uzayda "Yıldız Savaşları" adı altında bir balistik füze kalkanı oluşturması planları ve İngiltere dahil Avrupa topraklarına Amerikan nükleer füzeleri yerleştirmesi, Moskova'da büyük bir öfke ve alarm havası yaratmıştı.

Sovyetler Birliği'nin, kendi hava sahasına giren Güney Kore'ye ait bir yolcu uçağını düşürmesi ve bu olayda 269 kişinin ölmesi, uluslararası gerilimi büsbütün artırmıştı. O sırada düzenlenen *Able Archer* adlı NATO tatbikatı, bunun gerçek bir saldırı olduğuna inanan Sovyet yönetimiyle Batı bloku arasında neredeyse gerçek bir çatışma ortamı yaratmıştı.

Neyse ki Kraliçe, kendisi için hazırlanan bu konuşmayı o dönem yapmak zorunda kalmadı.

7. Bölüm

III. Dünya Savaşı'na Dair Kehanetler

"Kargaşa düzenden doğar, korku cesaretten doğar, zayıflık güçten doğar."

– Sun Tzu

2022 Siyonistlerin Sonu!

Yahudi inancına göre Yehova tarafından İsrailoğulları'na vaat edilmiş bölge, Musa'nın Filistin'e girene kadar dolaşmış olduğu topraklardır. Tekvin kitabının 15. Bab'ında şöyle geçer:

"O günde Rab, Abraham'la ahdedip dedi: Mısır Irmağı'ndan büyük ırmağa, Fırat Irmağı'na kadar bu diyarı, Kenileri ve Kenizzileri ve Kadmonileri ve Hittileri ve Perizzileri ve Refaları ve Amorileri ve Kenanlıları ve Girgaşileri ve Yebusileri senin zürriyetine verdim."

Bu tanıma göre ise Fırat Nehri'nden Nil Nehri'ne kadar olan geniş bölge İsrailoğulları'na vaat edilmiştir. Fırat'ın doğusu-batısını şimdi daha iyi anlamışsınızdır.

TEKVİN kitabının 17. Bab'ında aynı olgular ve sınırlar tekrar yinelenir:

"İşte, ahdim seninledir ve birçok milletlerin babası olacaksın. Ve artık adın Abram olarak çağırılmayacak, adın İbrahim ola-

cak; çünkü seni birçok milletlerin babası ettim. Ve seni ziyadesiyle semereli kılacağım ve seni milletler yapacağım ve senden krallar çıkacaklar. Ve sana ve senden sonra zürriyetine, Allah olmak için seninle ve senden sonra zürriyetinle benim aramda ahdimi, nesillerince ebedi ahit olarak sabit kılacağım. Ve senin gurbet diyarını, bütün KENAN diyarını, sana ve senden sonra zürriyetine ebedi mülk olarak vereceğim ve onların Allah'ı olacağım."

Siyonistlerin değiştirdiği Tevrat, aynen bu söylemleri içeriyor. Kuran'da geçen ayetlerde ise Tevrat'ın Tanrı katından indirildiğini, ama tahrifat yapıldığını teyit eder.

MAİDE/44. ayet: *"Biz indirdik Tevrat'ı, biz. İyiye ve güzele kılavuz var onda, ışık var. Allah'a teslim olmuş peygamberler, Yahudilere onunla hakemlik yaparlardı. Kendini Rabb'e adayanlarla ilim ve hikmette derinleşmiş olanlar da Allah'ın Kitabı'ndan korumakla görevli olduklarıyla hükmederlerdi. Zaten onlar Allah'ın Kitabı'na tanıklardı. Artık insanlardan korkmayın, benden korkun da ayetlerimi basit bir ücret karşılığı satmayın. Allah'ın indirdiği ile hükmetmeyenler, kâfirlerin ta kendileridir."*

BAKARA/79. ayet: *"Artık o kimselerin vay haline ki, kendi elleriyle kitap yazarlar da sonra biraz para almak için: 'Bu Allah tarafındandır' derler. Artık vay o ellerinin yazdıkları yüzünden onlara! Vay o kazandıkları vebal yüzünden onlara!"*

Bu ayetlerde çıkar karşılığı Tevrat'ın değiştirildiği açıkça anlatılmıştır. Vaat Edilmiş Topraklar Kuran'da yer almaz, ancak Hz. İbrahim ve Lut'un "bereketli kılınmış" bir diyara ulaştırıldıkları anlatılmaktadır.[1]

1 Enbiya /71. ayet.

İsrail devleti kurulması, yüzyıllardır bir hayal olmaktan öteye geçememişti. Sonunda bir İtalyan Yahudisi olan ve Londra'da büyük bir servet elde eden Musos Haim Montefiore, Yahudi devleti fikrine kapılarak 1824 yılında Filistin'e göç etti. Ancak o yıllarda Filistin'de 8000 civarında Yahudi nüfusu vardı.

Bu kadar az kişiyle bir devlet kurulamayacağını anlayınca 1837 yılında tekrar Londra'ya döndü. Londra'ya döndükten sonra yazdığı bir kitapla, Filistin topraklarının ne kadar bereketli olduğunu anlattı ve Yahudileri, Filistin'e gitmeye teşvik etti. Tam bu sırada İngiliz hükümeti de çıkardığı bir bildiri ile Filistin'deki konsolosluklarına, Yahudileri himaye etme emri verdi.

Olay, İngiltere ile sınırlı kalmayıp kısa zamanda Fransa, Almanya ve Rusya ile devam etti ve birçok "Siyonist" derneği kuruldu ve bir Yahudi devleti kurulacağı fikri her yerde aşılandı. Siyonist lobiler hızla büyüdü, ancak dünya savaşları yüzünden amaca ulaşılamadı.

Sonunda 1948 yılında amaçlarına ulaştılar. Bugün Kürt koridoru denenmesinin amacı Kürdistan gibi gösterilse de asıl amaç Büyük İsrail Devleti'nin kurulması ve vaat edilen topraklarda tekrar "Kenan Ülkesi"nin oluşumudur.

BOP haritası ve Vaat Edilen Topraklar haritası birbirine çok yakındır. Peki, bahsedildiği gibi 2022'de çıkacak bir dünya savaşı sonrası bugünkü İsrail yok olacak mı?

1948 yılında kurulan İsrail'in ömrünün İbrani takvimiyle 76, miladi takvimle ise 74 yıl olduğu belirtilir. Bu keşif Tevrat'a da dayandırılıyor. Bilindiği gibi, İbrani takvimi de şemsi değil kameridir, yani bizdeki hicri takvim gibi.

Hicri takvimden yol alırsak İsrail'in kuruluşu 14 Mayıs 1948, 5 Recep 1367'ye denk düşer. Bu tarihin üzerine 76 yıl koyduğumuz zaman 5 Recep 1443 tarihine geliriz. **Bu da miladi takvimde 6 Şubat 2022 tarihine denk düşer. Yani yok oluşun/bitişin tarihi!**

Buradaki 1443 yılının başka bir ilginç anlamı Kuran'da karşımıza çıkar. Kuran'da, İsra Suresi'nin (yani İsrail) ayetlerinin kelime sayısı 1443'tür. İsra Suresi'ni baştan aşağıya okuyun isterseniz. Ama bana göre önemli mesaj içeren birkaç ayeti şu şekildedir:

İSRA 2: "Musa'ya da kitap verdik ve beni bırakıp başkasını vekil edinmeyiniz diye onu İsrailoğulları için bir hidayet rehberi kıldık."

İSRA 3: "Ey Nuh'la beraber gemiye taşıyarak kurtardığımız kimselerin soyundan olanlar! Doğrusu o çok şükredici bir kuldu."

İSRA 4: "Biz İsrailoğulları'na Tevrat'ta şu hükmü verdik: 'Muhakkak siz, yeryüzünde iki defa fesat çıkaracaksınız ve muhakkak büyük bir yükselişle yükseleceksiniz.' "

İSRA 5: "Birincisinin zamanı gelince, üzerinize güçlü kuvvetli kullarımızı gönderdik. Onlar, evlerin aralarına girip araştırdılar. Bu yerine getirilmesi gereken bir vaat idi."

İSRA 6: "Sonra sizi tekrar o istilacılar üzerine galip kıldık ve size mallarla, oğullarla yardım ettik. Ve toplum olarak sizin sayınızı artırdık."

İSRA 7: "Eğer iyilik ederseniz, kendinize iyilik etmiş olursunuz ve eğer kötülük ederseniz yine kendinizedir. Artık diğer fesadınızın zamanı gelince, yüzlerinizi üzüntüye sokmaları, kötülük yapmaları ve ilk kez girdikleri gibi yine Beyt-i Makdis'e girmeleri, ele geçirdikleri yerleri mahvetmeleri için onları tekrar göndereceğiz."

İsrail ilk fesat çıkardığında MÖ 586 yılında Nebukadnezar önderliğindeki Babil İmparatorluğu'na yenik düşünce yok edildi. Babiller'in bölgeyi fethiyle Kudüs Tapınağı yıkıldı ve Yahudiler bölgeden sürüldü. Babil'in daha sonra Persler tarafından fethedilmesinin ardından bunların en azından bir kısmı Ezra ve Nehemya peygamberlerin önderliğinde anavatanına dönmüştür. 1948'de kurulan bugünkü İsrail ise aynen ayette belirtildiği gibi, yükseldikçe yükseldi. İsrail zaman içinde dünyayı yönetmeye başladı.

7. ayette Kudüs için söylenen,
"Ele geçirdiğiniz yerleri mahvetmeleri için
onları tekrar göndereceğiz" cümlesi,
bir zamanlar Babil'in bulunduğu Anadolu
ve Mezopotamya topraklarında bugün yaşayan
Türk/Türkmenler için
söylenmiş olabilir mi dersiniz?

2019 ve sonrasında beklenen kozmik ve nükleer savaş sonrası dünyada, kehanetlerde/mitolojide geçen Yeni Altın Çağ'ı başlatacak olan belki de birçok kaynakta geçtiği gibi Türkler olacaktır.

Bu savaştan güçlü/umudunu yitirmeyenler galip çıkacak, zayıf/umutsuz olanlar ise Lut Kavmi ile yok olup gidecektir. Altın Çağ Türk mitolojisinde ve halk inancında ve toplumsal felsefede mükemmel dünya ideali olarak görülür. Değişik Türk dillerinde Altınçak veya Altanşak olarak da söylenir.

Moğolcada Altangalav veya Altangalab olarak bilinir. İnsanların mutluluk, zenginlik ve huzur içinde özgür ve kavgasız yaşadığı geçmiş bir dönemi anlatır. Kimileri ise bunu geleceğe yönelik bir ütopya haline getirerek, insanların üst düzey bir bilince ulaştığı, bir zaman döngüsü olarak düşünür.

Sizi bilemem ama ben de dünyada Altın Çağ'ı başlatacak olan toplumun Türkler olacağına inananlardanım. (Türklerden kastım bugünkü Arap devşirmeleri ve Lut kavmi üyeleri değil.) Bu teoriye inancımı pekiştiren olay ise Mustafa Kemal Atatürk. Aksi halde, Türklerin geçmişini araştıran Atam neden diplomat Tahsin Mayatepek'i Maya Uygarlığı'nı araştırmak için Meksika'ya göndersin?

Ben inanıyorum! Mu'nun çocukları o dönem yaşattıkları Altın Çağ'ı, dünyaya bir kez daha yaşatacaklar.

Büyük İsrail Devleti, III. Dünya Savaşı ile Kurulacak

Ruhçu öğretinin her yoldan insanları etkisi altına aldığını söylemiştik. İncil ve daha eski kutsal kitapları değiştiren; evrimi, reenkarnasyonu ve komünizmi binlerce yıldır insanlara aşılayan bu oluşum, aynı zamanda II. Dünya Savaşı'nı da çıkartmıştı.

Maddi nimetleri ve dünyayı kötü gösteren, insanları sefilliğe ve ıstıraba yönlendiren spiritüalizm, bilindiği üzere III. Dünya Savaşı'nı çıkartmak için geceli gündüzlü çalışıyor. Tasavvuf, kabala, New Age akımı, masonluk, ezoterik tüm örgüt ve oluşumlar; Kudüs merkezli tek dil, tek para biriminin geçerli olduğu, tek bir dünya devletini kurmaya hizmet ediyorlar. Yahudileri dünyanın efendisi haline getirmek amacındalar. Dikkat ederseniz Kudüs merkezli diyoruz! Hatırlayın, bundan iki yıl önce Kudüs, ABD eliyle bütün itirazlara rağmen İsrail'in başkenti ilan edildi.

Daha doğrusu işin içindeki, hatta tepedeki Yahudiler hedefin bu olduğunu sanıyorlar. İşin aslı ise Yahudilerin bile kıyıma uğrayacağı bir nükleer savaşı hedefliyorlar. Değiştirilmiş Tevrat ile kendilerine vaat edilmiş toprakları gerekirse katliamlar yoluyla ele geçirme yetkisinin verildiğine inanan Yahudiler, bu uğurda İsrail'i kurdular. **Ülkemizin bir kısım topraklarını da içeren haritaya kavuşuncaya kadar hiç durmadan her şeyi yapacaklar.**

Spiritualist-ezoterik örgütler de güçleriyle onlara hizmet ediyor görünüyorlar. Hatta dediğimiz gibi, Kudüs merkezli, Yahudilerin elinde tek bir dünya devleti kurmayı hedefliyorlar. Ulus devletleri, dinleri ve bireyselliği ortadan kaldırıp, tek bir potada eriterek kolayca emellerine ulaşacaklarını düşünüyorlar. Fakat dünya üzerindeki Kadim Devletler buna müsaade etmiyor. Covid-19 salgınıyla bu ekibin hemen hemen tamamı çökertildi. Diğer yandan evrim ve ruhlar âlemi inançlarını insanlara aşılayarak insanların kendilerine zulmetmelerini sağlıyorlar. Tabii bu arada insanların içdünyasındaki tüm dengeleri altüst edip istedikleri kıvama getiriyorlar.

Bir de işin Hıristiyan-Evanjelist boyutu var. Bush, Trump gibi milyonlarca Evanjelist, Yahudilerin kendilerine vaat edilen toprakları ele geçirmesini istiyorlar. Çünkü Evanjelistlere göre İncil ve Tevrat'taki kehanetler şunu söylüyor:

1. Bu yüzyılda Yahudiler kendilerine vaat edilen topraklara kavuşacaklar.

2. Bu noktadan sonra Yahudiler ile düşmanları arasında büyük bir savaş çıkacak.

3. Yahudiler yenilgiye uğrayacak ve bunun üzerine İsa yeryüzüne gelecek.

Yani ABD'nin İsrail'i güçlendirip diğer ülkelere saldırtmasının, İsraillilerin hedefledikleri topraklara sınırlarını genişletmesine yardımcı olmalarının temelinde **kıyameti getirmek** arzusu yatıyor. Kısacası Evanjelist Hıristiyanlar aslında bekledikleri Mesih gelebilsin diye Yahudilerin uzun vadede mahvolmalarını istiyorlar. Bekledikleri bu Mesih'in, kendilerini yani Evanjelistleri gökyüzüne alarak kurtuluşa ulaştıracağını zannediyorlar.

Tüm bunların gerçekleşebilmesi için de öncelikle İsrail'in kurulması gerekiyordu ve kuruldu. Şimdi de kıyamet savaşı aşamasına geçilebilmek için sınırlarının vaat edilmiş toprakları kapayacak şekilde genişletilmesi gerekiyor. Tüm Avrupa ülkeleri avuçlarının içlerinde, tek düşmeyen kale ülkemiz. Bu yüzden bir yandan doğrudan ABD ve İsrail'in dış politikaları ile yıpratılırken, bir yandan da CIA ve MOSSAD, ülkemizdeki ezoterik örgütlerle birlikte faaliyetleriyle bizi içten istedikleri şekle-kıvama getirmeye çalışıyor.

> Büyük İsrail'in kurulabilmesi için en büyük engel olarak gördükleri Türkiye'yi parçalamaya çalışıyorlar.

Büyük Ortadoğu Projesi ve Irak'ın işgali de aslında Evanjelistlerin ve Yahudilerin bu hedefine hizmet ediyor. İlginçtir ama eş başkanlığını ise İslamcılık iddiasındaki Cumhurbaşkanı Erdoğan yapıyor. Israrla AKP iktidarını ayakta tutan Batı, adım adım bu yolda mevzi kazanırken Türkiye'deki millet kitlesi ise uyumaya ve uyutulmaya devam ediyor.

Ülkemizdeki Hıristiyan misyonerlerin faaliyetleri de bu yöndedir. Kürtleri ve Ermenileri bile ülkemizi zayıflatmak için maşa olarak kullanıyorlar. Ateizm, New Age öğretileri-spiritualizm, kabala ve hatta tasavvufu yaygınlaştırarak, Kuran'daki gerçek İslam'a Müslümanların erişmesini engelliyorlar.

Kısacası müttefik bildiğimiz ABD ve İsrail, hakkımızda en ürkütücü planları hazırlayanlar durumundalar. Sadece ülkemiz adına değil, aynı zamanda tüm Ortadoğu ve hatta tüm Dünya adına uyanışa geçme ve bu çılgın amaçları engelleme vakti geldi. Biz buna onların deyimiyle KIYAMET demiyoruz, "Kıyam Et" diyoruz, yani **ayağa kalk ve uyan**! Yoksa çok karanlık günler tüm insanlığı bekliyor.

Türkler olarak çok bilinçli ve güçlü olmak zorundayız. Vücuda getirilmeye çalışılan Armageddon'u engelleyebilecek olan kilit ülke biz gözüküyoruz. Bu yüzden tüm planlar bizim üzerimize yapılıyor, sinsi çalışmalarla gücümüz kırılmaya çalışılıyor.

Ünlü Kâhinlerin III. Dünya Savaşı Tahminleri

Alois Irlmaier

III. Dünya Savaşı ile ilgili kehanetine gelince, savaşın Ortadoğu'da başlayacağını söylüyordu: "Her şey barışı çağırıyor. Şalom! (Shalom: İbranice barış ve esenlik demek.) Sonra her şey ortaya çıkar ve açık olur, Ortadoğu'da aniden yeni bir savaş alevlenir, büyük deniz güçleri Akdeniz'de düşmanlarla karşı karşıya kalır! Durum oldukça gergindir! Fakat asıl kıvılcım Balkanlar'da ateşlenir."

"Üçüncü büyük savaş üç yüksek rütbeli insanın öldürüldüğü zaman gelir. Wirthaus'ta Bavyeralılar oyun kâğıtlarına daldığı zaman yabancı askerler pencere ve kapılardan içeri bakarlar. Tümüyle siyah bir insan kütlesi doğudan gelecek. Her şey hızlı bir şekilde gerçekleşecek."

"Savaş Çek veya Slovakya ya da Yugoslavya'da önemli bir politikacının öldürülmesinin ardından başlayacak. Bunu doğudan bir istila izleyecek."

Alois Irlamier'in bahsettiği ***Yeni Ortadoğu savaşı, İsrail'de kurulan yeni Filistin devleti arazisinde petrol bulunması ile başlayabilir.*** Aşamalı olarak birçok ülke bu işe karışabilir. ***Tan-***

siyonun yükselmesi üzerine ABD ve Rusya donanmalarını Akdeniz'e yığabilir. Bu da savaşa yol açabilir. Balkanlardaki bir liderin suikastla öldürülmesi üzerine gerçek savaş başlar.

"Herkes barış diyecek. Şalom! Sonra yeni Ortadoğu savaşı patlak verecek. Büyük deniz donanmaları Akdeniz'de düşmanca yüz yüze gelecek."

"Durum gerginleşecek. Fakat gerçek işaret fişeği Balkanlarda ateşlenecek. Kocaman birisinin düştüğünü görüyorum. Kanlı bir hançer onun yanında yerde duruyor. Sonra darbe üzerine darbe..."

"İki adam ölü ve üçüncüsü yüksek rütbeli. Bedeli başkaları tarafından ödenir. Katillerden birisi küçük siyah bir adam. Diğer açık kahverengi saçlı, biraz daha uzun biri. Sanıyorum Balkanlarda olacak, ama tam olarak söyleyemeyeceğim."

"Üçüncü cinayetin ardından gece boyunca başlar. Gayet açık şekilde üç rakam görüyorum. İki tane sekiz ve bir dokuz. Fakat manasını bilmiyorum ve zamanı tespit edemeyeceğim. Savaş gün doğumunda başlar. O hızlı bir şekilde gelir. Çiftçiler birahanede oturmuş oyun oynuyorken yabancı askerler pencere ve kapılara bakıyor. Gayet siyah bir ordu doğudan geliyor. Fakat her şey çok hızlı bir şekilde meydana gelir. Bir üç rakamı görüyorum ama üç gün mü yoksa üç hafta mı bilemiyorum."

"Savaş sırasında büyük karanlıklar gelir. 72 saat sürer. Savaş sırasında gün içinde karanlık olur. Sonra dolu gibi etki eden şimşek ve gök gürültüsü içinde yeryüzünü sallayan bir deprem baş gösterir. Lütfen bu esnada sakın evden dışarıya çıkmayın. Işıklar söner, mum ışığı hariç, elektrik akımı durur. Kim tozu teneffüs ederse kramp geçirip ölür. Pencereleri açmayın. Onu tamamen siyah kâğıt ile kaplayın. Dışarıda toz sebebiyle ölüm kol gezer. İnsanların çoğu ölür. 72 saat sonra her şey sona erer. Fakat yine de evden dışarı çıkmayın. Pencereden dışarı bakmayın. Sadece dua edin. Gece boyunca iki dünya savaşından ölen insanlardan daha

fazla insan ölecek. 72 saat boyunca pencere açmayın. Hayvanlar devrilir. Otlar sararır ve kurur. İnsanlar gayet sarı ve siyah olacaklar. Rüzgâr ölüm bulutlarını doğuya doğru sürer."

Rusya'daki değişim savaşın dengelenmesine giden yolu hazırlayacak. Rusya'nın Avrupa cephelerinde ağır bir kayba uğraması Rusya'da bir içsavaşı başlatmış görünmektedir. Bu bağlamda gelecek dörtlük bununla ilgili olabilir. Her ne kadar onun zamanına dair ve oluş yeri hakkında bir gösterge olmasa da...

Baba Vanga

Bulgarların yüreğine bu korkuyu salan kişi Baba Vanga'dır. Vanga'nın (Vanga Nine) son kehaneti: "2010 yılında aralarında Hindistan'ın da bulunduğu 4 Asya ülkesinin liderlerine suikast düzenlenecek. Bu suikastlar büyük yankı uyandıracak ve III. Dünya Savaşı'nın çıkmasına neden olacak. Kasım ayında başlayacak olan III. Dünya Savaşı 2014 yılına kadar devam edecek" demişti.

Bu tarih 2023 sonrasına gelen 2024 tarihi ile örtüşmektedir.

Baba Vanga'nın gelecek ile ilgili kayıtlara geçmiş bazı kehanetleri ise şöyle: "Radyoaktif dalgaların yoğunlaşması nedeniyle hayvan ve bitkiler yok olma noktasına gelecek. Müslüman ülkeler kimyasal silahlar kullanacak. 2043'te Müslüman bir devlet Avrupa'ya hükmedecek."

Nostradamus

Nostradamus'un kehanetlerine göre, III. Dünya Savaşı 2076'da, dördüncüsü ise 2106'da çıkacak. 1000 yıl huzur olacak. Nostradamus'un kehanetlerindeki şifreyi inceleyen uzmanlara göre Dördüncü Dünya Savaşı sonrasında bin yıllık barış çağı yaşanacak. Dünya yok olmayacak. İddia şöyle devam ediyor:

Hayat 3797 yılında sona erecek. Nostradamus'a göre sadece insanlık bitecek, dünya hiç yok olmayacak. Nostradamus'un dünyanın sonu ile ilgili gördüğü iki tarih vardı. 2012 ve 3797.

Kâhinin bu iki rakamı niye verdiğini iki ünlü şifre çözücü şöyle yorumluyor: Nostradamus, dünya ile kehanetlerini 2012 yılına kadar görüyor. Ancak yüzeysel kehanetler ise 3797'ye kadar devam ediyor. Bazıları, detaylı olarak kaleme aldığı 2012 tarihini "kıyamet" olarak yorumlarken Amerikalı Tad Mann, "Nostradamus, *Yüzyıllar*'ın (kehanetlerini topladığı kitabın adı) girişinde 3797 yılından bahsetmektedir. Ancak kehanetlerini 2000'li yıllarla sınırlandırır. Böylece kehanetlerini 2000'li yıllarla sınırlamış olur" diyor. Mann, bu açıklamasıyla Nostradamus'un gözüyle kıyametin 2012'de olmayacağının da altını çizer.

3797 yılındaki sonla ilgili en detaylı araştırmalar Peter McHoll tarafından yapılmıştır. McHoll'a göre, 3797 rakamı, son günün tarihini vermektedir. Kâhinin hesap sistemine göre bu tarihle beraber insanlığın dördüncü büyük çağı biter ve "saat" durur.

McHall, Nostradamus'un astrolojik takvimine şöyle dikkat çeker: "*Hz. İbrahim ile birlikte Koç Çağı başladı. İnsanoğlu Yaratıcı'sının bilincine vardı. Hz. İsa ile birlikte Balık Çağı başladı. Şu anda ise Kova Çağı'nda bulunmaktayız. Ve bu çağda doğal afetler dünyanın kapısını çalacak. Bu da insanoğlunun yeteneklerinin koşullara uyum sağlamasını sağlayacak.*"

McHall'a göre, Nostradamus Kova Çağı sonrası 1000 yıllık bir dönem görüyor. Sona doğru girilecek bu 1000 yıllık dönemde "Barış Çağı" yaşanacak. McHall'un yorumlarına göre, 2050 yılına kadar büyük savaşlar olacak. Avrupa büyük acılara gebe kalacak ve

Almanya tekrar ikiye bölünecek. İran Şahı'nın devrilmesiyle başlayan ve 2050 yılına kadar sürecek olan 73 yıl 7 aylık "Arap egemenliği" de 2050'de sona erecek.[1] Almanya'nın yeniden birleşeceği 2050 yılına kadar savaş ve hastalıklarla boğuşacak olan yaşlı dünya, bu tarihten sonra 26 yıl sürecek bir huzur dönemine giriyor.

Nostradamus'a göre III. Dünya Savaşı 2076'da meydana geliyor.

Bir kısım şifre çözücüler III. Dünya Savaşı'nın tarihi için 1987'yi gösterirken McHall, Nostradamus'un ne kadar süreceği belli olmayan bu savaşın tarihini 2076 olarak gördüğünü iddia ediyor.

Fransız kâhin, "Büyük Kaos" dönemi dediği 4. Dünya Savaşı'nın tarihini de belirliyor: 2106! Kâhinin hesabına göre, üç kuşak sonramız "en kanlı dünya savaşı" ile tanışıyor ve bu savaş 25 yıl sürüyor. Nostradamus, Kuzey-Güney çekişmesi diye adlandırdığı bu kanlı savaşı şöyle anlatıyor: "Fas'tan çıkıp gelecek kralları Avrupa'ya, ruhları parçalayıp, kentleri yakıp yıkmaya. Asya'nın büyüğü dev ordularla aşacak karayı, suyu, mavileri, babayı ve haçı kovalamaya başlayacak" diyor.

Burada belirtilen 2050 tarihi, AKP tarafından devamlı kullanılan 2071 tarihi için belirtilen dönemle ilgili olarak çağrışım yapıyor. Nostradamus sık sık Avrupa'nın Araplar tarafından işgalinden bahsediyor. Peki, Arapların şimdiki askeri gücü ve ona karşı Avrupa ve ABD'nin gücü göz önüne alındığında Araplar nasıl Avrupa'ya bir istila düzenleyebilir ve fethedebilir? III. Dünya Savaşı sırasında bir Rus-Arap ittifakı mümkün olabilir mi?

1 McHall, Nostradamus'un "Arap egemenliği" kelimesi ile neyi kastettiğini açıklayamıyor.

Türkiye'ye yapılacak asıl saldırı ise aşağıdaki dörtlükte tarif edilmiştir:

İki baş ve üç kola bölünmüş.

Büyükşehir sular tarafından rahatsız edilecek.

Onların arasından bazı büyük kimseler sürgünde yoldan çıkarılacak.

Bizans, İran'ın başı tarafından sert şekilde sıkıştırılacak.

– Nostradamus, V. 48

Ateş ve silahlarla, Karadeniz'den fazla uzakta değil.

O, İran'dan gelecek Trabzon'u işgal etmek için.

Pharos ve Mytilene titreyecek, güneş parlak.

Adriyatik Denizi Arap kanıyla kaplanacak.

– Nostradamus V. 27

Trabzon, Türkiye'nin kuzeydoğusunda Karadeniz kıyısındaki bir şehirdir. Görünen o ki, ayrıca Mısır ve Yunanistan, Türkiye üzerinden saldırıya uğrayacaktır. Pharos, Mısır'ın İskenderiye şehri açıklarında bir adadır. Mytilene ise Ege Denizi'nde Yunanistan'a ait bir adadır. Yunanistan'a hücum edilip ele geçirilmesinin ardından odak noktası İtalya'dır. Yunanistan buraya yapılan saldırılar için bir üs olarak kullanılacaktır.

Aşağıdaki kehanetlerin çoğu Rusya'nın Avrupa'yı yoğun bir biçimde istila edeceğini ve ABD'nin üzerine hücum edeceğini gösteriyor. Kehanetlerin çoğu yeni olup şifreli bir tarzda değillerdir. Bu yüzden fazla yoruma ihtiyaç gerektirmemektedirler.

"Dokuz yıl süreyle ince adam barışçıl bir yönetim sürdürecek. Sonra çok kanlı bir susuzluğa düşecek. Öyle ki büyük bir ulus

inanç ve kanun olmaksızın onun için ölecek. Çok daha iyi huylu bir adam tarafından öldürüldü."

- Nostradamus, II. 9

Vladimir Putin iktidara 1999 yılında geldi. Bu dörtlük onun 9 yıllık barışçıl yönetiminden bahsediyor olabilir. 2008 yılında itibaren Putin Rusya'yı Avrupa'nın kanlı bir şekilde istilasına sürükleyebilir. Özellikle Gürcistan, Ukrayna ve Suriye müdahaleleri buna işaret ediyor. Araplara karşı Batı ittifakına katılabilir.

Albert Pike

Albert Pike adlı mason üstadının 1871'de yazmış olduğu gizemli bir mektup, dünya savaşları hakkında sıra dışı kehanetler içeriyordu. Aslında mektup kehanetin de ötesinde dünya savaşlarının planı gibi. İlluminati üyesi olan mason Albert Pike bu mektubunda Birinci ve İkinci Dünya Savaşı'nı planlıyor ve söyledikleri yıllar sonra aynen oluyor. Her iki planlı kehaneti de gerçekleşen Albert Pike, meşhur mektubunda III. Dünya Savaşı için de kehanette bulunmuştu. Bu "kehanet" mektubu 1950'li yıllarda William Guy Car adlı eski bir İngiliz istihbarat subayı tarafından British Museum'da bulundu. William Guy Car bu mektubu *Satan Prince of This World* adlı eserinde yayımlarken mektubun içeriği herkesi şaşkınlığa uğrattı.

"III. Dünya Savaşı'nı çıkarmamız için İslam âleminin liderleri ve Siyonistler arasındaki ajanlarımız vasıtasıyla, ayrı düştükleri konular üzerinden gerginlik çıkarmalıyız. Ve bu savaş, Müslüman Arap dünyası ve İsrail Devleti'nin birbirlerini yok edecekleri şekilde dizayn edilmeli. Ve bu hengâme içinde diğer milletleri bu konuda fiziksel, ahlaki, ruhsal ve ekonomik olarak çökmeleri için mücadeleye zorlamalıyız. Nihilistlerin ve ateistlerin önlerini aç-

malıyız ve müthiş bir sosyal çöküş provoke etmeliyiz, böylece bu kanlı kargaşa ve vahşetin doğurduğu korku içinde mutlak ateizm etkisi ortaya çıksın."

Anton Johansson of Sweden (1858-1909)

Titanic'in batışını haber verdiği gibi ayrıca Rusya'nın Avrupa'yı istila edeceğini de haber vermiştir.

"- İran ve Türkiye Rus orduları tarafından işgal edilecek.

- Ruslar Balkanları işgal edecek.

- İtalya'da büyük bir yıkım olacak.

- Kızıl fırtına Macaristan, Avusturya, Kuzey İtalya ve İsviçre yoluyla Fransa'ya yaklaşacak.

- Amerikan destek depoları Rusların eline düşecek.

- Almanya doğudan saldırıya uğrayacak.

- Rusya ABD üzerine büyük bir saldırı başlatacak. Bu yüzden ABD güçlerinin Avrupa'ya yardım etmesi engellenecek."

Johansson, Rusya'nın Fransa'yı işgal etmesi için Macaristan, Avusturya, Kuzey İtalya, İsviçre üzerinden farklı bir rota göstermiştir. **Ayrıca Rusya'nın güneyde İran ve Türkiye'yi işgal edeceğini, kuzeyde İsveç'i de içine alan İskandinav ülkelerini işgal edeceğini ifade etmiştir.** Belki de Rus orduları bu rotaları izleyecektir.

Rusya'nın Gürcistan, Ermenistan, İran, Türkiye rotası; belki de Türkiye'nin bir NATO müttefiki olarak Avrupa'ya yardım etmesini önlemek ve Akdeniz üzerinde kontrol tesis ederek Güney Avrupa'ya karşı başka bir cephe açmak içindir. Bir başka sebep, Mısır'ı işgal eden ve İran Şii İslam Cumhuriyeti'ne savaş başlatan Arap güçlerine yardım etmek olabilir.

Erna Stieglitz'in Kehanetleri (1894-1965)

"Teknolojinin gelişimi tüm dünyanın bir güç merkezinden ilk defa bütünüyle kontrol edilebilme imkânını vermiştir. Bu zaman süresinde Batı'da kolaycılık ve tembellik, refah ve lüks zirve noktasına ulaşmıştır. Bu süre içinde Doğu kendisini hazırlamış, halkını büyük görevlere yöneltmiştir. Yenil nesil silahlarla donanmıştır. Klasik askeri strateji kanunlarından sonra Ruslar Batı Avrupa'ya saldırmadan önce kanatlarını güçlendirmiştir."

"Güney kanat Afganistan, İran, Irak, Türkiye, Yunanistan ve eski Yugoslavya'dan oluşmaktadır. Kuzey kanat ise Finlandiya, İsveç, Norveç ve Danimarka'dan oluşmaktadır. Bavyera sınırlarına kadar bir istila treni zinciri hazırlanmıştır."

"Yazın, muhtemelen temmuz ayında, petrol bölgeleri (Irak, Suudi Arabistan, İran körfezi) güney ve kuzey kanatları üzerine Türkiye, Yunanistan, eski Yugoslavya ülkeleri ve İskandinavya'ya yönelik bir Rus istilası olduğu takdirde gayet sıkı bir biçimde Rusya'nın eline geçebilir."

"Rusya'nın öfkesi Batı Avrupa üzerine kuvvetle yüklenir. Batılı ilk direniş cephesi bozulur. Rus ordusuna ait tanklar Fransa'yı Lyon civarına kadar istila eder. Az bir zaman sonra da Ulm'de olurlar. Rusya'nın elit saldırı birlikleri ağustos ayı ortasında Alaska'ya saldırır."

"Avrupa'da radyoaktif bir sarı duvar yaklaşımı meydana gelir. Prag nükleer bir felaket bölgesi olur. Yaklaşık olarak bu zamanda Rus tank birlikleri Westfalen'in kuzeyinde tümüyle yok edilir."

"Ruslar Batı Avrupa'da savunmaya zorlanırlar. ABD'nin tüm şehirlerine nükleer bir misilleme yapılır. Eşzamanlı olarak ABD nükleer silahlarla karşılık verir. Eski Sovyetler Birliği'nin uzak kısımları ve Rusların kalan roket siloları tahrip edilir. Bu olayın ardından Rusya'da önceki sistemi deviren bir mega devrim meydana gelir.

"Eylül ayında Rusya'nın denizaltı birliklerinin Avrupa'yı yerle bir etmek için umutsuz bir nükleer saldırı teşebbüsü olur. Bu saldırıda Fransa ve Almanya'nın birçok şehri ateşli bir denize çevrilir."

"İskandinavya'daki bütün askeri üslerin ele geçirilmesinden sonra ikinci saldırı Türkiye üzerine olur. Orada ve İran'da büyük tank savaşları olur. Ruslar ondan sonra Balkanlar üzerinden Adriyatik Denizi'ne ulaşmak üzere ilerler."

"Katolik inancı bu son çatışmada eski Sovyetler Birliği'nin tepkisel ülkelerine karşı belirleyici bir görevi olacaktır. Bavyeralı ve Avusturyalı, İsviçreli ve Fransız kuvvetleri Lyon ve Ulm'den kuzeye doğru yok edici savaşlardan sonra Ruslara ve müttefiklerine karşı saldırıya geçer."

"Öncelikle, bu nispeten kısa savaşın sonunda nükleer silahlarla yapılan bir düello gelir. Sonra bunu total bir nükleer savaş takip eder. Onun muazzam etkileri tanımın ötesindedir."

"Büyük metropoller kırsal kesimden gelenlerin yağmasına uğrar. Halktan silahlı birlikler, fanatikler, katiller, psikopatlar, bir mafya bütün ülke boyunca dolaşıyor. Bütün bunlara insanlığın üçte birini yok eden zehirli bulutlar eşlik etmektedir."

Eilert (Jasper) Kehanetleri (1764-1833)

"Geceleyin birisi diyecek: Barış, barış. Fakat barış yok. Sabahleyin düşmanlar daha şimdiden kapıların önünde dikilecekler. Fakat bir fazla uzun sürmeyecek. İyi bir saklanma yeri bulanlar ancak birkaç gün güvende olacaklar. Onlar da hızlı bir şekilde kaçacaklar."

"Bu savaş doğudan patlak verecek. Doğudan korkuyorum. Başlangıçta bizim askerlerimiz sınırlara gidecekler, kısa süre sonra eve sakin bir şekilde geri dönecekler. Fakat düşmanlar bu kadar güçle oradayken evde durmak çok zor. Düşmanlar mantar gibi çoğalacaklar."

"Unna, Hamm ve Werl arasında huş ağacının olduğu yerde bir çatışma olacak. Orada dünyanın diğer yarısından gelen milletler karşı karşıya gelecekler. Yalnızca Rusların çok az bir kısmı eve geri dönecek, yenilgilerini anlatabilmek için..."

"Önce Polonyalı galip gelecek. O zaman onlar kendilerine üstünlük kuranlarla savaşacak ve sonunda büyük bir kral sahibi olacaklar."

"Çatışma, zafer, kaçış; birbirini hızlı bir biçimde izleyecek."

Veronica Lueken, Bayside, New York, ABD (1923-1995)

"İnsanlık günden güne ölüyor. Pek çok ülke savaşta karmakarışık olacak. O zaman görülen ondan sonra hiç görülmeyecek. Ülkeleri yutacak bir savaş bu. ***III. Dünya Savaşı. Şimdi Rusya'da toplanmakta olan silahların kuvvetiyle pek çok milletler yok olacak.****"*

"Bir haritada Mısır'ı görüyorum. Asya'yı da. Pek çok kimseyi yürüyüş halinde görüyorum. Çinlilere benziyorlar. Savaşa hazırlanıyorlar. Çok sayıda tanka sahipler. Pek çoğu genç yaşta yürüyüş halindeki ordular. Çinliler ve sarı ırka mensup ülkeler güçlerini bir araya getiriyorlar. Onların içinde genç kızlar da var."

"Rusya, Mısır ve Afrika'ya savaşmaya gidiyor. Toplanma yeri Filistin'de... Kudüs'ü, Mısır'ı, Fas'ı, Afrika'yı görüyorum. ***III. Dünya Savaşı'nın başında bu ülkelerin üzerine yoğun bir karanlık çöküyor.****"*

"Bir ışın tabancası görüyorum. Tetiğine basınca uzun bir ışın çıkıyor ve kime dokunursa dağılıp eriyor. Sarı ırka mensup insanlar bir ülkenin üzerine yürüyor. Afrika kelimesini görüyorum. Çin ve Rusya kuzeyden geliyorlar."

"Suriye III. Dünya Savaşı ya da dünya barışı için anahtar rolü oynayacak."

"ABD ve Kanada büyük türbülasyonda, birbirlerini ayakta

tutmak için destek vermeliler. Yardım etmek için deniz ötesinde olmaları bahanesiyle kaçamazlar. Arada geniş mesafe olduğu için kaçamazlar. Ölü sayısı milyonlarla ifade edilecek."

"New York'un terörist saldırıları sonucu nükleer yıkıma uğraması savaşı başlatır."

John Titor'un Kehanetleri

1940 yılında çekilen bir resmin fotoşop ile uzaktan yakından alakası olmadığı çeşitli fotoğraf analistleri tarafından onaylandı. Resme dikkatli bakıldığında (ki ben dikkat edilmesi gereken noktayı bir yuvarlak yardımıyla belirginleştirdim) içerisinde bulunduğu zaman diliminden kopuk gibi duran bir zaman yolcusu görüyoruz. Zaman yolcusunun güneş gözlüğü (ben pilot gözlüğü olduğunu ve bu şahsın günümüz güneş gözlükleri modasına ilham veren öncülerden biri olabileceğini düşünüyorum), kirli sakalı, tiki saçları, baskılı sıfır yaka tişörtünün dahil olduğu rahat giyim tarzı ve elindeki fotoğraf makinesinin modeli göz önüne alındığında, bu şahsın bir zaman yolcusu olduğuna dair şüphe bırakmamakta.

John Titor, 2000 yılında zaman yolculuğu yapıp 2037 yılından geldiğini öne sürmüştür. John Titor 2000 yılında şunları yazmış ve yazdıklarının çıkmasıyla tüm dünyayı sarsmıştır!

John Titor, devlet için çalışan ve zaman yolculuğu projesi için seçilen bir asker olduğunu söylemiştir. 2037 yılından IBM 5100 adlı ilk kişisel bilgisayarı almak için döndüğünü söylemiştir. Bu bilgisayar ile 2037 yılında eski programların "ayıklama (debug)" işini yapacağını iddia etmiştir. Gönderdiği yazılarda, 2000-2037 yılları arasında birçok olaydan bahsetmiştir.

John Titor gelecek ile ilgili şunları yazmıştır:

"Amerika, Irak'a ve Ortadoğu'ya petrol için saldıracak, orada iç karışıklıklar 10 yıl civarı sürecektir."

"2015 yılında III. Dünya Savaşı çıkacak ve 20 yıl sürecek. Çin-Amerika karşıtlarının yarattığı bu savaşın götürüsü çok yüksek olacak. Milyonlarca insan ölecek. Savaşın sonunda dünyada etnik kimlik, kültür kalmayacak. İnsanlar robotikleşme, üst kimliğe bürünme, tanrılaşma evresine girecek. Daha az hastalanacak, daha uzun yaşayacak, doğru seçimleri daha rahat verebilecek."

"2037 yılında bu düzene karşı çıkan anarşistler olacak. Ben de bu anarşistlerdenim, zaman makinesini yalnızca bilimadamlarımızın sayesinde bulduk. Düşmanımızın bilgisayar ağını hacklememiz için 1970 yılında üretilen IBM cihazının bilgisayar kodlaması gerekmektedir. Bu cihazı alabilmek için seçildim."

III. Dünya Savaşı'nın çok büyük bir yıkıma neden olacağını, tüm dünyanın kaosa sürükleneceğini, açlık ve sefaletin diz boyu olacağını bunun tam 20 yıl boyunca süreceğini söylemiştir. Bu 20 yıllık savaş boyunca tüm dünya devletleri üretimini sadece silah ve askere endeksleyeceğini, silah ve asker gücü olmayan devletlerin çok hazin bir son yaşayacağını anlatmıştır. III. Dünya Savaşı'ndan sonra artık insanoğlunun savaşları bir kenara bırakıp teknoloji ve bilime ağırlık vereceğini ve bizim tabirimizle altın çağı yakalayacağımızdan bahsetmiştir. John Titor 2000 yılında bu açıklamaları yaptıktan sonra bir daha görülmemiştir.

Friedman Kehanetleri

"Yıl 2020, dünyada 2 büyük güç var!"

Dünyanın en çok sözü dinlenen stratejik araştırma şirketlerinden Stratfor'un kurucusu siyaset bilimci Dr. George Friedman, yeni bir kitap çıkardı: *Gelecek 100 Yıl - 21. Yüzyıl için Öngörüler (The Next 100 - A Forecast for the 21st Century).* Kitapta inanılmaz senaryolar var. Mesela Rusya ve Çin gerileyip çöküyor, III. Dünya Savaşı çıkıyor ama uzayda gerçekleşiyor. Üstelik Türkiye de olayların merkezinde. Çünkü Ortadoğu, Balkanlar, Arap Yarımadası ve Kuzey Afrika'ya hâkim bir imparatorluğa dönüşüyormuşuz. Yeniden, hilafeti de canlandırmışız, ABD'nin sinirini bozuyoruz. İşte Friedman'ın kehanetleri:

2050-2052 III. Dünya Savaşı

2050'ye gelindiğinde dünya güçleri büyük bir gerilim içindedir. ABD, Türkiye'nin ve Japonya'nın Orta Asya ve Avrasya'daki hâkimiyetinden son derece rahatsızdır. ABD'nin doğal müttefiki haline gelen Polonya, Ukrayna'yı ele geçirmesine ve Akdeniz'e inmesine engel olan Türkiye'yle çatışır. Türkiye ve Japonya da ABD'ye karşı ittifak kurar.

ABD, Türkiye ve Japonya'yı büyük bir tehdit olarak görmesine rağmen ilk etapta sıcak savaşa girmek istemez. Türkiye ve Japonya'nın başka ülkelerin sınırlarına saygı göstermediğini, insan haklarını çiğnediğini iddia eder, ekonomik ambargolar uygular.

Bu arada ABD uzayda müthiş bir insansız ordu kurmuştur. Yıldız Savaşı Sistemi adını verdiği teknoloji sayesinde uzayda oluşturduğu platformlardan dünyanın her yerine birkaç dakika içinde hipersonik insansız uçaklar gönderebilecek durumdadır. Bu platformlardan birini Türkiye'nin güneyine doğrultur. **Ve ültimatom verir: Ukrayna ve Balkanlar'ın kontrolünü Polonya'ya ver, Kafkasya'dan çekil, Boğaz'dan istediğimiz gibi geçelim!**

Türkiye, ABD'nin ülkeyi parçalamak istediğine inanmıştır. Japonya'yı da yanına alarak savaşa girmekten başka çaresi yoktur. ABD'nin uzay sistemini hedef alan saldırı, Kasım 2050'de Japonlardan gelir. Bundan sonra savaş hem uzayda, hem de karada devam eder. Türkiye, Polonya'dan kurtulmak için Almanya'dan yardım ister. Almanya, ABD'yi böyle bir savaşta yenmenin imkânsız olduğunu bilmesine rağmen Türkiye'yi karşısına almamak için müttefik olmayı kabul eder.

Friedman'ın senaryosuna göre III. Dünya Savaşı 2052'de sona erer. Japonya, Türkiye ve Almanya harabeye dönmüştür. Neyse ki sivilleri hedef almayan ileri teknoloji uçaklar sayesinde sadece 50 bin kişi ölür. Sonuçta ABD'ye uzayda istediğini yapmasına imkân verecek bir anlaşma imzalanır. 2060'ta hâlâ İslam dünyasının liderliğini elinde tutan Türkiye, Washington'la arayı düzeltir ve yeniden sevilen müttefikler listesine adını yazdırır.

Aytunç Altındal'ın Kehanetleri

Aytunç Altındal, *Türk İmparatorluğunun Yıkılışına Dair Kehanetler* adlı kitabında Türkiye'nin XI. Prens zamanında sona ereceği kehanetine yer vermektedir. Kitapta, ***"XI. Prens döneminde Türk devleti, büyük bir sarsıntı yaşayıp yıkılma noktasına gelecektir"*** öngörüsü var. Ayrıca "Hıristiyan Prensliklerin birleşmesi, Türk İmparatorluğu'nun sonunu getirecektir" deniliyor. Bu da benim yorumumca AB'dir.

Türkiye'nin geleceği nasıl şekillenecek sorusuna Altındal şöyle cevap veriyor:

"Maalesef kâhinler, Türk İmparatorluğu'nun XI. Prensi'nden sonra Türk devleti yok kabul etmiş. Türkiye ile ilgili kehanetler burada bitiyor. Bu sonuç, çok ciddiye alınmalı."

Gelelim Altındal'ın deyimiyle, diğer *"öngörü"lere:*

"İstanbul'un camilerine ve Ayasofya üzerine haçlar dikilecektir. Bu haçlar, saplanacağı yere silahlı ellerle saplanacaktır. Bu muhteşem şehrin yıkımı gelecektir."

"Yıkım adaletsizliklerin en kötülerinin gerçekleştiği bir dönemin ardından olacaktır. Tüm Doğu ülkeleri de Hıristiyanlarca fethedilecektir. Böylece, ölü yaşayan, soyulmuş ve felç olmuş bir yönetim sona erecektir."

"Önce, Müslüman şeriatı artacaktır. Eğer yedinci seneye kadar kaldırılmazsa, on ikinci seneye kadar buranın hâkimi olacaktır. Sonra, Hıristiyan silahlarıyla bir tutsaklık dönemi gelecektir."

"Türklerin başına geçecek 11. devlet adamı, ülkenin bekasını belirleyecektir."

Bu kitaptaki kâhine göre: XI. Prens'ten sonra Türk devleti yok kabul edilmiş. Önce Müslümanlık şeriatı artacak. 12. seneden sonra Hıristiyan silahlarıyla bir tutsaklık dönemi gelecek. İstanbul Hıristiyanlarca ele geçirilecek. Tüm doğu ülkeleri de Hıristiyanlarca ele geçirilecektir. İstanbul 6 ay işgal görecek, sonra Mehdi tarafından kurtarılacaktır.

Cumhurbaşkanı Erdoğan'a kitlelerin attığı slogan REİS! Yani Mehdi... Yahudilerin kitabı Tevrat'ta Mikail Kelimesi Ahd-i Atik'te (Tevrat) "Mikael" biçiminde geçmektedir. Mikail'in "BÜYÜK REİS", İsrailoğulları'nın hamisi (Daniel/12:1) olduğu zikredilmektedir. İsrailoğulları'nı, İranlılara (Daniel:10/13), Yunanlılara (Daniel:10/21) karşı koruyan da Mikail'dir. Rivayet, İslam hadislerinde ismi Ahmed, babasının ismi Abdullah olan Hz. Mehdi'yi REİS kılmıştır.[1]

1 *El Kavlul Muhtasar Fi Alamatil Mehdiyyi-il Muntazar*, s. 31.

III. Dünya Savaşı Hakkındaki Kehanetlerin Özeti

- III. Dünya Savaşı Doğu ile Batı arasında yer alacak. Doğulu güçler başlıca Rusya, Çin, Araplar (ve genel olarak İslam ülkeleri) ve Kuzey Kore'den oluşan birliktir. Batılı güçler Avrupa ülkelerinin çoğu; İngiltere, Fransa, Almanya, İtalya, İspanya ve ABD'den oluşacak. Savaşın başlamasının tam öncesinde teröristler New York'u tahrip etmek için küçük nükleer silahlar kullanacaklar.

- Ortadoğu'da başka bir savaş olacak. Muhtemelen İsrail-Filistin arazisinde Suriye, İran, Suudi Arabistan vb. ülkeler katılacak. Rus ve NATO deniz kuvvetleri arasında Akdeniz'de ve diğer yerlerde gergin bir bekleyiş sürecek.

- Savaş, Balkanlarda üç liderin aynı anda bir suikast sonucu öldürülmesi ile başlayacak.

- Rusya aniden Avrupa'yı, Almanya'dan Çek Cumhuriyeti'ne, Baltık cumhuriyetleri ve Fransa'ya kadar bir yıldırım savaşı ile istila edecek.[1]

- Başka bir Rus ordusu Ermenistan üzerinden İran'a doğru hareket edecek. Yönetimini Suudi Arabistan, Irak ve Suriye'ye kadar genişletmiş olan yeni Arap lideri Süfyani, Urve ile birleşmek için ilerleyecek. Birleşik Arap-Rus orduları İran'ı yenilgiye uğratacak ve orada yeni bir lideri başa geçirecekler.

- Sonra birleşik Rus, İran ve Arap orduları (liderleri İsa karşıtı üç deccal olan) Mısır ve Türkiye'ye saldıracak ve bu ülkeleri NATO kuvvetlerini yenerek işgal edecektir.

- Birleşik kuvvetler sonra Akdeniz'i boydan boya geçerek Yunanistan ve İtalya'ya saldıracak. Ve sonunda Doğu Avrupa'yı istila eden kuvvetlerle birleşerek Fransa'ya saldırıp ele geçirecekler.

1 YILDIRIM savaşı taktiğini dünya savaş literatürüne sokan Gazi Mareşal Mustafa Kemal Atatürk.

- Çin, İslami kuvvetlerle birleşerek Hindistan'a saldırıp ele geçirecek ve sonra Kanada ve ABD'ye saldırıp batıdaki Rusya ile birlikte ABD'nin Avrupa'da ve Ortadoğu'daki savaş alanlarına etkin müdahale etmesini önlemek isteyeceklerdir.

- Nükleer, kimyasal ve biyolojik silahların yoğun kullanımı bu savaşta standart bir özellik olacak. Birçok Avrupa ve Amerikan şehri bu savaşta nükleer silahlarla tahrip edilecek. Bu durumun aynen Rusya, Ortadoğu ve Çin için de geçerli olacağını varsayıyoruz.

- Avrupa'ya yapılan Rus saldırısı sarı-yeşil toz denilen kimyasal/biyolojik silahın kullanılması ile durdurulacak. Biyolojik silahlardan kaynaklanan tedavi edilemez salgın hastalıklar milyonlarca kimseyi öldürecek. Doğal felaketler de ayrıca birçok kişiyi öldürecek.

- Savaş sürerken bir kuyrukluyıldız ya da meteor Dünya'ya çarparak yeryüzünü birkaç parçaya ayrılacak. Okyanusa çarpan bu parçaların sebep olduğu gelgit dalgaları ve tsunamiler Büyük Britanya dahil pek çok ülkeyi silip süpürecek. Gökten ateşli parçalar düşecek ve yere çarparak ciddi depremler ve volkanik püskürmelere neden olacak.

- Rus ordusunun Avrupa'daki soykırımı ve Rusya'daki yoğun tahribatın ardından Rusya'da bir hükümet darbesi olacak. Rus lideri öldürülecek ve yeni bir hükümet göreve gelecek.

- Yeni Rusya, Batılı güçlerle ittifak yapacak Arap ve Çin kuvvetlerinin üzerine yürüyecek ve Chiren önderliğinde savaşın gidişatını tersine çevirecek. Tıpkı yüz yıl önce Çar'ın devrilerek Birinci Dünya Savaşı'nın seyrinin değiştiği gibi.

- Sonunda Araplar, Çinliler ve onların müttefikleri yenilecek ve savaşın sonunda bütün dünyada barış kurulacak. Savaşın sonunda insanlığın üçte ikisi öldürülecek. Pek çok ülkede kadınların sayısı erkeklerin sayısından çok daha fazla olacak.

- III. Dünya Savaşı Doğu'da başlayacak ve Batı ile Doğu arasında olacaktır. Nostradamus 48. paralelden bahsetmiş ancak dünyanın neresinde olacağını tam olarak belirtmemiş. Müslümanlar ile Avrupa uzun süre savaşacaklar hatta nerelerde savaşın olacağı ve nereye kadar Müslümanların ilerledikten sonra kaybedeceği de uzun uzun anlatılmış.

Tabii bu hikâyeler veya varsayımları 20 yıl önce okuduğumda bana da masal gibi geliyordu ancak zaman içinde oluşan politik cepheleşme artık bu kâhinlerin belirtiği şeylerin çok da hikâye olmadığını göstermekte. Sanılanın aksine Ortadoğu savaşanların cephesi değil nedeni olabilecektir.

Pakistan ile İran birleşip cephe oluşturması ihtimali büyüktür. Doğu cephesinin kendisini sağlama alması için stratejik ortak olarak da gereklidir. Yine Nostradamus'un kızıllar diye bahsettiği uzun zaman Rusya olarak görülmekle birlikte bunun Çin olma olasılığı daha olası bir durumdur. Savaş için artık taraflar belli olmakla birlikte kıvılcım için yeteri kadar öfke de birikmiştir. Savaş bir tahmine göre 5 yıl, bazılarına göre 27 yıl sürecektir. Sonuçları da çok vahim olacaktır.

8. Bölüm

Dinlere Göre III. Dünya Savaşı

"Gerçek asker karşısındakinden nefret ettiği için değil, arkasındakini sevdiği için savaşır."

– Sun Tzu

İlginç bir şekilde İslami kaynak metinleri de iki Hıristiyan tarafın Türkiye üzerinde birbirine karşı savaşacaklarını söylüyor. Bu savaşta taraflardan birine Araplar tarafından yardım edilecek. Hadislerde ***Süfyani*** isimli büyük Arap liderinin ortaya çıkacağı belirtilmiştir. ***Süfyani'nin ortaya çıkışının hemen ardından Mehdi ve İsa ortaya çıkacaktır.***

"Allah'ın Halifesi Mehdi'nin zuhurundan önce, Ebu Süfyan neslinden birisi olan ***Süfyani*** *ortaya çıkacaktır. Seyyid Berzenci'ye göre bu kimse Halid İbn Yezid ibn Ebu Süfyan neslindendir. İmam Kurtubi'ye göre onun ismi* ***Urve*** *olacaktır. Süfyani, Hasan ve Hüseyin neslinden gelen seyyidleri öldürecek.* ***Süfyani, Mısır ve Şam (Ürdün, Filistin, Lübnan ve Suriye) üzerinde hüküm sürecek.****"*

Hasan ve Hüseyin neslinden gelen Seyyidlerin Süfyani tarafından öldürülmesi üzerine Araplarla İran arasında bir savaş başlayacak.

"Süfyani'nin günlerinde Bizans'ın yöneticisi Hıristiyan bir grupla savaş halinde olacak ve başka bir Hıristiyan grupla barış yapacak. Kendisiyle savaşılan Hıristiyan grup Kostanti-

niyye-İstanbul üzerine yürüyecek ve onu işgal edecek. Bizans yöneticisi kaçacak ve Şam'a gidecek. Müslüman ordusu ile ittifak ettiği Hıristiyan grup, düşman Hıristiyan grup üzerine savaş açacak ve zafer kazanacaktır."

"Müttefik Hıristiyan ordusundan birisi o zaman ilan edecek ki: 'Haç sayesinde zafer kazanıldı. Haç adına savaşı biz kazandık.' Müslüman ordusundan bunu duyan birisi, bu Hıristiyan'ı suikastla öldürecek. Bu olay üzerine Müslümanlar ile eski müttefik Hıristiyan ordusu arasında bir savaş başlayacak. Müslüman lider şehit edilecek ve Hıristiyanlar Şam ülkesi üzerine galip gelecekler. Bunun ardından iki Hıristiyan taraf arasında barış yapılacak. Kalan Müslümanlar Medine'ye göç edecekler. Hıristiyan yönetimi Medine'nin kuzeyindeki Hayber'e kadar uzanacak. Bu durumda Müslümanlar Allah'ın halifesi Mehdi'yi aramaya başlayacaklar."

İlk paragraf gösteriyor ki: Süfyani (Arapların dostu) Hıristiyan taraf olan Rusların, Bizans'a (Türkiye'ye) karşı savaşıdır ve düşman Hıristiyan taraf olan Batı ittifakı ile Arap-Rusya savaşı bir bütündür.

İkinci paragraf savaşın ikinci aşamasıyla ilgilidir. Diğer kehanetler gösteriyor ki Rusya'da ani bir liderlik değişimi olacak. Bunun ardından Rusya ile Batı ittifakı arasında anlaşma sağlanacak. Durum Rusya'nın eski müttefiklerinin yani Arapların ve Çinlilerin aleyhine dönecek. (Bu durum Nostradamus tarafından ayrıca belirtilmiştir.)

Aslında bu durumu Ekim Devrimi ile özdeşleştirebiliriz. Bu olayların 21. yüzyılda yaşanabilecek olduğunu söyleyebiliriz. 2019 yılında ortaya çıkan bir TUVA şamanı, 2021 yılında Putin'in Kremlin içerisinde bir suikastla öldürüleceğini açıklamıştır. Bu konu, dünya basınında da haber olmuştur.

"Rusların ve Arapların iki büyük ordusu İran'da üç kere bir araya gelecek. Arabistan ve Ermenistan muhalif güçlere karşı çıkacak. İran ve Türkiye'yi kontrol etmek için çatışmalar burada yapılacak. Arap yarımadasında yapılacak çatışmalar muhtemeldir ki Batılı güçlere karşı yapılacak ve orada yenilgiye uğratılacak. Bir çatışma özellikle ***Süleyman'ın ülkesinde*** *olacak."*

Süleyman muhtemelen Arap İmparatorluğu'nun ya da Türkiye'nin lideridir. Burada bahsedilen Süleyman ülkesi Tekvin'de Nil Nehri'nden Fırat Nehri'ne kadar olan toprakların tamamının kastedildiği söylenmektedir (Tekvin/15). Ayrıca Tevrat'ın çeşitli bölümlerinde belirli bir şekilde belirtilmiştir. Kimi bölümlerinde Mısır (Nil) Nehri, Lut Gölü, Batı Akdeniz, Hora Dağı ve Ürdün'ün Şeria Bölgesi'ni kapsamaktadır (Çıkış).

Yine bahsi geçen yerler Süleyman ülkesi olarak söylenmektedir. Bu durumda şu anda çatışma bölgelerine bakarsak hepsi Tevrat kaynaklı çatışma alanlarıdır.

Din adamlarına göre, III. Dünya Savaşı Beni Asfar'ın (Rusya-Kızıl Kuvvetler) Türkiye'ye saldırısı ile başlar.

Kıyametin kopacağı inancı, tüm dinlerde, hatta yerel dinlerde bile mevcuttur. Bilim de (astrofizik yasaları) artık bize net bir şekilde bunun kaçınılmaz olduğunu söylüyor. Dini söylem ile bilimsel söylem arasında küçük bir fark var: Biri (yani din) "Saat yaklaştı" diyor, ötekisi (yani bilim) "Güneş'in dürülmesine daha uzun bir zaman var" diyor.

Ben şahsen ikisinin de doğru söylediği kanaatindeyim. Çünkü evrenimiz ölçülebilir zaman açısından 14 küsur milyar yaşında. Güneş ise 8 milyar yaşında. Bizim hayatımızın kaynağına oturtulmuş olan Güneş, mahiyetindeki helyumu azar azar hidrojene dönüştürerek hayatımız için lazım olan ısı, enerji ve aydınlığı var ediyor. Kontrollü bir şekilde yanarak, insanlığın hayatını idamesi için kendisine yüklenmiş ilahi emri (ocak ve lamba olma görevini) sürdürüyor.

Geçmiş toplumların zannı, "Bu ocak ilanihaye devam edecek" yönünde idi. Peygamberler bu zannı yok etmek ve hayatın faniliğini anlatmak için gönderildiler. Dedikleri şuydu: ***"Bu ocak önünde sonunda sönecek! Bu Dünya harap olacak ve ebedi cennet ve cehennem şeklinde iki dal şeklinde yeniden inşa edilecek!"***

Sonunda bilim de bu noktaya geldi. Bilim de "Evet bu ocak sönecek" diyor. Hatta tamamen teknik verilerle, sobada ne kadar yakıt kalabilmiş olabileceğini bile kesine yakın tahmin edebiliyor. En iyimser tahminle "Bu ocak daha dört milyar yıl tüter" diyorlar!

Dinler, ocağın sönmesine
çok az bir zaman kaldığını söylüyor,
bilim ise daha 4 milyar yıl Güneş'imiz
bize yetebilir diyor.
Peki, Güneş'te 4 milyar yıllık yakıtın var olması,
insanlığın devamının garantisi midir?

Elbette değildir. Çünkü bir de üzerinde oturduğumuz Dünya var. Dünya Kuran'a göre, insanın hizmetine verilmiş, yaşanılabilir bir yer haline gelmesi için uzun bir macera yaşamış, insan ömrü ile kıyaslanamayacak kadar uzun bir zaman diliminde, ilahi bir niyet ile insanın yaşayabileceği bir küre olmuştur. Bakara, Enam, Taha, Rahman, özellikle ilk ayetler, Dünya'nın insan için nasıl hazırlandığını net ifade eder. Naziat 26. ayetten

35. ayete kadar, göklerin ve dünyanın nasıl hazırlandığını safha safha anlatır.

Yine Kuran'a göre Dünya, dağılmaya aday birtakım parçalardan (kıtaun mütecaviratun, Rad, 4) oluşmaktadır. Atmosferi ve yapısı insan müdahalesiyle bozulabilecek bir yapıdadır. Dolayısıyla insanın hayatı sadece Güneş'e bağlı değil. Dünya'nın kendisi de bağlı olduğu Güneş'ten ayrı olarak, varlığı sayısız tehlikeler ve tehditler altında bulunan bir küredir. Her an başını bir kuyrukluyıldıza çarpabilir, her an parçalarının birbirinden ayrılmasına sebep olacak depremlere maruz kalabilir. Yani Güneş'imiz yakıtını tüketmeden önce de Dünya kendisine verilen bonuslarını, insanın hırsı ve nankörlüğü yüzünden vaktinden önce tüketebilir.

Evet, biz inananlar biliyoruz ki kendi ömrümüz gibi bu Dünya ve bu âlem dahi fanidir. Günü geldiğinde Allah'ın izni eli, harap olacak, zıtların birlikteliği üzerine kurulan yapısı, zıtların ayrılığı çerçevesinde yeniden inşa edilecektir. İman ve iman ile alakalı maddeler bir merkezde temerküz edip cennet; küfür ve küfürle ilgili maddeler ve karanlıklar birikip cehennem halini alacaktır. Sanırım buna itirazı olan sadece kâfirlerdir... Museviler, Hıristiyanlar, Müslümanlar ve bir kısım Sabiiler bu âlemin de insan türünün de ebedi olmadığını bilmektedirler. İnsan denilen bu iblis veya melek müsveddesinin, önünde sonunda bu gerçek ile yüzleşeceğine inanmaktadırlar.

Peygamberimiz (sav), kendi bisetini (peygamber olarak gönderilişi) ilk kıyamet alameti olarak ifade etmiştir. Kendisi ile kıyamet arasındaki zamanın işaretparmağı ile ortaparmağın uzunluk farkı kadar olduğunu dile getirir. Onunla da kalmaz, İslam'ın hilafet saltanatının bin yıl süreceğini, ümmetinin ise bin beş yüz yıldan fazla yaşamayacağını ifade etmiştir hadislerinde.

Osmanlı, yıkılışıyla, peygamberin bu mucizesini ispat etmiştir. Hilafetin aynı zamanda saltanatı da uhdesinde bulundurduğu zamanlar tamı tamına bin yıl olmuştur. (Hilafetin saltanatı sürdüğü dönemler de vardır çünkü.)

Peygamber Efendimiz ümmetinin başına gelecek bazı hadiseleri de teşbihler ve temsiller şeklinde ümmetine haber vermiştir. Cemel Vakası, Sıffin Savaşı, kendisinden otuz yıl sonra dikta (ceberut) döneminin (Emevi saltanatı) başlayacağı, Türklerin İslam'a gireceğini (Ki Kuran'ın da buna işaret ettiği kabul edilmiştir, Maide, 54), Arap iktidarına son vereceğini, sonra yeniden Doğu'dan çekik gözlülerin geleceğini ve bir afet olarak İslamların üzerine çökeceğini (Moğol İstilası) ve hemen hemen İslam tarihi boyunca ümmetin önüne çıkacak tüm olayları mucizane haber vermiştir. Tabii bunlar teşbih ve temsillerle aktarıldığı için, olay yaşanmadan tam olarak anlaşılmamışlardır. Çünkü eğer katiyetle ve açık seçik haber vermiş olsaydı, sırrı bozulurdu. O yüzden olayları, üstü örtülü, daha doğrusu reddedilebilir şekilde aktarmıştır aleyhissalatu vesselam!

Resulullah, bize insanlığın en son ve en büyük savaşından da söz eder. Ona "Yavumül Melhame" (canın cana girdiği, etlerin birebirine geçtiği) der. Bunun da Amik ve Mercidabık (A'maka ve Dabika) ovalarında gerçekleşeceğini, savaşın arkasındaki gerçek muharrikin Yahudiler olacağını haber verir (Müslim, 9874).

Nitekim Kuran-ı Kerim'de Yahudilere iki kere yeryüzünde fitne çıkarabilme gücü verileceğini, bunlardan ilkinin cezalandırıldığını, ikincisinin zamanın geldiğinde de onlara son bir darbe vurulacağını haber verir. Ancak Kuran, ikincisine, "ikinci" demez, "Va'dul-Ahireti" der. Yani "İki kere yeryüzünde fesat çıkaracaksınız, ikinci fesadınızın zamanı geldiğinde..." demek yerine, "Ahiret vakti geldiğinde, yani kıyametin kopması zamanı geldiğinde..." diye bir ifade kullanır. **Böylece Yahudiler ile Müslümanlar arasında yaşanacak büyük melhamenin aynı zamanda insanlığın sonunu getireceğini haber verir.**[1] Nitekim yukarıda bahsi geçen hadisi yorumlayan birçok âlim, o savaşın ardından başlayacak büyük savaşta, insanlığın beşte dört nüfusunu kaybedeceğini haber verirler.

Rivayetlere bakılırsa bu büyük ve çetin savaşın devam ettiği süreçte beklenen Mehdi "Savaşçı Mehdi" ortaya çıkacak. Dünya tam bir hercümerç içinde iken, Hıristiyanların içinden çıkacak büyük bir ruhani kesim, Kuran'ın davet ettiği kelimede buluşmak üzere Müslümanların safında yer alacak ve Deccal ordularını yenerek, tam bir hükümranlık elde edecekler. Hadislerde "Hz. İsa gelir Mehdi'ye iktida eder" diye ifade edilen şey, bu şekilde tecelli eder.

"İyiler son bir kere kötülere galebe eder ve dünya, nasıl ki daha önce tam bir adaletsizlik ve zulüm ile istila edilmiş idiyse bu kez de hakiki bir adaletle kırk yıl idare olunur. Böylece, inananlar, 'eğer insanlık, Allah'ın insanlardan beklediği hal üzere olsalardı nasıl bir dünyada yaşayacaklardı' onun güzel bir örneğini sergileyecekler. Bu da en fazla kırk senelik bir zaman dilimidir. Ondan sonra doğudan ve batıdan 'yecüc mecüc' fitnesi doğar, tüm müminler yok edilirler ve kıyamet kâfirlerin başına patlar."

Yukarıda bahsi geçen hadisi birçok ehli keşif kendince tevil etmişlerdir. Ben onlardan Gürbüz Baba'nın tevilini akla çok daha yakın bulduğum için onu size aktaracağım. Şöyle der:

1 İsra, 3-7.

"İsrail Suriye'yi almadıkça Mehdi çıkmayacak. İsrail Suriye'yi vuracak. Suriyeliler Türkiye'ye kaçacak. Savaşta İsrail Medine'yi de bombalayacak. Filistin ve Lübnan'da çok kayıp verilecek. Türkiye'yi de vuracaklar. Daha sonra İsrail Hatay'dan vuracak. Amik Ovası kan gölüne dönecek. Türkiye'den insanlar 'Biz de Yahudi'yi ülkemizden çıkaralım' deyip orada toplanacaklar. Bu sırada Yunan, Türkiye'nin batısını vuracak. Amik Ovası'ndaki Türklerin bir kısmı geri dönecekler. Bir kısmı ise orada kalıp Yahudileri yok etmek için savaşacaklar. Türkler bu savaşın başında yenilecekler. Afganistan ve Türki devletlerden askerler gelip Mehdi'ye yardım edecekler. İstanbul bu savaşta işgal edildiği için Mehdi tarafından anlaşma yoluyla yeniden geri alınacak."

Abdullah Gürbüz Baba'ya göre Amik Ovası'nda Türkiye ile savaşacak olan asıl düşman Yahudilerdir. "Ancak bunlar İsrail mi, yoksa ABD, BM yahut Rusya mı olacağını göreceğiz" der.

Şeyh Abdullah Dağıstani, bu hadiste geçen *Beni Asfar'ı* Rusya olarak isimlendiriyor ve savaşın da "Türkiye'nin bir şey yapmasıyla başlayacağını" haber veriyor. Yine aynı rivayetlerde, **"Avrupa Türkiye'nin yanında yer aldıkça savaş çıkmayacak, ancak Avrupa sonradan Türkiye'nin arkasından çekilecek ve savaş başlayacak"** denilmiş...

Bu rivayetler çerçevesinden bakıldığında, Türkiye ve Rusya arası ne kadar iyi gözükse de muhakkak bozulacak. İki ülke arasındaki krizin sonucunda başlayacak Üçüncü Dünya Harbi dünyanın her bir tarafını ateşe verecek ve büyük ihtimalle atom bombaları da işin içine gireceği için insanlığın beşte dördü yok olacak... Sonra Mehdi ve Mesih işbirliği ile dünya yeniden kurulacak ve kurtla kuzu 40 yıl birlikte yaşayacak. Ve sonra tam anlamıyla kıyamet çağına girilecek. İnananlar sürek avı yapar gibi avlanacak. Amma bu, geride kalanların rahat edecekleri anlamına gelmiyor. Çünkü Kuran açık bir şekilde bunu yapacak olanları tehdit ediyor ve onların da ondan sonra fazla yaşayamayacaklarını haber veriyor. (Mülk Suresi, 28)

Şu anda iki Amerika (iki Batı) var. Birisi, Neoconların ve Evanjeliklerin idaresinde küresel sermayeyi de kullanan İsrail'e hizmet eden Batı, diğeri New York merkezli ve Hıristiyanlıktan gelen vicdanı ve şefkati özünde barındıran öteki Batı. Kuran ehli kitap içindeki bu ikiliğe temas eder, ikisini bir görmeyin der (Ali İmran, 113; 199). İşte ıstıfa edip Kuran'a iktida edecek Batı budur. Şu anda Amerika'nın içlerinde bu iki Batı kıyasıya bir mücadele sürdürüyor. Bu Vatikan'ı da temsil eden Batı'dır. Ancak Vatikan şu ana kadar Evanjeliklerin ve Neoconların aldatması ve İslami terörü temcit pilavı gibi sürekli insanlığın önüne sürmeleri yüzenden hâlâ İsrail'in çıkarları noktasında kullanılıyor. Fakat artık o dahi uyanmaya başladı.

Sık sık değindiğim bir mesele var bilirsiniz, Müslümanların bir vazifesi de "Hıristiyanlığı, Siyonist Yahudilerin boyunduruğundan kurtarmaktır" diye. Kuran da bu noktada Hıristiyan ruhanilerini uyarmaktadır Yahudilerin oyuna gelmemeleri konusunda. Şöyle buyurur: "Ey Kitap Ehli (Ey Hıristiyanlar)! Hakkın dışına çıkarak dininizde aşırı gitmeyin. Daha önce sapmış, birçoklarını da saptırmış ve dümdüz yoldan da şaşmış bir milletin (Yahudilerin) arzu ve keyiflerine uymayın." (Maide, 77)

Şuna emin olabilirsiniz, şu anda Rusya da Neoconcu, Amerika, Çin ve İran da –sıranın kendisine de geleceğini bilmeden– İsrail'e hizmet ediyorlar ve onun Büyük İsrail Devleti'ni kurması yolunda kullanılıyorlar. Bu coğrafyada en az on devlet yıkılacak veya parçalara ayrılacaktır. Ta ki İsrail "Büyük İsrail"i (Dünya KRALLIĞI) kurabilsin. Bunlar, Lübnan, Filistin, Mısır, Ürdün, Suriye, Irak, Kuveyt (Katar Bahreyn ve Emirlikler'i de bunun içinde sayalım) İran ve Türkiye'dir. Şu anda maalesef İsrail, İsra

Suresi'nde "Sizi (yeryüzüne dağılmış) oğullarınız ve mallarla destekleyeceğiz" ayetinin haber verdiği hal üzerindeler. Rusya, Amerika, İngiltere, Çin de onlara hizmet ediyor.

Dini Âlimlere Göre Türkiye III. Dünya Savaşı'na Girecek mi?

Osman Akfırat Efendi'ye göre en önemli ayrıntı Türkiye'nin III. Dünya Savaşı'na girmiş sayılmayacağı yorumudur. Buna benzer bir yorumu Fatih Nurullah Efendi yapmaktadır. O da Türkiye'nin III. Dünya Savaşı'na girmeyeceği kanaatindedir. Ancak diğer kaynaklara göre madem III. Dünya Savaşı Rusya'nın Türkiye'ye saldırmasıyla başlayacağına göre bu savaşa girmiş olması gerekir.

III. Dünya Savaşı'nın başlamasına Türkiye'de bir hareket neden olacak. Nasıl bir hareket olacak bilemiyoruz. Bu arada Osman Akfırat Efendi'nin bildirdiği "Türkiye'nin büyük savaştan önce Avrupa'dan dışlanması ve sonra NATO'dan çekilmemizi" nasıl değerlendirmeliyiz? Nâzım Kıbrısi'nin ifadeleri bunu bir nebze açıklar görünmektedir. Acaba savaş başlamadan önce Türkiye'nin içinde ne tür bir hareket olacak?

Nâzım Kıbrısi'ye göre: *"Şam hududu açılır ve hudut kalmaz. Sonra üç ay içinde büyük muharebe çıktığında Mehdi A.S.'ın çıkmasına üç ay var demektir."* ("Şam hududu açılır" ibaresini Abdullah Gürbüz Baba'nın "İsrail Suriye'ye saldırır ve Suriyeliler Türkiye'ye kaçar" ibaresi arasında ilgi kurabiliriz.)

"İslam askeri üç bölük olur; bir bölüğü döner kaçar, ikinci bölük şehit olur, üçüncü bölük sebat eder. Cenab-ı Hakk'ın yardımı yetişir ve Rus ordularının hepsini süpürür geçer. Ta İstanbul'a kadar yollar açılır."

"O büyük harbin sebebi Türkiye olacaktır. Türkiye'deki hareket büyük harbe dönüşecektir."

"Melhame-i Kübra Beni Asfar (Rus) kabilesinin Türk kavmine saldırmasıyla başlar. Adına 'Büyük Budama' denilen öyle büyük bir savaş olur ki, dünya Doğu ve Batı olmak üzere iki cepheye ayrılır. Nitekim Doğu'nun Batı'ya karşı yapacak olduğu bu savaşta insanların yedide altısı telef olur. Üç ile yedi ay kadar sürecek olan bu müthiş ve görülmemiş savaşta Beni Asfar kabilesi Amik Ovası'nda tamamen imha edilir."

"Türk ordusu Irak'a girdiği vakit, Ruslar kuzeyden gelecekler. Şam'dan da Amik Ovası'na Ruslara karşı savaşacak bir güç gelecek diye. Bu ordu üç bölümden olacak: Birinci birlik kaçacak çünkü savaşmaya halleri yok. İkinci birlik savaşacak ve şehit düşecek. Sonra üçüncü birlik çıkacak yola. Allah'tan manevi destek yetişecek ve bu birlik Rus ordusunu darmadağın edecek. Türkiye'ye yollar açılacak. Ruslar bu bölgeden düşecekler. O sırada Almanlar Avrupa'dan Rusya'ya; Japonlar Asya'dan Çin'e saldıracak..."

Yine bir hadis der ki: "El-Melhametü'l-kübrâ" (Büyük Savaş) ve Konstantinopoli'nin ikinci fethi 6 ay içinde olacak diye. Yedinci ayda Deccal çıkar. Burada ilk fetih Fatih Sultan Mehmet Han tarafından, ikinci fetih Ulu Önder Mustafa Kemal Atatürk tarafından gerçekleştirilmiştir. O halde ikinci fetih meselesi tartışmaya kapalı olup, gayet nettir.

24 Temmuz günü Ayasofya'nın ibadete açılması bu ritüele oynama masalıdır. AKP iktidarı, Erdoğan ve vatandaşlar bu ritüeli oynamışlardır. Kendisini MEHDİ zannedenlerin oyunla bu işin olmayacağını bilmesi gerekir. Konstantinopole-Hagia Sophia yani Ayasofya demektir. Burada sembol Ayasofya olup, manasının Kutsal Bilgelik anlamına geldiğini düşünürsek, Erdoğan'a taraftarları meydanlarda BÜYÜK USTA demektedirler. Yahudilerin Mehdi'sine hitapları "Büyük Usta" olup Mikail meleğinden bahisle, Ayasofya neden ibadete açılmış umarım anlamışsınızdır.

III. Dünya Savaşı ve Rusların İstanbul'u İşgali

"Kudüs'ün imar edilmesi, Medine'nin harap olması demektir. Ve Kudüs İsrail'in başkenti ilan edildi. Buna imar etmek deniliyor. Medine'nin harap olması, büyük savaşın (Melhame-i Kübra'nın) çıkması demektir. Büyük savaşın çıkması Kostantiniyye'nin fethi demektir." (Hadis-i şerif, Ebu Davud.)

Kudüs'ün Yahudilerin eline geçmesi ve yaklaşık iki bin yıl sonra Kudüs'te bir Yahudi siyasi otoritesi (sembolik de olsa bir Yahudi devleti) olması, Medine'nin harap olması yani İslam âleminin madden ve manen içler acısı bir halde olması demektir. İslam âlemi harap olmadan Yahudiler bu devleti zaten kuramazlar.

Hz. Mehdi'nin gayreti ile de Yahudiler ve Müslümanlar arasında, merkezi Amik Ovası-Şam civarı olan bir III. Dünya Savaşı yaşanacağı anlamına gelir. Dünya tarihinin en önemli kırılma noktasını oluşturacak bu savaş, aslında 2012 yılından beri fiilen başlamış durumda. Sadece dünya kamuoyuna "Suriye krizi" ya da "Ukrayna krizi" ya da "Dolar-euro-yen-ruble krizi" vs bahanelerle anlatıp, gerçekte içinde bulunulan hal gizleniyor. Suriye'de ABD ordusu ve CIA'in özel birlikleri Suriye devleti ordusu ile 2012'den beri sıcak çatışmalara girdiği oluyor. Suriye'de İsrail ordusunun resmi üniformalı askerleri ile savaşıldığı oluyor. İsrail ordusu, muhalifler ve mücahitler denilen teröristler çok sıkışınca Suriye topraklarına girip savaşarak bunları kurtarmaya çalışıyor. Buna karşılık Rusların, Çin'in, İran'ın da Suriye ve bütün Ortadoğu'da gerektiği her an kuvvet kullandığı görülüyor. Taraflar birbirlerinin nükleer denizaltılarını, uçaklarını bile vuruyor. En eğitimli askerlerini milis kıyafetleri ile sorunlu bölgelerde savaştırıyor. Ukrayna'da ayrılıkçı ve Rus yanlısı gruplara ABD'nin özel kuvvetlerine bağlı askerlerin kendi üniformaları ile müdahale ettiği anlar amatör kamera ile kaydedildi.

Maalesef dünyanın her tarafı böyle. Dünya fokur fokur kaynıyor ve III. Dünya Savaşı çoktan çıktı, yaşanıyor. Son aşamalarına, yani ateşin bütün dünyayı tam saracağı ana ramak kalmış durumda. Bu büyük melhamenin-savaşın bitmesinden birkaç yıl sonrasında da melhameyi kazanan Müslümanların (ki başka hadislerde Müslümanların kazanacağı haber veriliyor) bir kolu, İstanbul'u manen/silahsız olarak Fatih ve Atatürk'ten sonra üçüncü kez fethedecek demektir. Bunun ardından da o ordu, bütün dünya şehirlerini tek tek düşürecek, "dünya genelinde hâkim tek bir Yahudi Krallığı" kurmak isteyen ve bu maksatla iki asra yakındır bütün dünyayı birbirine katan Yahudileri-Siyonistleri ve işbirlikçi Batı veya Doğu'da kim, hangi ülke olursa olsun ezip geçtiği gibi, dünya genelinde BÜYÜK TÜRKİYE CUMHURİYETİ-Son Göktürk Devleti de kurulacak.

Bunu planlamış olan
ATAMAN GAZİ, ATATÜRK öncesinde
Büyük Atamız Bilge Kağan olup, son mührü
Gazi Mareşal Mustafa Kemal Atatürk vurmuştur.
Devamını bizler, yani Ata Türkler vuracağız.

Merkezi İstanbul olan Türk devletler birliği kurulacak. Nihayetinde dünyanın çok çok az bir kısmı hariç her yer Türk devletine dönüşüp Hz. Mehdi ismiyle telaffuz edilen Büyük Kağan ATA BİLGE tarafından İstanbul'dan idare edilecek. İşte İsa Aleyhisselam da tam bu sırada Müslüman dünyasının başına geçecek.

Kısacası AKP ve İslamistlerin, İslamcılık iddiası tamamen yanlış olup bu süreç Türk sürecidir. Her şeyi çarpıtarak kullanmaya alıştıkları için karşılarında bilgi sahibi insanlar olunca NUTUKLARI duruyor. Bu AKP'nin Ümmetçilik politikasının dayanağı ve Suriye içsavaşında oluşturduğu fitnenin ne kadar tehlikeli bir boyutta olduğunun göstergesidir. Çünkü İstanbul'u kurşun atmadan silahsız olarak teslim alan tek ordu Kurtuluş Savaşı'nı kazanan Türk ordusudur. O mübarek ordunun kumandanı Mustafa Kemal Atatürk'tür.

Fakat dayanaksız cahiller sürüsü, İslamcılık iddialarında Halifelik ve Saltanat'ın başkenti İstanbul'un dört buçuk yıl İngilizler tarafından işgal edildiğini görmezden gelerek, kendilerine yalandan tarihi ve bazı hurafeleri örnek alarak yeni bir tarih yazmaya çalışmışlardır.

Sultan Vahdettin'in haremindeki cariyelerin işgal kuvvetleri komutanları ya da askerleri tarafından tecavüze uğradıklarını dahi saklama gafletindedirler. Bu yüzden yukarıda İslamcıların iddiası olan İstanbul'un ikinci kez fethedilmesini üçüncü kez olarak tekrar yorumlamak zorunda kaldım. Çünkü İslamcıların Atatürk'ü bilinçsizce reddederek ortada bir savaş ve yeni bir devletin kurulmadığı söylemlerini her dakika söylemekten çekinmediklerini unutmayalım.

Mehdi'nin İstanbul'u Fethedeceği Rivayeti

İstanbul'un fethi hadis yorumlarına göre iki defadır. Birincisi Sultan Fatih hakkındaki hadistir. Ne güzel komutan denilen kişi Fatih Sultan Mehmet Han'dır. Bir de ikinci bir fetih geçer ki hadis yorumlarında işte o fetih rivayete göre Mehdi'nin fethidir.

Kendime sormadan edemiyorum Atatürk İstanbul'u işgal kuvvetlerinden geri aldığı halde hiç bir övgüye mazhar olmazken sadece sövgü layık görülüyor. Bana göre ise ikinci fetih

Atatürk'ün fethidir. O halde bir işgal daha geçirecekse ve fethedilecekse o zaman üçüncü bir fetih vardır.

Üçüncü fetih konusuna gelirsek: Büyük Savaş (Melhame-i Kübra) ile İstanbul'un fethi arasında 6 ay vardır. Büyük Savaş başladığında mı yoksa bittiğinde mi dersek doğru sonuca varabiliriz. Doğrusu, Büyük Savaş bittiği andan itibaren (Birinci Büyük Savaş, Rus ordusunun yenilmesi) 6 ay sonra İstanbul fethedilecektir.

Bu ne demektir? Şu demektir: Ruslar Amik Ovası'na inince Türk Ordusu ile savaşa tutuşurlar. ABD de Türk Ordusu'na yardım için savaşa dahil olur. ABD dahil olunca (bu III. Dünya Savaşı'dır) Rusya savaşı yayar ve Avrupa'ya saldırır. Ama aynı esnada Amik Ovası'ndaki savaşı kaybeder.

Amik Ovası'ndaki savaş Türk-ABD Savaşı'na dönünce işin rengi değişir ve Rusya fırsattan istifade İstanbul'u işgal eder. Ve bu işgal 6 ay sürer. Bu 6 ay içinde Hz. Mehdi (Bu durumda bir seçilmiş kişinin varlığından MANA olarak söz edebiliriz. Evet bu seçim çoktan yapılmıştır.) Mehdi'nin yönettiği İslam ordusu (dedikleri aslında Türk Ordusu) ile Süfyan'ı da öldürdükten sonra Türk-ABD Savaşı'na müdahil olur ve ABD ordusu tarumar edilir.

Rivayete göre bir ABD generali Rus ordusu yenilince "Savaşı Haç kazandı" diyecek ve Türk generali de "Vallahi İslam kazandı" dedikten sonra ABD generalini alnından vurup öldürecek. İşte o general Hz. Mehdi'dir.

Ayasofya Hakkında Sırlar Manzumesi

Tılsımlı olduğu düşünülen kapılar, kıyamet tarihinin yazılı olduğu söylenen sütun ve Hz. Meryem'in gözyaşı izleri... İşte Ayasofya hakkında en çok bilinen rivayetler:

1. Kutsal Kâse ile Birlikte Kaybolan Papaz

Bana göre Ayasofya efsaneleri arasında en çok şaşırtanı, kutsal kâse ile kaybolan papaz. İstanbul'un fethi sırasında Ayasofya'da vaaz veren papazın, kâsenin Müslümanların eline geçmemesi için bir kapıdan geçip kaybolduğu söyleniyor. Efsaneye göre; papazın kapıdan geçtiğini gören Müslümanlar, arkasından koşsa da kapının dümdüz bir duvara dönüştüğünü görüyorlar. Papazla ilgili söylenen bir başka rivayet ise İstanbul, Hıristiyan dünyası tarafından geri alınırsa kapı açılıp, papazın kaldığı yerden vaazına devam edeceği yönünde.

2. Hz. İsa'nın Kutsal Emanetleri Ayasofya'da

Ayasofya'nın en etkileyici sırlarından biri de Hz. İsa'nın çarmıha gerildiği haç ve kullanılan çivilerin gizli bir bölümde bulunması. Anlatılana göre; Kudüs'ten getirilen bu emanetler, Ayasofya'da gizli bir bölmede saklanıyor. Bu emanetlere Ayasofya'nın ev sahipliği yapmasındaki sır ise Hz. İsa'nın 40 bin yıl sonra dünyaya ineceği yerin Ayasofya olduğuna inanılması!

3. Hz. Meryem'in Gözyaşlarıyla Delinen Sütun

Nam-ı diğer "ağlayan direğin" bir zamanlar Meryem Ana'nın evinde olduğu söyleniyor. Hz. İsa'nın yakalandığını ve işkence edildiğini duyan Meryem Ana, gözyaşlarına boğulmuş ve akıttığı yaşlar bu sütunu eritmiş. Ayasofya yapılırken bu sütun Ayasofya'ya getirilmiş ve kilise bu sütunla kutsanmış. Kutsal olarak görülen sütun hakkında pek çok hikâye bulunuyor. Günümüzde Ayasofya'yı ziyaret edenler, Meryem Ana'nın gözyaşıyla oluşan deliği parmaklarıyla çeviriyor ve dilek diliyor. Sütun bu sebeple dilek sütunu olarak da biliniyor.

4. İslam Dünyasını Sembolize Eden Levhaların Sırrı

Ayasofya'ya, İstanbul'un fethi ile birlikte camiye dönüştürülmesinden sonra bir İslam mabedi atmosferi yaratmak için pek çok İslami motif eklenmiş. Bunların en önemlisi ise elbette Ayasofya'nın kubbesine yazılan "Allah, göklerin ve yerin nurudur" ayeti. Hz. Muhammed ile birlikte 4 halifenin isimlerinin yazıldığı levhalar ise İslam mabedi yaratılmasında büyük rol oynuyor. Öyle ki; bir dönem müzeye çevrilmek istenen Ayasofya'dan levhalar çıkarılmak istense de bu istek gerçekleştirilememiş. Çünkü levhaların kapılardan geçmesine imkân yokmuş. Kapılardan büyük olan levhaların, bu kadar büyük olmasının gerçek sebebi ise zaten buymuş!

5. Kıyametin Tarihi

Ayasofya ile ilgili bir diğer inanış; sütunların birinde kıyametin kopacağı tarihin yazması! Yapının güney girişindeki kapısından girildiğinde, 3. sütunun üzerinde Hz. Hızır tarafından kıyametin ne zaman kopacağına işaret eden bir tarih bulunuyor. Sütunun üzerinde ise tam olarak şöyle yazıyor: "On Sekizinde Yevm-i Pazar, sene 1038."

6. Ayasofya'daki Tabutun Sırrı

Ayasofya'nın kıble kapılarından ortada yer alanın içerisinde bir tabut bulunuyor. İnanışa göre bu tabut yerinden oynatılırsa Ayasofya'nın yıkılacağı düşünülüyor. Kraliçe Sofya'ya ait olduğu bilinen tabutun üzerindeki kubbede ise 4 melek figürü bulunuyor. Azrail, İsrafil, Cebrail ve Mikail meleklerinin figürleri ile tabut arasındaki ilişki incelendiğinde, tabutun yerinden oynatılması halinde Ayasofya'nın yıkılacağı düşünülmeye başlanmış.

7. Şeytanın Hapsedildiği Yer: Ayasofya

İstanbul'un fethinden sonra Fatih Sultan Mehmet, Ayasofya'nın camiye dönüştürülmesi görevini Akşemseddin'e veriyor. Cuma namazına yetiştirilmeye çalışılan Ayasofya'da, ne kadar çaba gösterilirse gösterilsin ilerleme olmayınca Akşemseddin, bunun sebebi olarak şeytanın işçilere verdiği vesveseler olduğunu anlıyor. Bunun üzerine dua edip, Allah'a yakaran Akşemseddin'in duaları kabul oluyor ve Allah, şeytanı Ayasofya'daki bir mermere hapsediyor.

8. Kapıların Tılsımı

Bu kadar efsane arasında, Ayasofya'ya giden herkesi büyüleyen gösterişli kapıların da bir hikâyesi var elbette! Ayasofya'nın birbirinden heybetli 361 kapısı bulunuyor. Ancak 101'i diğerlerinden büyük olan kapıların tılsımlı olduğu söyleniyor. Çünkü bu kapılar ne zaman sayılsa ortaya fazladan bir kapı daha çıkıyor.

9. Deisis Mozaiğindeki Sır

Mozaikleri ile göz dolduran Ayasofya'ya, 1264 yılında bir Deisis Mozaiği yapılıyor. Bu mozaikte yer alan Hz. İsa figürünün ise gerçekten İsa olmadığı söyleniyor. Bunun sebebi ise mozaikte yer alan İsa figürünün sağ kaşı üzerinde yer alan yara izi. Yara izi 11 sayısını işaret ediyor ve bu izin aslında Pisagorcu Tarikat Üyesi Apollon'a ait olduğu biliniyor. "Peki mozaikte neden Apollon var?" derseniz cevabı basit: Zorla Hıristiyanlaştırılan Paganlar, mozaiğe İsa figürü yapıyor görünseler de aslında Apollon'u resmediyorlar.

10. Pençe Nişanı

Ayasofya'nın güneydoğu tarafındaki kubbelerden birinin desteğinde, yerden tam 6 metre yükseklikte bir iz bulunuyor.

Pençeye ya da büyük bir ele benzetilen iz hakkında çeşitli söylentiler var. Bunlardan biri; Fatih Sultan Mehmet'in atının korkması sebebiyle bu sütuna elini dayaması. Atın hareketlerinin ise bu sütunu tahrip ettiği söyleniyor. Hikâyeyi cezp edici kılan ise yerin 6 metre yüksekliğindeki bir bölgeye atın ulaşması...

9. Bölüm

III. Dünya Savaşı ve Biyolojik Saldırılar

"Her savaş aldatmaca üzerine kuruludur."

– Sun Tzu

Kısır yapan tohumlardan kopan yaygara dünya basınındaki manşetlerden kaybolmaya başlayınca büyük tohum şirketleri, ABD Hükümeti'yle birlikte GDO tohumlarını, dünya nüfusunun boğazına tıkamak için özellikle üçüncü dünya ülkelerinde gittikçe zorlayıcı taktikler uygulamaya başladılar.

Genetik tohum şirketlerinin kullandığı "GDO Kurtuluş İncili"ni yaymada ikna teknikleri arasında rüşvet, baskı ve GDO tohumların yasadışı yollardan ülkelere sokulması gibi yöntemler vardı. 2002'de ABD Devlet Bakanlığı tüm yardım kuruluşlarına uluslararası birer polis gibi hareket etmeleri için talimat verdi. Bir hükümet kuruluşu olan USAID (Unidet States Agency for International Development-ABD Uluslararası Yayılma Ajansı) onlara GDO ithalatına karşı koyan herhangi bir ülkeyi bildirmeleri talimatını verdi. Yerel hükümetlerin GDO karşıtı tavırlarının "ticari mi, yoksa siyasi mi" olduğuna karar vermek için belge toplamaları tembih edildi. Eğer GDO karşıtlığı nedeni ticariyse o zaman ABD Hükümeti Dünya Ticaret Örgütü'ne ya da Dünya Ticaret Örgütü'nün yardım alan ülkeye karşı yaptırımda bulunması tehdidine başvuruyordu ki, bu fakir ülkeler için genellikle ciddi bir tehlike arz ediyordu.

Monsanto, DuPont ve diğer ABD tohum devlerinin GDO tohumları yaymalarına yardımcı olmak için, ABD Devlet Bakanlığı ve ABD Tarım Bakanlığı genetiği değiştirilmiş ürün fazlalıklarını acil durum kıtlık yardımı olarak vermek üzere işbirliği yaptı. Bu uygulama uluslararası yardım kuruluşları tarafından kınanan bir uygulamaydı. Çünkü Monsanto arkadaşlarına yeni pazarlar açma sürecinde, bir ülkenin yerel tarım ekonomisini yok ediyordu. Avrupa Birliği ABD Hükümeti'nin bu "fazlalıkların yardım olarak kullanılması" uygulamasını resmi olarak kınadı. Washington kınamayı yok saydı.

2003'ün başlarında Hindistan Hükümeti 1000 ton genetiği değiştirilmiş soya mısır karışımının ülkeye ithalini durdurdu. Bunun nedeni ise genetiği değiştirilmiş gıdaların insan sağlığına zararlı olabileceği ve bu gıdaların henüz yeterli derecede test edilmemiş olmasıydı. ABD gıda yardımı örgütleri, CARE ve Katolik Yardım Hizmetleri aracılığıyla yapılan ithalat bu nedenle onaylanmadı. USAID bu önemsiz gerçeği yok saydı ve baskı yaptı.

Uluslararası yardım kuruluşlarının uzun suredir yaptığı uygulama gıda tedarikini serbest piyasadan ve eğer mümkünse yardımı alacak olan ülkeden ya da komşu ülkelerden sağlamaktı. USAID, ABD merkezli bu yardım kuruluşlarının yalnızca USAID'ın tedarik ettiği tahılları yardım olarak göndermesini hükmetti; yani ABD'nin genetiği değiştirilmiş tahıllarını. ABD yardım olarak kendi gıda fazlasının yardım olarak kullanılmasında ısrar eden tek bağışçı ülkeydi.

Ekim 2002'de Londra'daki *Guardian* gazetesi ABD Hükümeti'nin ciddi bir kuraklık durumunda Afrika'nın güneyindeki altı ülkeye 266 milyon dolar değerinde acil durum kıtlık yardımı vermeyi teklif ettiğini duyurdu. Ancak, her ne kadar piyasada geleneksel (genetiği değiştirilmemiş) mısır fazlası olsa da, bunu yalnızca ABD depolarındaki fazlalık olan GDO'lu mısır ile yapacaklarını açıkladılar.

Mısır, Afrika'nın o bölgelerinde ana üründü. Zambia, Malavi ve Zimbabve sağlığa olası tüm zararlarını vurgulayarak GDO'lu mısır yardımını reddettiler. AB ve diğer gıda yardımı yapan ülkeler, bu ülkelere serbest piyasada kendi gıdalarını almaları için doğrudan para yardımında bulunuyordu ki, kıtlık durumlarında uluslararası alanda geleneksel uygulama buydu.

"Washington'un amacı başkaydı; GDO'lu tohumları her yolu deneyerek olabildiğince çok ve hızlı bir şekilde yaygınlaştırmak."

USAID Yöneticisi, Andrew Natsios'a basın tarafından soru yöneltildiğinde geri adım attı: "Aç insanlar tohum ekmezler. Tohumları yerler." GDO'lu tohumları alan çiftçiler elbette bu tohumları bir sonraki mahsul için de ekiyorlardı ancak ne tür bir tohum aldıklarından haberleri yoktu. Tohumlar herhangi bir GDO etiketiyle gönderilmemişti. Monsanto ya da DuPont ya da diğer tohum devleri bunu daha sonradan açıklıyorlardı. Birleşmiş Milletler, Güney Afrika, Kenya ve yakınlardaki ülkelerde açlık yardımı için 160.000 ton mısır gibi geleneksel (genetiği değiştirilmemiş) tahıl bulunduğunu iddia etti.

George W. Bush Haziran 2003'te Avrupa'daki G8 Zirvesi'nde kampanyayı desteklemek için oval ofisin tüm ağırlığını kullandı: "Avrupa'daki ortaklarımız yersiz ve bilim dışı korkular nedeniyle tüm yeni biyoteknoloji mahsullerini engellediler. Bu, birçok Afrika ülkesinin biyoteknolojiye yatırım yapmalarına engel oldu. Çünkü bu ürünlerin Avrupa pazarından dışlanacağından endişe ettiler."

Bush AB'den 1997'de GDO'lara getirdiği yasağı kaldırması için ortamı kızıştırıyordu. Güney Afrika, dünyadaki en bereketli topraklardan birine, zengin su kaynaklarına ve elverişli bir iklime sahipti. Monsanto ve Cargill gibi tarım işletmelerinin, endüstriyel şirket tarımı ve GDO'lu bitki üretimlerinin kullanılması olasılığı karşısında büyük ihtimalle ağızları sulanıyor olmalıydı. Karşılarındaki tek engel birkaç on milyon fakir Afrikalı idi.

Ancak yeni bin yılın ilk aylarında GDO'lu tohumlarının teşviki için tek hedef Afrika değildi. Monsanto, DuPont, Syngenta ve diğer büyük genetik tohum şirketleri baskı, rüşvet ve diğer yasadışı taktikleri, Polonya'dan Endonezya'ya ve ötesine, tohumlarını yaymak için kullandılar. Monsanto, Endonezya'da üst düzey bir hükümet yetkilisine yeni genetiği değiştirilmiş mahsullerin denetimini kaldırması için 50.000 dolar rüşvet vermekten ötürü suçlandı. Mahkeme kayıtları rüşvetin ABD'deki Monsanto Merkezi'nde onaylandığını gösterdi. Monsanto daha sonra suçlu bulundu ve ceza ödedi.

Monsanto ve diğer büyük tarım şirketleri Avrupa'nın en zengin topraklarından birine sahip olan Polonya'da yasadışı yollardan GDO'lu tohum ekiyorlardı. Monsanto, Brezilya'ya yasadışı yollarla büyük oranlarda GDO'lu soya sokmak ve ekmekle suçlandı. Hükümet en sonunda 2005'in başlarında, yayılmanın denetlenmesinin boşuna bir çaba olduğunu söyleyerek GDO yasağını kaldırdı. Gen Devrimi olası tüm yöntemleri kullanarak ilerlemesini sürdürüyordu.

Monsanto, Dow, DuPont ve onları destekleyen
Washington Hükümeti'nin belirgin stratejisi
GDO'lu tohumları yeryüzünün her köşesine yaymaktı.
Bunu yaparken de önceliği savunmasız,
ağır borç yükü altındaki Afrika ve
diğer gelişmekte olan ülkelere ya da Polonya
ve Ukrayna gibi hükümet denetimlerinin az,
yolsuzlukların yüksek olduğu ülkelere verdiler.

Bir kez ekildikten sonra tohumlar tüm bölgeye yayılacaktı. İleriki bir tarihte, küresel GDO tohum şirketleri, Dünya Ticaret Örgütü yaptırımlarıyla tehdit ederek gezegenin gelişen bölgelerindeki tohum tedarikine hâkim konumda olacaklar ve dilerlerse yaşamak için gerekli olan tohum tedarikini kesebileceklerdi. İstihbarat terminolojisinde böylesi bir kapasite "stratejik kırmızı güç" olarak bilinir. Olası bir düşman ya da rakip, kaynağı kontrol eden kişilerin siyasi isteklerine boyun eğmedikleri sürece stratejik bir kaynaktan mahrum bırakılabilir enerji ya da bu durumda gıdaya da mahrum bırakılmakla tehdit edilebilir.

Kısır Yapan Tohumlardan Sperm Öldüren Mısırlara

Peki, nasıl olur da bu durum ABD'deki Rockefeller Vakfı, Ford Vakfı ve diğer büyük oyuncuların uzun dönemli nüfus kontrolü stratejileriyle ilişkilendirilebilir? Yanıt kısa sürede ortaya çıkacaktır.

San Diego'da küçük bir biyoteknoloji şirketi olan Epicyte, Eylül 2001'de yaptığı bir çalışmayla ilgili olarak bir basın toplantısı düzenledi. Şirket yarattıkları en son GDO mahsulünü açıkladı: Gebeliği engelleyen mısır.

Gebelik bağışıklığı olarak bilinen bir durumu olan kadınlardan antikorlar aldılar ve bu kısırlaştırıcı antikorların üretilmesini düzenleyen genleri ayırdılar ve kalıtım mühendisliği yöntemlerini kullanarak mısır bitkisinin oluşmasını sağlayan mısır tohumlarına bu genleri iliştirdiler. "Sperm öldürücü antikorlar üreten mısırlarla dolu bir seramız var" dedi, Epicyte Başkanı Mitch, hem de övünerek.

Dünyadaki egemen basın tarafından pek üzerinde durulmayan bu çarpıcı açıklamanın ardından, Epicyte stratejik bir araştırma ortaklığı ile lisans anlaşması yaptı. Bu anlaşmayı ABD'deki üç büyük genetik şirket tarımcılığı tohum evinden biri olan Dow AgroSciences aracılığıyla Dow Kimyasallar ile yaptı. O zaman yaptıkları açıklamaya göre bu ortaklığın amacı Epicyte'nin teknolojik devrimini Dow AgroSciences'ın "genetik mühendisliği mahsullerdeki gücü" ile birleştirmekti. Epicyte'nin ürün adayı antikorları, mısıra dönüştürülüyordu. Epicyte ve Dow kuruluşları gen değişimli bitkilerde antikorların açılım, sabitlik ve birikimini etkileyen etmenleri araştıran dört yıllık bir programda anlaştılar. Epicyte aynı zamanda Novartis Tarım Keşif Enstitüsü (Syngenta) ve Baftimoredan ReProtect LLC ile gebeliği engelleyen antikor temelli mikrobisitler geliştirmek için de işbirliği yaptı.

6 Ekim 2002'de CBS haber kanalı "Kısır Tohum" teknolojisinin geliştirilmesi için de canla başla çalışan ABD Tarım Bakanlığı'nın, çeşitli mahsullerde ilaç ve ilaç bileşikleri yetiştirilmek üzere ülke çapında 32 deneme tarlasını parasal olarak desteklediğini açıkladı. ABD Hükümeti'nin tarla denemeleri, Epicyte'nin "sperm öldüren mısır" teknolojisini de içeriyordu. Açıklanmayan şey ise ABD Tarım Bakanlığı'nın ABD Savunma Bakanlığı'ndaki bilimadamlarına deneme tarlalarındaki sonuçları iletiyor olması idi. Bunu Maryland'deki Edgevvood (Ecvud) Kimya ve Biyoloji Merkezi gibi sayısız biyolojik araştırma merkezleri aracılığıyla yapıyorlardı.

Daha önceden gebelik engelleyici antikorların üretimi, kobay faresi yumurtalık bakterisinin kullanıldığı ultra steril, özel fermantasyon koşulları için maliyeti 400 milyon dolara kadar çıkabilen pahalı tesisler gerektiriyordu. Epicyte özel GDO'lu sperm öldürücülü mısırı yetiştirmek için 40 hektarlık alanın yeterli olduğunu ve sperm öldürücü için gerekenin çok üzerinde antikor üretileceğinden bunun birkaç milyon dolara mal edilerek maliyeti yüzde 90 düşüreceğini iddia etti.

Yaptıkları kısa kamuoyu açıklamasında Epicyte,
dünyanın "aşırı nüfus artışı" sorununa
bir çözüm olarak
sundukları sperm öldürücülü mısırın
2006 ya da 2007'de ticari olarak
piyasaya sunulacağını tahmin etti.

Basın açıklamasından sonra insan spermini öldürecek sperm öldürücülü mısır yaratmadaki Epicyte'nin çığır açıcı başarısı ile ilgili tartışma sona erdi. Epicyte Mayıs 2004'te Kuzey Carolina'dan (Karolayna) bir biyoteknoloji şirketi olan Pittsboro tarafından satın alındı. Daha sonra, sperm öldürücülü mısırın geliştirilmesi hakkında basında daha fazla bir şey duyulmadı ve konu unutuldu.

Yenildiğinde erkeklerde spermi öldüren bir mısır türünün yaratacağı siyasi çalkantı nedeniyle araştırmaların gizlice devam ettiği yönünde söylentiler dolaştı. Meksikalı çiftçiler Oxaca'daki (Ohaka) Meksika mısır tohumu hazinesinin kalbine genetiği değiştirilmiş mısırların yetkisiz bir şekilde yayılmasına karşı zaten isyan halindeydiler.

Epicyte'nin sperm öldürücülü antikorlarını içeren mısırın -ki mısır Meksikalıların temel gıda maddesiydi- yaratacağı etkiyi düşünmek çok da zor değildi. Bush yönetiminin vergi muafiyetleri sayesinde vergilendirilmeyen ve çok zengin olan. ABD'deki güçlü seçkin çevrelerin stratejik bir öncelik olarak genetiği değiştirilmiş tohumları neden gıda zincirine katmak istedikleri gittikçe anlaşılıyordu.

Seçkinler yalnızca Rockefeller, Ford Vakfı ve diğer ABD'li en zengin ailelerin büyük özel aile servetlerine bağlı kuruluşları içermiyordu. ABD Devlet Bakanlığı, Ulusal Güvenlik Konseyi,

ABD Tarım Bakanlığı ile Uluslararası Para Fonu (IMF), Dünya Bankası'nın lider siyasi kadrosuyla beraber Birleşmiş Milletler (UN) kuruluşları olan Dünya Sağlık Örgütü ve Gıda ve Tarım Örgütü de bu seçkinler arasındaydı.

İnsan üreme sistemi üzerinden nüfusu kısıtlamak istiyorlardı.

Bu niyet hakkında kuşkusu olanlar Rockefeller Vakfı'nın Birleşmiş Milletlerin Dünya Sağlık Örgütü ile birlikte Meksika, Nikaragua, Filipinler ve diğer gelişmekte olan fakir ülkelerde yaptıkları çalışmalara bakabilirler. Vakıf devrimsel tetanos aşısını geliştiren Dünya Sağlık Örgütü'nün "üreme sağlığı" programını sessizce finanse etti. Bu, Rockefeller Vakfı'ndakilerin bir anda karar verdikleri bir şey değildi. Araştırma fonunun gerçekten neye hizmet ettiği konusunda bir şey bilmediklerini de iddia edemezlerdi. Vakıf, genetiği değiştirilmiş mahsulleri de kapsayan biyoteknoloji alanlarındaki araştırmalara para aktardığı sıralarda, Dünya Ticaret Örgütü'nün araştırmacılarıyla 1972'den beri yeni bir aşı geliştirmek için çalışmışlardı.

Küresel Aşı Enstitüsü raporlarına göre 1990'ların başlarından beri Dünya Sağlık Örgütü Nikaragua, Meksika ve Filipinler de büyük aşı kampanyaları düzenlemişti. Bir Katolik örgüt olan Meksika Yaşam Komitesi (Comite Pro Vida de Mexico) Dünya Ticaret Örgütü'nün programının ardındaki gerçek niyetten kuşkulandı ve çok sayıda aşı ampulünü test etmeye karar verdi. Test sonuçlarında ampullerin Koryonik Gonadotropin ya da hCG içerdiği ortaya çıktı. Paslı çivi yarası ya da toprakta bulunan belli bakterilere temas yoluyla oluşan kazıklı humma enfeksiyonuna karşı insanları korumak için tasarlanmış bir aşıda bulunması kuşku uyandıran bir maddeydi bu. Ayrıca tetanos hastalığı da öyle çok yaygın değildi.

hCG'nin gebeliği sürdürmek için
ihtiyaç duyulan doğal bir hormon oluşu da
bir diğer kuşku nedeniydi.
Ancak hCG, tetanos toksoid taşıyıcısıyla birleştiğinde
hCG'ye karşı antikor üretimini tetikliyordu
ve böylece kadınlar gebe kalamıyordu;
bu gizli bir düşük demekti.
hCG hormonlu aşılara dair benzer raporlar
Filipinler ve Nikaragua'dan da geldi.

Meksika Yaşam Komitesi Dünya Sağlık Örgütü'nün aşı programı ile diğer bazı kuşku uyandıran gerçekleri de onayladı. Tetanos aşısı sadece 15-45 yaşları arasında gebe kalma yaşlarında olan kadınlara yapılmıştı. Dahası, her ne kadar tek bir aşı bile en az on yıl yetse de, kadınların yeterli derecede hCG aldıklarından emin olmak için, birkaç ay aralıkla, üç ardışık aşı yapılmıştı. hCG'nin varlığı aşının açıkça "bozuk" olduğunu gösteriyordu. Tetanos hCG aşısı yapılan hiçbir kadına aşının düşük yapmaya neden olan bir etken içerdiği söylenmemişti.

Meksika Yaşam Komitesi biraz daha derinleri eşeleyerek Rockefeller Vakfı'nın John D. Rockefeller III'ün Nüfus Konseyi, Dünya Bankası. Birleşmiş Milletler Gelişim Programı ve Ford Vakfı ve diğerleri ile birlikte, hCG'yi tetanos ve diğer aşıları kullanarak gebeliği engelleyici bir aşı geliştirmek için 20 yıldır Dünya Sağlık Örgütü ile birlikte çalıştığını ortaya çıkardı. Dünya Sağlık Örgütü araştırmasına parasal destek veren "diğerleri" arasında Tüm Hindistan Tıp Bilimleri Enstitüsü ve Helsinki

Üniversitesi, Ohio Devlet Üniversitesi ile İsveç'te Uppsala Üniversitesi yer alıyordu.

Saygın tıp dergisi, *Lancet*, 11 Haziran 1988'de yayımladığı "Dünya Sağlık Örgütü'nün Doğum Kontrol Aşısının Klinik Bulguları" adlı bir makalede Meksika Yaşam Komitesi'nin bulgularını teyit etti. Peki, neden Tetanos Toksoid "Taşıyıcısı"? İlgili bilimadamlarından G. P. Talwar'a göre, insan bedeni kendi doğal olarak oluşturduğu hCG hormonuna saldırmaz, hCG antikorlarını kullanan başarılı bir gebelik engelleyici aşı geliştirebilmek için, hCG'nin istilacı bir düşman olduğuna dair bedenin inandırılması gerekir.

1993'ün ortalarında, Dünya Sağlık Örgütü (WHO) var olan kısıtlı araştırma bütçesinden toplamda 365 milyon doları basit tabiri ile "üreme sağlığı" olarak adlandırılan projeye aktardı. Proje kapsamında tetanos aşılarına anti-hCG antikorları yerleştirmek de vardı. Dünya Sağlık Örgütü aşı yaptıkları kadınların neden anti-hCG antikorları ürettiğini açıklamadı.

"Kürtaj Karşıtı ve Katolik" kaynaklardan geldiğini ileri sürerek Meksika Yaşam Komitesi'nin bulgularını reddettiler. Kürtaj Karşıtı ve Katolik olmanın, bulgulara gölge düşüren önemli bir önyargı nedeni olduğunu ima ettiler. Eğer mesajı yalanlayamıyorsan o zaman hiç olmazsa mesajı iletenin güvenilirliğini zedele.

Filipinlerdeki kadınlar üzerinde kullanılan tetanos aşılarından dört ampul daha Manila'daki St. Luke Lutheryan Tıp Merkezi'ne gönderildikten ve yapılan testler hCG pozitif çıktıktan sonra Dünya Sağlık Örgütü'ndeki görevliler taktik değiştirdi. Dünya Sağlık Örgütü bu sefer, hCG'nin üretim aşamasından kaynaklandığını iddia etti.

Aşı Kanadalı Connaught Laboratuvarı Ltd. ve Avustralya CSL Laboratuvarları tarafından üretilmişti. Dünyanın en büyük aşı üreticilerinden biri olan Connaught. Fransız Rhone Poulenc farmasötikleri grubuna aitti. Connaught'un diğer araştırma projeleri arasında HIV (AIDS) virüsünün kalıtım mühendisliği yoluyla tasarlanmış türünün üretimi de bulunmaktaydı.

Nüfus azaltımı ve kalıtım mühendisliği ürünü mahsulleri aynı büyük stratejinin parçaları olduğu açıktı: Dünya nüfusunun büyük oranlarda azaltılması. Aslında bu, "dünyanın açlık sorununu çözme" adı altında ileri sürülen, Pentagon'un biyolojik harp olarak adlandırdığı şeyin akıllıca bir biçimiydi.

Gizli GDO Gündemi Ortaya Çıkıyor

ABD ve İngiltere hükümetlerinin genetik olarak değiştirilmiş tohumları acımasızca tüm dünyaya yayma girişimleri, aslında Rockefeller Vakfı'nın 1930'lardan beri onlarca yıldır süren Nazi soy arıtım araştırmalarına para aktardığı sır siyasetinin uygulanmasıydı: Yani Anglosakson beyaz seçkinlerin, daha koyu renkteki soyların nüfuslarını toplu halde azaltması. Bu çevreler gördüler ki savaş, nüfus azatlımı için çok pahalıydı ve pek de etkili bir yol değildi.

1925'te İngiltere'den koyu ırkçı Winston Churchill, biyolojik harp olanaklarını destekleyen yorumlar yaptı ve "insanlar ve hayvanlar üzerinde bilinçli olarak kullanılabilecek salgın hastalıkları, mahsulleri yok edecek bakterileri, at ve sığırları öldürecek şarbonu sistemli bir şekilde üretebilen" bir hükümete ihtiyaç duyulduğunu yazdı. Sene 1925'ti.

ABD Hava Kuvvetleri (USAF) Hava Doktrin, Araştırma ve Eğitim Koleji'nden Yarbay Robert P. Kadlec, 1990'da yazılan *Ge-*

leceğin Savaş Alanı adlı kitapta genetiği değiştirilmiş mahsullerin biyolojik harpteki gücünü tartıştı. GDO temelli biyolojik silahlardan "düşük maliyetli kitle imha silahları" olarak bahsetti. Şöyle diyordu Kadlec: "Diğer kitle imha silahlarıyla kıyaslandığında biyolojik silahlar ucuzdur. Teknoloji Ofisi'nin yaptığı son bir değerlendirme raporu bir Biyolojik Harp cephaneliğinin maliyetinin 10 milyon dolara kadar düşebileceğini rapor etmiştir. Tek bir nükleer silahın geliştirilmesinin 200 milyon dolar olduğu göz önüne alınırsa, bu çok düşük bir rakamdır.

Kadlec sözlerine şöyle devam ediyor:
"Biyolojik silahları bir salgın ya da
doğal olarak ortaya çıkan bir hastalık kisvesi altında
kullanmak saldırgana,
saldırısını inkâr etme fırsatını verir.
Bu bağlamda biyolojik silahlar nükleer silahlardan
daha fazla imkânlar sunmaktadır."

Biyolojik silahlar ve kalıtım mühendisliği araştırma projesi, Sunshine'ın (Sanşayn-Güneş ışığı) raporuna göre "ABD, İngiltere, Rusya ve Almanya kalıtım mühendisliği yoluyla biyolojik harp etkenleri tasarlamış, yeni ölümcül türler üretmiştir. Kalıtım mühendisliği, klasik biyolojik silah türlerini artırabilir. Bakteriler antibiyotik ya da aşılara dirençli hale getirilmekle kalınmaz daha zehirli ve tespiti zor kılınabilir..."

Özellikle Kısır Tohum vakasında GDO sperm öldürücülerde ve diğer Gen Devrimi gelişmelerinde Bush yönetimi, biyolojik silah geliştirilmesi üzerindeki yasakları kaldırdı ve aynı anda küresel ısınma ve C02 salınımları ile ilgili Kyoto Protokolü'nü kabul etmeyi reddetti. Biyolojik silah protokolü Washington'daki yeni yönetimin oybirliği ile reddettiği en önemli konuydu. Ancak basının büyük bir kesimi, kendine verilen görevi yaptı ve dikkatleri Bush'un Kyoto protokolünü reddetmesine çevirerek, yönetimin biyolojik ve zehirli silahları yasaklama hakkında işbirliği yapmayı reddedişi konusunu yok saydı.

İngiliz Tıp Derneği'nin 2004 yılında yaptığı bir açıklama "genetik silahlar teknolojisindeki" gelişmelere atıfta bulunarak dünyada "yalnızca belirli etnik grupları öldürebilecek ürkütücü biyolojik silahların yapılmasına birkaç yıl kaldığını" açıkladı.

Önemli detaylardan birisi ise laboratuvar olarak kullanılan alanlardan birisinin Türkiye olması. III. Dünya Savaşı'nın ana noktası olan Türkiye, virüs yolu ile bulaştırılan hastalıklar ve doğum oranlarında yaşanan düşüşler gibi olgularla boğuşuyor. Aslında plan tıkır tıkır işliyor.

Savaş sadece cephede kazanılmıyor. Sofranıza yemek olarak gelen gıda bile artık silah olmuşsa ve bunun altından yine bildik isimler ve Siyonizm çıkıyorsa oturup iki kere düşünelim. Sadece düşünmeyelim! Harekete de geçelim.

Biyolojik Saldırılar Çoktan Başladı

Mekanik silahlar, tank, top gibi savaş silahları bundan sonra kullanılmayacak! Bundan sonraki savaşlar nükleer biyolojik savaşlar olacak.

"Buzulların erimesi ile önümüzdeki yıllarda İngiltere, Belçika, Hollanda gibi ülkeler sular altında kalacak. Bu herkesin bildiği bir konu! Peki bunu bilen ülkeler boş durur mu? İnsanlar artık gelecekleri için güvenli topraklar arıyor. Yüksek rakımlı yerlerde ve göz koyduğu topraklara durup dururken top, tüfek gibi silahlarla saldırmaları da mümkün olmadığına göre, havadan, kara-

dan veya denizden yapay bir virüs yayabilirler. Veya göz koydukları ülkeye saldırmak için bahane üretebilirler!"

Bu satırları beş yıl önce kaleme aldım. Bu kitabı hazırladığım 2020 yılını Covid-19 salgını ile geçiriyoruz. Virüsler, bakteriler artık hepimizin yakından tanıdığı varlıklar olarak hayatımızda.

Afganistan ve Irak'ın bulunduğu coğrafyayı düşünün, ABD'deki ikiz kule saldırılarını hatırlayın, ardından gelişen olaylar kimin lehine oldu? Virüs deneme amaçlı da yayılabilir. Yapay bir virüs yapılırken çeşitli deneyler yapılır, virüslerin yapıları zamanla değişikliğe uğrar ve teşhis edilmesi güçleşir. Teşhis edilmesi güçleştikçe de korunmak imkânsız hale gelir! Beş yıl önce yazmış olduğum teori tam da bu şekildeydi.

Biyolojik harp silahı üreten ülkeler, ürettikleri biyolojik silahın gücünü denemek için değişik virüsler yayabilirler. Son yıllarda sık sık ortaya çıkan, insan, hayvan ve bitki hayatını tehdit eden, Kuş Gribi, Kırım Kongo, Hanta, Domuz Gribi, Ebola, SARS gibi virüslerin de deneme amaçlı yayıldığı da düşünülebilir.

Tespit etmek çok güç! Biyolojik silahlar hava, deniz veya karayolu ile herhangi bir ülkeye rahatlıkla bulaştırılabilir.

Bunları tespit etmek son derece güçtür. Bu biyolojik harp maddeleri, ülkede çok büyük maddi ve sağlık sorunlarına yol açabilir. Aslına bakarsanız biyolojik silahlar 20. yüzyıl başlarından itibaren denenmeye başlandı. I. Dünya Savaşı'ndaki Veba salgınını hatırlayın. Bir anda milyonlarca insan yok olmuştu. Bunun da fareler aracılığıyla yayılan bir biyolojik silah olduğu iddia edildi. Veba biyolojik silahlar listesinde ilk sıralarda yer alır.

10-15 yıl önce Ege Bölgesi'nde yetişen tütünlerde çok sık "mavi küp" hastalığı oluyordu. Tütünler ve yetiştirici çiftçiler büyük zarar görüyordu. O zaman da çiftçiler bunun Yunanlılar tarafından atılan bir biyolojik silah olduğunu iddia etmişlerdi.

AIDS virüsü çıktığı zaman yaptığımız araştırmalardan sonra, ABD'de "Biyolojik Harp Silahı" yapım yerinde bu yapay virüsün üretildiğini ve bir astsubay tarafından dışarıya taşındığı iddia edilmişti.

Tekrar ediyorum,
bundan sonra kimyasal silahlarla savaş olmayacak!
Bundan sonraki devir, virüsler
ve mikroplarla yapılan biyolojik savaşlar devri!

Bana göre, Covid-19 virüsünü laboratuvarda üretip insan eliyle tüm dünyaya taşıdılar. Çin ve ABD arasında virüsü "sen yaydın, ben yaydım" kavgası hâlâ sürüyor. Kesin olan şu, virüs Vuhan şehrinde üretildi ve dünyaya taşındı. Sonrasında ise son üç yüz yıldır dünya para baronluğuyla özdeşleşmiş Siyon ailelerinin imparatorluğu çökmeye başladı. Pekin bu imparatorluğun yeni karargâhı olma yolunda ilerlerken bir anda ekonomik açıdan çöktü. Pekin ile işbirliği yapan AB ülkeleri ve ABD derin devleti, imparatorluğun kalelerine Avrupa ve ABD sınırları içerisinde askeri operasyonlar dahil birçok operasyon yaptı.

Unutmayın! Her salgının peşi sıra ekonomik buhran gelir. Kriz sonrasında ise içsavaş, bölünme, dış savaş ve işgaller yaşanır. Bu panorama hiç değişmemiştir.

Bitirirken...

Yaşadığımız günlerin önemi ancak onlarca yıl geçtikten sonra daha net anlaşılacak gibi. Şu anda yaşadığımız zaman kesiti ile alakalı ilk tespit şu olmalıdır ki, dünya, adı konmamış III. Dünya Savaşı'nı yaşamaktadır.

Bu savaş bildik araçlarla, ordularla değil, başka parametreler kullanılarak yaşanmaktadır. Bu savaşın kıtalararası boyutu; ABD, Çin, Rusya, pasifik boyutu ise ayrı bahistir. Bizi ilgilendiren cephesi, tam da yaşadığımız coğrafyada geçmekte ve bizi her yönüyle alakadar etmektedir. Deyim yerindeyse bizim etrafımızda at izi it izine karışmıştır. Türkiye ve Rusya, duruşları ve yerleri farklı da olsa bu savaşın esas hedef ve taraflardan en önemlisidir.

Peki diğer taraflar kimlerdir? Hepimizin bildiği Batı diye tanımladığımız emperyal dünyadır. Bu savaşın komuta kontrol merkezinde ise her zaman olduğu gibi ana aklı temsilen İngiltere var. 20. yüzyılın başındaki I. Dünya Savaşı'nın ana aklı ve aktörü olan İngiltere, II. Dünya Savaşı'nın kurmay aklını oluşturmuştur. Bugün yaşadığımız III. Dünya Savaşı'nın perde arkasındaki üst akıl da, kurmay başkanı da yine hiç kuşkusuz İngiltere'dir.

Abdullah Gül'ün İngiltere seyahatinde Kraliçe Elizabeth ile kadeh kaldırmasının perde gerisinde, Ortadoğu'da başlayan içsavaş dalgası Arap baharı vardır. Fitneyi başlatan süreç bu kadehin tokuşturulduğu andır. Tekrarında unutmayalım ki İngiltere Deniz Kuvvetleri'ne ait AMİRAL gemisi İstanbul boğazında Dolmabahçe önüne demirlemiş ve dönemin Cumhurbaşkanı Gül ile Başbakan Erdoğan bizzat basına kapalı olarak İngiltere Kraliçesi Elizabeth'in verdiği yemeğe katılmışlardı.

Bu yemekte nelerin konuşulduğunu kimse hâlâ bilmiyor. Sahnede her ne kadar ABD'yi görsek de gerçekte ana kraliçe her şeyi arkadan seyreder, savaşın dozajını ayarlar.

> Ultra modern III. Dünya Savaşı'nda
> düzenli ordular olmayacak,
> ölüler daha çok yerel olacak;
> öldüren de aynı olacak, ölen de.

Büyük oyunun yerel oyuncuları belirlendi. Daha önce Afganistan ve Irak operasyonlarına sebep hazırlama görevini kusursuz yapan El-Kaide'nin yeni versiyonları bu kez sahaya sürüldü. Esas hedef İslam dünyasına son ve kalıcı darbeyi indirmek. İslam imajına yapılan büyük taarruzu bütün dünya ile birlikte seyrediyoruz; boğaz kesen, esir kadınlara tecavüz edip pazarda satan ortaçağ zihniyeti, Hollywood filmlerini aratmayacak bir şekilde sahnede. Hülasa kim ne yapması gerekiyorsa onu yapıyor.

Biz neredeyiz? Biz artık hedef ülkeyiz, ana hedef bizim coğrafyamız ve bu bölgenin en muktedir ülkesi Türkiye'dir. Geri kalan bütün sınırları cetvelle çizilen ülkeler detaydır, teferruattır. Biz bu son paylaşım ve dizayn oyununu bozabilecek en kontrol edilemez, en tehlikeli ülke konumundayız. Türkiye, kendisine direktif verilecek ülke olmaktan çıkmaya başlayınca her ne olursa olsun devre dışı bırakılması gereken aykırı bir ülke konumunda görünüyor.

Hedef Türkiye'ye diz çöktürmektir.

İnsanımızı aydınlatma görevini büyük fedakârlıklarla yerine getiren gerçek basın ve medya kuruluşlarının önemi her zamankinden daha çok artmaktadır. Bütün gelişmelere gerçek manasını arayarak bakmak, irdelemek zorundayız. Kısır çekişmeleri başka zamanlarda yine yaparız, ama o günler bugünler değildir.

Her savaşın bir perde arkası, bir de planlaması vardır. III. Dünya Savaşı'nı, II. Dünya Savaşı sırasında planladıkları apaçık ortadadır. Çünkü o gün yarım bırakılan Musul-Kerkük gibi sorunlar, cetvelle çizilen sınırlar, arka tarafta yapılan planların delilidir. Ayrıca, oynanan oyunların tamamının Osmanlı ve Türk İslam dünyasının topraklarında olması, oyunun özel bir önem taşıdığı anlamını taşımaktadır.

Oyun kuran sen olmazsan,
raconu sen kesmezsen elbette ceremeyi
er geç sana çektireceklerdir.
Bugün gelinen noktada
bu ceremenin faturası önümüze gelmiş,
ödeme ihbarı yapılmıştır.

Yahudi ırkçılığını savunan Siyonizm'in, dünya hâkimiyeti kurmak için hazırladığı pek çok plan ve tasarım vardır. Pek çoğu açığa çıkmasa da bazıları artık gün gibi aşikâre ortadadır.

- Dünya savaşının bir tek amacı vardır, Osmanlı'yı yıkmak.
- Dünya savaşının bir tek önemli amacı vardır, o da Siyonizm devleti İsrail'i kurmaktır. Tasarım böyle yapılmıştır.

- Dünya savaşının ise bir tek amacı vardır, o da "Siyonizm'in dünya hâkimiyeti"ni kurmaktır. Bunun dışında söylenen, yazılan sebepler, amaçlar, yapılanlar dolgu maddesidir. Harç vazifesini icra etsin diye yapılmıştır.

İsrail'in kurulmasının amacı; Ortadoğu'nun ısınması, kargaşa ve savaş zeminlerinin olgunlaşması, tahriklerin ve figürlerin oluşmasıdır. Bugüne kadar bu plan işlemiş, ortam hazırlanmıştır. Bu Yahudi devletinin kurulması ile petrol nedeniyle eskiden beri güçlü devletlerin ilgisini çeken Ortadoğu'da gerginliğin artırılması ve bütün güç odaklarının içinde yer alacağı bir III. Dünya Savaşı çıkarılması, bunun sonucunda İslam ve Siyonizm'in birbirini yok etmesi planlanmaktadır. Peki, niçin Siyonizm ve İslam ilk iki hedeftir? Çünkü Siyonizm'in dünya hâkimiyetine giden yolda karşılaşacağı tek engel İslam'dır ve Müslümanlardır.

Siyonizm artık tahtını kuracak, tek dünya devletini oluşturacak ve tek elden dünyayı yönetecektir. Kendi şeytani düzenlerine tepki alacağı topluluk Müslümanlardır. Hıristiyan dünyası başta İngiltere ve ABD olmak üzere Fransa, İtalya, Almanya, Hollanda ve diğer Batı dünyası inanç ve/veya inançsızlık dünyalarını dolduran kalabalıklar, kendilerince yönetilmeye hazır durumdadırlar. Tepki almayacakları biliniyor. Karşılarında tek engel İslam dünyası var.

Onların şeytani inanç yapısına, satanizm anlayışına,
kabala dinine boyun eğmeyecek, set olacak,
engel olacak tek güç var.
O da İSLAM'dır, Müslümanlardır.

Esasen geçtiğimiz 100 yıllık dönemde İslam dünyasından kendi saflarına çekmeyi başardıkları pek çok çevreler olmuştur.

Vehhabilik, Selefilikten başka dinde reform hareketleri ile yaygınlaştırdıkları mezhepsizlik cereyanları ve bunların kapsadığı etki alanları azımsanmayacak düzeydedir. Ancak sahada yok edilmesi gereken bir milyardan fazla nüfus ve mümbit topraklar vardır. Bu "temizlik" ancak bir büyük meşru savaşla yapılabilir.

İşte şimdi yapılmak istenen savaş, III. Dünya Savaşı'dır ve Müslüman-Türk kesimlerini yok etmeye matuftur. İşin özü de, özeti de budur. Terörle hiç alakası olmayan bir dini, İslam'ı terör dini gibi göstermeye yeltenmelerinin denemelerinden birisi de budur: Karşılarına hedef tahtası dikmek.

III. Dünya Savaşı'nın tek hedefi Müslümanları yok etmektir. Çünkü Müslümanlık SİYONİZM'in önünde tek engeldir. Bu engel kolayca ortadan kaldırılmalı, bu vesile ile gereksiz kalabalıklar yok edilmeli, dünya nüfusu tek elden kolay yönetilebilir olmalıdır. Velhasıl kelam III. Dünya Savaşı'nın ana teması budur.

Peki ama hangi Müslümanlar? Batı dünyası aslında Müslüman tanımı TÜRK milleti için yapmaktadır. Dolayısı ile Türklük burada Müslüman kimliği ile tanımlanmaktadır.

Rus devlet televizyonu 2005 yılında İstanbul işgali ve Rusların Ortodoks haçını Ayasofya kubbesine diktikleri temsili görüntülerini kendi televizyonlarında yayınladı. Televizyon yayınları çoğu zaman istihbarat planlarının psikolojik harekâtıdır.

Barış Manço ve şarkıları tartışmasız birçok şifrenin yanı sıra III. Dünya Savaşı'na ait şifreler de barındırır. Özellikle "Kayaların Oğlu" şiirinde yer alan satırlar açıkça Ekim 2023 tarihini işaret etmektedir. Ayrıca "KAYALARIN OĞLU" tabiri ile yeni liderin tanımını yapmaktadır.

Barış Manço, *Kayaların Oğlu* şiirinde, "Kolay değil kayaların oğlu olmak/ Kuzeyden esen rüzgâra/ Güneyden gelen kavurucu sıcağa karşı koruyacaksın onları/ Kolay değil, kolay değil kayaların oğlu olmak" derken, başka bir şarkısında Kapadokya yeraltı şehirlerini işaret ederek, yeraltında yaşamın devam edeceğinden bahsediyor.

Bu kitapta yer alan savaş teorileri bizzat istihbarat servislerince uygulanmakta olup bugün yaşadıklarımıza bakınca net olarak tüm çıplaklığıyla görülmektedir.

Stratejist ve yazar olarak benim kuşatılma teorim ise şöyle:

Bugün geldiğimiz noktada:

- İstanbul Sözleşmesi'nden çekildik.
- Atatürk Havalimanı'nı sildik. İstanbul Havalimanı'nı yaptık.
- Kanal İstanbul'u illa yapacağız diyorlar.
- İstanbul Boğazı'nın yönetimi uluslararası bir yönetime devrediliyor olmalı.
- Yunanistan, Trakya sınırımıza İngiltere ve ABD ile yığınak yaptı. TATBİKAT yani Tatbik etme adı altında iki senedir yığınak yapıyorlar. İlla vuracağız diyorlar.
- Montrö BOĞAZLAR Sözleşmesi'nden çekilebilirmişiz. Cumhurbaşkanının böyle bir yetkisi varmış.

Yunanistan'da askeri stratejistler, "Bu sefer ÇANAKKALE Boğazı'nı kapatacağız!" diyor.

Rusya Karadeniz'de karadan ikmal için ilerlemek zorunda. Dolayısıyla çıkış kapısı yüz yıl önce olduğu gibi yine Karadeniz. Olası bir işgal halinde Trakya üzerinden Yunan-ABD-İngiliz orduları İstanbul'a ilerlerse Rusya da ilerler. Tıpkı Berlin'de ortada buluştukları gibi. Ege, Akdeniz kıyıları ateş altında alınır.

Düşmanın deniz ve hava orduları tarafından Çanakkale Boğazı işlevsiz bırakılır.

Süveyş Kanalı'nın kapalı olduğunu düşünelim. Yüz yıl önce Osmanlı ve İngilizler arasında gerçekleşen KANAL muharebelerini hatırlayalım.

KKTC tek başına savaşmak zorunda kalır. Çok kısa bir süre önce Yunan diplomat A. Mallias, "Uzlaşmaya artık gerek yok. Türkiye, Kıbrıs'ın yüzde 37'sini yasadışı olarak işgal ediyor, savaşla tehdit ediyor, toprak bütünlüğümüze ve egemenliğimize meydan okuyor. BM 51. Maddesi gereğince, meşru müdafaa hakkımızı kullanacağız" diyor. O halde, yeni Çanakkale, KKTC toprakları olacak gibi duruyor. Bu arada Suriye, Irak ve Ermenistan sınırlarından yeni cepheler açılır.

Dört Bir Taraf Ateş Altında

Özellikle Basel Konferansı'nda yüz yıl önce alınan kararlar hâlâ güncelliğini koruyor. O kararlar içerisinde tüm Güneydoğu ve Doğu Anadolu bölgesi yanında illa Kapadokya bölgesi de istenmişti. Yani KENAN toprakları denilen vaat edilmiş topraklar hâlâ güncelliğini koruyor.

"Yahudi halkının kendi ebedi vatanını hak ettiğini söyleyen ABD Baş. Yrd. Mike Pence, 'Yahudiler kendi kaderlerinin efendileri oldukları gibi tüm egemen ulusların da efendisi olmalı' sözleri BM toplantısında alkış toplamıştı." Kasım 2017, Milli Gazete

Bölünebiliriz!

Yine söylenene göre büyük bir savaş kapımızda. Peki bir tarafta Türkiye ve Azerbaycan'ın, diğer tarafta Rusya ve Ermenistan'ın olduğu savaş nasıl başlayacak?

Teoriye göre; ABD ve İsrail'in İran'a olası büyük saldırısının arkasından Azerbaycan, Türkiye'nin desteğiyle Ermenistan'a karşı düzenleyeceği hava saldırısında Ermeni hava savunma üslerinin yanı sıra Rusya'nınkileri de vuracak. Bunun Rusya'nın savaşa katılması için yeterli bir gerekçe olacağını söylemek son derece güç. Rus kuvvetleri kesin olarak Dağlık Karabağ'daki bir çatışmaya katılmaz. Ama örneğin Türkiye ve Azerbaycan tarafından Ermenistan'a karşı bir askeri tehdit durumundaki bir kara savaşına Rusya'nın katılımı kaçınılmaz olur.

Bu bilgilerde çok önemli iki nokta dikkat çekiyor. Bir tanesi İstanbul'un Ruslar tarafından işgali bir diğeri ise saklanan gerçek olan aynı anda ABD'nin Hatay üzerinden girerek Türkiye'yi işgale başlamasıdır. Buradaki bir diğer ilginç teori ise ABD ordusunun ancak ve ancak Ulukışla'da durdurulabilmesidir.

Benim şahsi görüşüm, 2021 yılından sonra burada büyük bir savaş kargaşası yaşanabilir. 2023 yılına kadar yaşanacak olanlar var ve biliniyor. ABD, savaşa işin neresinde katılır bilemem. Fakat 2021 yılından sonra ABD'nin hedefinde Ulukışla da olacaktır diye düşünüyorum.

Hatay yani Ay Hattı! Burayı kırarlarsa, Anadolu'yu işgal ederler. Niğde/Bor'a kadar ilerleyecekler. Güneydoğu tamamen işgal edilmiş olacak. Karadeniz ve Doğu Anadolu Rus ve Ermeni birlikleri tarafından işgal edilecek.

Ruslar 19 plakalı Çorum'a kadar gelecek. Yunanistan kısa sürede Eskişehir'e kadar dayanacak. İstanbul ve Marmara BATI ve Rus güçleri tarafından işgal edilecek.

Planlanan durumun özeti budur. Sonuçta zafer tekrar bizim olacak. Fakat bunlar yaşanması muhtemel ve hazırlanmış olan stratejik savaş planlarıdır.

Ay Tutulması ve Savaş

Irak Türkmenlerine göre "ay tutulması" savaş habercisidir. Bu inanışın kaynağı Altay Türklerinin bir efsanesidir. Bu efsaneye göre: "Göklerde yaşayan birçok şeytan ve kötü ruh varmış. Ancak bunların içinde en güçlüsü 'Yedi Başlı Dev' yani 'Yelbegen' imiş. Göklerde dolaşır, yıldızlar ile Ay'a zarar verirmiş. Bu dev çok kez Ay'ı yemiş ama büsbütün ortadan kaldıramamış. Dev, Ay'ı yedikçe Tanrı Ülgen Ay'ın yaralarını sarıp, iyileştirirmiş." (Ögel, 2010, CII: 199).

Irak Türkmenlerinin bu inanışında yer alan Ay Nene tabiri, Türk inanışlarında ve bu inanışların tezahür ettiği anlatılarda farklı şekillerde ele alınmaktadır. Ay Dede'yi Yiyen Kurtlar adıyla anlatılan efsaneye göre: Ay her donuklaştıkça kurtlar ayı yermiş, 2021'de Güneş ve Ay'da ikişer tutulma var. İşte 2021 yılı yeniaylar ve dolunaylar ile yıl boyunca meydana gelecek tutulmalara ait tarihler:

12 Nisan 2021 22°24' Koç Yeniayı Saat 05:30

27 Nisan 2021 07°06' Akrep Dolunayı Saat 06:31

11 Mayıs 2021 21°17' Boğa Yeniayı Saat 21:59

26 Mayıs 2021 05°25' Yay Ay Tutulması Saat 14:13

10 Haziran 2021 19°47' İkizler Güneş Tutulması Saat 13:52

24 Haziran 2021 03°27' Oğlak Dolunayı Saat 21:39

10 Temmuz 2021 18°01' Yengeç Yeniayı Saat 04:16

24 Temmuz 2021 01°26' Kova Dolunayı Saat 05:36

08 Ağustos 2021 16°14' Aslan Yeniayı Saat 16:49

22 Ağustos 2021 29°07' Kova Dolunayı Saat 15:01

07 Eylül 2021 14°38' Başak Yeniayı Saat 03:51

21 Eylül 2021 28°13' Balık Dolunayı Saat 02:54

06 Ekim 2021 13°24' Terazi Yeniayı Saat 14:05

20 Ekim 2021 27°26' Koç Dolunayı Saat 17:56

05 Kasım 2021 12°40' Akrep Yeniayı Saat 00:14

19 Kasım 2021 27°14' Boğa Ay Tutulması Saat 11:57

04 Aralık 2021 12°22' Yay Güneş Tutulması Saat 10:42

19 Aralık 2021 27°28' İkizler Dolunayı Saat 07:35

Efsaneler bir FREKANS uyumu olup gerçeklik barındırır. 2021 yılı için bu öngörüler kayıt altındadır. Aytunç Altındal ve bizim gibi derin okumalar yapan insanların bu beyanlardan bir getiri elde etmesi mümkün değildir. Bizler sadece uyarma görevimizi yapıyoruz.

Başınızı elinizin arasına alıp düşünün. Bu coğrafyada yaşadığımız sürece hepimiz onların gözünde maymunun bir üstü, insanın bir altı olan yaratıklarız. Ve zamanı geldiğinde bizi kurbanlık koyun gibi boğazlamak onların vicdanını hiç yaralamayacaktır.

Bu gerçekliği barındıranlar, Anadolu topraklarında tekrar bizimle savaşmak ve bizleri Anadolu'dan çıkartmak için etrafına yüzlerce savaş gemisi binlerce asker konuşlandırıyor. Konuşlanma NATO bayrağı altında gerçekleşirken İngiliz işgal kuvvetlerinin yerini, Montrö'nün kaldırılmasından sonra NATO bandıralı donanma alacak; Rusya'ya karşı İstanbul'u koruyoruz bahanesiyle yine İstanbul Boğazı'na demirleyecek ve Büyükada'ya konuşlanacak.

Tarih nakaratlarla tekrar eder... Peki bu duruma karşı nasıl savaşacağız? Bunu Mustafa Kemal Atatürk'ten öğreniyoruz.

Yer: Bandırma Vapuru!

Tarih: 16 Mayıs 1919

Teşkilatın elemanı Ahmet Esat Tomruk ve Mustafa Kemal arasında geçen konuşma:

- Bak çocuk! Şimdi sana anlatacaklarım senin uğrunda ölmen gereken konulardır. Bu sırrı saklarken ölebileceğin gibi acı çekerek ölebileceğini söyleyebilirim. Gizli bir tarikat var. Tarihin tüm derinliklerine nüfuz etmiş, geleceği almak istiyor. Tüm dünyaya yayılmışlar. Bugün bu gemide 18 silah arkadaşımın olmasının sebebi, bugün ve gelecekte Türk'e düşman olanlara mesaj yollamamdır. Çünkü onların en güçlü silahları 19 kişiden oluşuyor ve profesyonel olarak adlandırıyorlar. Hangi millete mensuplar diye sorarsan, milliyet tanımazlar.

- Peki Paşam bunlara karşı nasıl savaşacağız?

- Bak çocuk, bizden sonra gelecekler için silah ve akılla savaşmamız gerekiyor.

Herhalde bu tarihi cevap bizim için yeterli...

Son Söz

Savaş hızla yaklaşıyor ve kaçınılması imkânsız. Suriye ve Irak'ta yaşananlar gözümüzün önünde. Yıldız kapısı-Boyut geçişi ve binlerce yıllık tarihlerde anlatılan tabletler, İngiliz ve Amerikalıların ellerinde. Fakat bu yeterli değil. Bilginin tamamlanması için "Ana Dölü" (Anadolu) yani Tanrı'nın yürüdüğü topraklar ele geçirilmeli. Bu yüzden YOK OLUŞ ve VAR OLUŞ'UN savaşı; altıncı neslin öyle ya da böyle yok edilişi için dünya "Anadolu" etrafında toplanmaya devam ediyor.

Yıllar önce Atatürk yaklaşan gelecekle ilgili neler keşfetmiş gelin birlikte bakalım. Mustafa Kemal Atatürk'le Tahsin Mayapetek arasında geçen konuşma:

"Efendim Maya tabletlerinde yazana bakın lütfen: 'Üç bin yıl sonra üç tarafı denizlerle kaplı anakarada ortaya çıkacak yıldızların çocukları. SALDIRACAKLAR, saldıracaklar hiç bıkmadan kara elbiseliler. Koruyacak Tanrı, gökyüzünden gelenlerin çocuklarını. Ve o gün bir tepenin üzerinde yükselecek koyu gümüş renkli ikiz yıldız.'[1]

Mustafa Kemal, elindeki rapora ve fotoğraflara bir kez daha göz attı. Şaşırmıştı, bu kadar cephe görmüş, ölümlerden dönmüştü ama hiçbiri şu anda okuduğu raporlar kadar tedirgin etmemişti kendisini. 'Allah vatanımızı korusun' diye söylendi, ardından da karşısında oturan Meksika maslahatgüzarı Tahsin Bey'in gözlerinin içine baktı ve 'Maya tabletlerinde anlatılanlar olağanüstü fakat

---

1 İngilizler kısa süre içinde bu tabletleri de yok edecekler. Anadolu'ya ait bir iz bırakmak istemiyorlar. Bu sözü söyleyen bir arkeolog.

bir o kadar da korkutucu. Bu sır en az seksen yıl boyunca saklanmalı. Gizli teşkilatlarda olduğu gibi bir yol izleyeceğiz, bu sırlar sessizlik yemini etmiş. Koruyucularına teslim edilecek' dedi."

Anıttepe'nin eski adı "Rasattepe" idi. "Rasat" ve "tepe"; gökbilimi ile uğraşan gözlem yerlerine "rasathane" denir. Atatürk, eski adı Rasattepe, sonradan Anıttepe olarak değiştirilen bu tepeye Anıtkabir'e defnedildi. Anıtkabir yapılmadan önce burada, tepenin doruğunda birkaç küçük yapı vardı. Bu yapılar, rasat (meteoroloji) istasyonu olarak kullanılıyordu. "Rasattepe" adı da bundan ötürü verilmişti. Yerli Ankaralılar buraya "Beştepeler" diyorlardı. Bu ad, buradaki Tümülüslerden geliyordu. Anıtkabir'in Rasattepe'de yapılmasına karar verildikten sonra buradaki Tümülüslerin kaldırılması gerekiyordu. Bu Tümülüsler, Friglerin büyükleri için yaptıkları mezarlardı.

Şimdi Beştepe'ye Saray'ı diktiler. Zannediyorlar ki Gökler onları seçecek. Anıtkabir'in etrafı binalarla çevrildi. Çünkü akıllılar, göklerin kendilerine "seçilen sizsiniz" diyeceğini zannediyor. Halbuki o isim çoktan, bizzat Atatürk tarafından tespit edilmiştir ve seçim bitmiştir. Anıtkabir etrafında yer alan cadde ve sokakların isimlerini bir araya getirdiğiniz zaman ***"Ordular ilk hedefiniz Akdeniz, ileri"*** emri ortaya çıkar.

Truman, Potsdam Konferansı'nda Stalin ve Churchill'e "Son iki yüz yıldır bütün savaşlar Akdeniz ile Baltık denizleri arasındaki, Fransa'nın doğu sınırı ile Rusya'nın batı sınırı arasındaki bölgede başladı" der. Şu anda dünyanın en büyük itilaf donanması bu bölgede. Tarih tekerrür mü ediyor dersiniz?...

Bunları bilmemiz gerek. Devam etmekte olan savaşın henüz bir adı yok.

"Hiçbir dünya savaşı başladığında 'Dünya Savaşı' diye adlandırılmamıştır."

Hiç kimse ülkesi uğruna ölerek
savaşı kazanmamıştır,
savaşı ancak daha çok düşmanın
ölmesini sağlayarak kazanabilirsiniz.
– General George Patton (1943)

Askerlerden asıl beklenen "savaşmak" değil, "caydırmak". Bunun için de gerektiğinde savaşa hazır olmak gerekir. Caydırıcılık için ülkenin silahlı kuvvetlerinin gerçekten güçlü olduğuna karşı tarafı inandırmış olması gerekir. Silahlı kuvvetlerinin eğitim, silah, araç ve kabiliyetlerinin nitelik ve nicelikleri ile düşmanın göze alamayacağı bir kapasiteye ulaşmış olduğu görünür hale gelmelidir. Bütün bunlar için askerler genel olarak iki tür hazırlık yaparlar; harekât planları ve kuvvet/kabiliyet geliştirme planları. Bu işleri yapmak için elinizde öngörülen savaşın nasıl cereyan edeceğine dair sağlam bir senaryo hatta senaryolar üzerinde çalışmanız gerekir.

Burada yine Atatürk tarafından yazılmış tek şiirde gizli önemli bir şifre var.

Atatürk'ün "İnsan" şiiri

"Gelenler adamdı, buldukları insandı
İnsan yalnız Tanrı'nın yarattığı mahluk
İnsan mahluktan, adam insandan çıktı
Tanrı'nın insanı yer ve içer
İnsanın adamı düşünür ve yaratır."

Açık ve net olarak MAHLUK şeytan üzerinden türeyen insan. Bizlerden ADAM OLARAK bahsediyor. Ne demiştik? Aryan ve Ari ırk! Yani burada bahsedilen MAHLUK ve ADAM iki ayrı varlık tecellisi olup, Atatürk, ADAM ile MAHLUK arasında geçen savaşı açıkça ifade ediyor.

Bu kitapta, dinler üzerinden saklanan yaşanacak türlü ŞEYTANLIKLARI yazdık. Gerçeklerle yüzleşince dünya dediğimiz koca köyde ADAM olan bizler, hâkimiyeti REPTİL soylu mahluklara kaptırmışız. Ve bir savaş veriyoruz: Yok olmama savaşı.

Umarım anlatmak istediğimi anlatabildim.

Tüm okurlara saygılarımla.

KAYNAKÇA

A

A. Jeffery, *The Foreign Vocabulary of the Qur'ān*, Baroda 1938

Aydemir, Abdullah, *Tefsirde İsrailiyyât*, Ankara 1979

B

Bobo Lo, A Wary Embrace-Lowy Institute

C-Ç

C. Tisdal, *The Sources of Islam* (trc. W. Muir), Edinburgh

Chossudovsky, Michael, *Towards a World War III Scenario*

Cirlot, Juan Eduardo (1971). *A Dictionary of Symbols* (2. bas.). Dorset Press

Coleman, John, "Conspirator's Hierarchy-Suikastçının Hiyerarşisi", 1992

Çağdaş Ortadoğu Nasıl Yaratıldı?, Nadir Marmara-14 Temmuz 1993

D

D. S. Margoliouth, "Hârût and Mârût", *MW*, XVIII/1-1928

Dikbaş, Ertuğrul, *Küresel köyün efendileri*, 01.01.2014 İstanbul

E-F

E. Davis-A. Mar, "Angels and Angeleology", *Ejd.*, II, 1967

Encyclopedia Judaica

Engdahl, F.William, *Ölüm Tohumları*, Bilim+Gönül Yayınları, Nisan 2009

Fahreddin er-Râzî, *Mefâtîhu'l-ġayb*, III

G

G. Davidson, *A Dictionary of Angels*, New York 1968

G. Scholem, *Kabbalah*, New York 1979

G. W. E. Nickelsburg, *Jewish Literature Between The Bible and The Mishnah*, New York 1981

H

Horovitz, J., *Koranische Untersuchungen*, Berlin 1926

I-İ

İbn Kesîr, *Tefsîrü'l-Kurân*

İyâde b. Eyyûb el-Kebîsî, "Kışşatü Hârût ve Mârût fî mîzâni'l-menkūl ve'l-maʿkūl", ed-Dirâsâtü'l-İslâmiyye, XXVII/3, İslâmâbâd 1992

J

J. Dowson, *A Classical Dictionary of Hindu Mythology and Religion*, Delhi 1987

K-L-M

Kahveci, Hüseyin Hakkı, *Atatürk ve Cumhuriyete Kuşatma YAHUDA*, 2018 İstanbul

Kışşatü's-sihr ve's-sehâre fi'l-Kur'âni'l Kerîm (nşr. M. İbrâhim Selîm), Kahire 1985

Koray, Tanju, *Çırak Kalfa Usta*, Cesar Rigo Yayınevi, 1973, İstanbul

Kurnaz, Cemâl, *Hayâlî Bey Dîvânı (Tahlili)*, Ankara 1987

Küçük, Abdurrahman, *Dönmeler Sabatayistler Tarihi*, Andaç Yayınları, 6. Baskı, Ankara, 2003

Labriola, Albert C. (1982). "The Medieval View of History in Paradise Lost". Mulryan, John (Ed.). Milton and the Middle Ages. Bucknell University Press.

M. Coulson, Sanskrit. An Introduction to the Classical Language, London 1976

Madrigal, Carlos, *Kıyamet Günü*, Yeni Yaşam Yayınları, 2000

Mevhûb b. Ahmed el-Cevâlîkī, el-Mu'arreb (nşr. F. Abdürrahîm), Dımaşk 1410/1990

Moses Hess, Ausgewaehlte Schriften, Melzer Verlag, Köln 1962

N-O-P-R

Nüveyrî, *Nihâyetü'l-ereb*, XV

Onay, Ahmet Talât, *Eski Türk Edebiyatında Mazmunlar ve İzahı* (haz. Cemâl Kurnaz), Ankara 1992

Özarslan, Mehmet Volkan, *Seçilmiş*, Paydos Yayıncılık, 2019 Ankara

Pike, Albert, *Morals and Dogma*, Kessinger Publishing Company, Ekim 1992

R. C. Zaehner, *The Teachings of the Magi*, New York 1976

Rabgūzî, Kısasü'l-enbiyâ: The Stories of the Prophets (nşr. ve trc. H. E. Boeschoten v.dğr.), Leiden 1995

S-Ş

Sholem Gershom, Sabbatai Sevi The Mystical Messiah, Prineeton, İngilizce Baskısı, 1973

Sholem, Gershom, Seder tefillot shel ha.Dönmeh mc-İzmir (Livre des prieres des Dunmeh, dyre Smyrne), dals Kiryat Sefer, XVIII, Jerusalem, 1941

Süyûtî, *el-Habâ'ik fî ahbâri'l-melâ'ik* (nşr. Ebü'l-Feyz Ahmed el-Gumârî), Kahire, ts. (Matbaatü Dâri't-te'lîf)

T-U

Taberî, *Câmi'u'l-beyân* (Şâkir)

The Zohar (trc. H. Sperling-M. Simon), London 1984

Tolasa, Harun, *Ahmet Paşa'nın Şiir Dünyası*, Ankara 1973

Tora-Vayikra, Aftara, Tevrat'ın Geniş Tefsiri

Tuomas Rasimus Paradise Reconsidered in Gnostic Mythmaking: Rethinking Sethianism in Light of the Ophite Evidence BRILL

Turgut, Gürsan, *20. YY Dünya Tarihinin Perde Arkası*, Bilge Karınca Yayınları, 2005

Uçar, Orkun, *Metal Fırtına 1-2-3* serisi, Timaş Yayınları, 2005, İstanbul

V-W

V. G. Apte, *The Concise Sanskrit-English Dictionary*, Delhi 1987

Wilhelm Gesenius, Samuel Prideaux Tregelles (trans.) (1879)

Y-Z

Yalçın, Soner, *Efendi: Beyaz Türklerin Büyük Sırrı*, 14. Baskı, İstanbul, 2004

YAZAR HAKKINDA

Gazeteci yazar, stratejist, analist, turizmci, profesyonel yönetici ve televizyoncu.

19 Kasım 1972 tarihinde İstanbul'da doğdu. İlk, orta ve lise eğitimini Ankara'da tamamladı. 1989 yılında devlet burslu öğrencisi olarak yurtdışında tıp eğitimi aldı. Sonrasında ABD'de işletme eğitimi almış olup, doktora çalışmalarına devam etmektedir. Stratejik ve uluslararası ilişkiler üzerine çalışmalarını sürdürmektedir.

Yeniçağ Medya Günboyu ve *Anayurt* gazetelerinde yayımlanmış 1000'in üzerinde köşe yazısı olup, Turizme Dair TV programının yapımcılığını ve sunuculuğunu yapmıştır. Politik strateji ve ekonomi üzerine köşe yazarlığına, genel yayın yönetmenliğini de yaptığı www.parlamentohaber.com'da devam etmektedir. Ayrıca, genel yayın yönetmenliğini yaptığı ATAM TV internet kanalında haftada bir Ufuk Ötesi" adlı programı hazırlayarak sunmaktadır.

Kahveci'nin terör ve turizm raporları, Türk üniversitelerinde bu alanda hazırlanan üç doktora tezine konu olmuş; uluslararası hakemli dergilerde yayımlanan tez makalelerinde kaynak olarak atıfta bulunulmuştur.

Hüseyin Hakkı Kahveci, ANSAV (Anadolu Stratejik Araştırmalar Vakfı) yönetim kurulu üyesi olup Politika Ekseni Strateji Araştırmaları Merkezi Başkanlığı görevlerine halen devam etmektedir. Araştırmacı gazeteci olarak, politik strateji, istihbarat analiz alanında on adet kitap yayımlamıştır. Bunlar, ABD'nin

Princeton, Yale gibi önde gelen üniversitelerinde yardımcı ders kitabı olarak kullanılmaktadır. Kitapları ayrıca, mastır, doktora tezlerinde kaynak kitap olarak ABD, Avrupa ve Türkiye üniversite kütüphanelerinin kayıtlarında yer almaktadır. Birçok dünya parlamentoları dahil, TBMM kütüphane kayıtlarında tüm kitaplarına yer verilmiştir.

Kitap çalışmalarına devam eden Hüseyin Hakkı Kahveci, çok iyi derecede İngilizce, iyi derecede Urduca, iyi derecede Azeri Türkçesi, orta derece Arapça ve Rusça bilmektedir.

Türk televizyonlarında dört yüz saate yakın politik strateji konusunda canlı yayın konuğu olmuştur. Partisiz Atatürkçülük ve ATATÜRK devlet algoritması siyasetinin doktriner yazarı ve ideoloğudur.

Atatürk-Atabey 19 Türk Ocakları Derneği (Gençlik ve Kültür Ocakları Türkiye genelinde teşkilatlanmış) ve Atatürk-Atabey 19 Türk Ocakları Avrupa Federasyonu kurucusu ve genel başkanıdır.

Hüseyin Hakkı Kahveci

- Uluslararası Profesyonel Gazeteci Basın Kartı
- European News Agency (Avrupa Haber Ajansı) Büyükelçi unvanlı International Passport of the Press (Uluslararası Basın Pasaportu) sahibidir.

Serbest (Freelance) gazeteciliğe ulusal ve uluslararası alanda devam etmekte olan Kahveci

- FIJ (Federation International Journalist) Uluslararası Gazeteciler Federasyonu
- Türkiye Gazeteciler Sendikası (TGS)
- Türkiye Sualtı Sporları Federasyonu
- PEN Uluslararası Yazarlar Birliği Türkiye üyesidir.

Eserleri:

- *Yüzyılın Hilesi Sandıktaki Hülle* (2014)-TOGAN Yayınevi
- *Yeşil Hücreler* (2014)-TOGAN Yayınevi
- *Arz-Mevut Koridoru: İhanet Devam Ediyor* (2016)-Edebiyat Yayınları
- *Uğur Mumcu'dan Sonra Rabıta* (2017)-Doğu Kitabevi-Ulak
- *Atatürk'ün Yasaklanan Kitabı* (2017)-Doğu Kitabevi-Ulak
- *Atatürk ve Cumhuriyete Kuşatma* (2018)-Doğu Kitabevi-Ulak
- *Mühürlü Vagon* (2018)-Doğu Kitabevi-Ulak
- *Trafodaki Kedi Sandıktaki Hile* (2019)-Doğu Kitabevi-Ulak
- *Rabıta: Uğur Mumcu'dan Sonra* (2021)-Siyah Beyaz Yayınları
- *Atatürk ve Cumhuriyete Kuşatma* (2021)-Siyah Beyaz Yayınları
- *Yeşil Hücreler* (2021)-Siyah Beyaz Yayınları
- *Atatürk'ten Son Emir* (2019)-Destek Yayınları
- *Atatürk'ün Katilleri* (2020)-Destek Yayınları
- *Atatürk'ün Yasaklanan Kitabı* (2020)-Destek Yayınları
- *Yok Oluş: 3. Dünya Savaşı ve Türkiye Üzerine Savaş Senaryoları* (2021)-Destek Yayınları

Sorularınız ve takip için sosyal medya iletişim

https://tr-tr.facebook.com/hhakkikahveci
https://tr.linkedin.com/in/huseyinhakkikahveci
https://twitter.com/hhakkikahveci
https://www.instagram.com/hhakkikahveci
www.huseyinhakkikahveci.com